Thomas Baumann

Zwischen Weltveränderung und Weltflucht

Thomas Baumann

Zwischen Weltveränderung und Weltflucht

Zum Wandel der pietistischen Utopie im 17. und 18. Jahrhundert

JOHANNIS LAHR

Die Deutsche Bibliothek – CIP-Einheitsaufnahme

Baumann, Thomas:
Zwischen Weltveränderung und Weltflucht : zum Wandel der pietistischen Utopie im 17. und 18. Jahrhundert / Thomas Baumann. – Lahr-Dinglingen : Verl. der St.-Johannis-Dr., 1991
(Edition C : C ; 322 : Paperback)
ISBN 3-501-01108-3
NE: Edition C / C

ISBN 3 501 01108 3
Edition C-Paperback 58 022 (C 322)
Umschlaggestaltung: Helmut Baumann unter Verwendung des Gemäldes »Am Strand« von Claude Monet (Ausschnitt)

Gesamtherstellung:
St.-Johannis-Druckerei, 7630 Lahr/Schwarzwald
Printed in Germany 10530/1991

Für Claudia

Inhalt

Abkürzungsverzeichnis

ADB	Allgemeine deutsche Biographie
AGP	Arbeiten zur Geschichte des Pietismus
AKuG	Archiv für Kulturgeschichte
Art	Artikel
BHKG	Beiträge zur hessischen Kirchengeschichte
dtv	Deutscher Taschenbuch Verlag
ersch.	erschienen
ND	Nachdruck
NDB	Neue deutsche Biographie
N.F.	Neue Folge
PuN	Pietismus und Neuzeit
RGG	Die Religion in Geschichte und Gegenwart
RUB	Reclams Universal-Bibliothek
Sign.	Signatur
ThR	Theologische Rundschau
ThZ	Theologische Zeitschrift
TRE	Theologische Realenzyklopädie
UB	Universitätsbibliothek
WA	Weimarer Ausgabe der Werke Martin Luthers
WB	Wissenschaftliche Buchgesellschaft
WdF	Wege der Forschung
Zugl.	Zugleich

Vorwort

Die vorliegende Studie ist die überarbeitete Fassung der im Wintersemester 1990/91 von der Philosophischen Fakultät IV der Albert-Ludwigs-Universität zu Freiburg angenommenen Dissertation "Von der Keimzelle der Weltreform zum Zufluchtsort für die verfolgte Christenheit. Der Wandel der pietistischen Utopie von J. V. Andreaes *Christianopolis* (1619) bis zu J. H. Jung-Stillings *Solyma*-Entwurf (1795)".

Angeregt und mit wegweisenden Ratschlägen auf den Weg gebracht hat die Arbeit mein verehrter Lehrer Professor Dr. Klaus Deppermann. In der Schlußphase der Arbeit erkrankte er plötzlich sehr schwer. Dann traf mich die Nachricht seines Todes, kurz nachdem ich die Dissertation eingereicht hatte. Der wissenschaftliche und menschliche Verlust, den der überraschende Tod für mich bedeutete, läßt sich nicht in wenigen Sätzen beschreiben - Professor Deppermann wird mir Vorbild bleiben.

Ich danke den Gutachtern, Herrn Professor Ernst Schulin und Herrn Professor Gottfried Schramm, herzlich für ihr Verständnis und ihr Engagement. Sie haben einige hilfreiche Korrekturen angeregt.

Frau Gertraud Zaepernick (Berlin) hat mich auf versteckte und vergessene Schriften hingewiesen, die zu zentralen Quellen dieser Untersuchung geworden sind: Bachstroms *Land der Inquiraner*, den *Verbesserten Fürstenstaat* und die handschriftliche *Stadt Gottes*. Ihre selbstlose Hilfe war von unschätzbarem Wert für mich, und ich möchte ihr auch an dieser Stelle ganz herzlich dafür danken.

Mit Frau Birgit Bender (Gießen) konnte ich das Andreae-Kapitel, mit Frau Annegret Schaper (Freiburg) das Bachstrom-Kapitel durchsprechen; beiden habe ich für wertvolle Hinweise zu danken. Der Mühsal des Korrekturlesens unterzogen sich neben meinem Vater, Helmut Baumann, meine Freunde Herbert Landolin Müller und Ulrich Parlow. Ich bin ihnen für ihre treue Unterstützung sehr dankbar.

Gegenüber manchem Ratschlag habe ich mich immun erwiesen, ich bitte deshalb, den Genannten, denen die Arbeit viel verdankt, die noch vorhandenen Schwächen und Eigenwilligkeiten nicht anzulasten.

Daß das Buch in dieser Form erscheinen kann, ist auf das großzügige Entgegenkommen des Verlags zurückzuführen. Ich möchte den Herren von der Geschäftsleitung, Herrn Walter Guthmann und Herrn Helmut Schlegel, sehr herzlich dafür danken.

Gewidmet ist das Buch meiner Frau, ohne deren Unterstützung es nicht geschrieben worden wäre.

Thomas Baumann

I. Einleitung

1. Der Pietismus als Theologie der Hoffnung: zur Fragestellung

Ja es ist in einiger Sache unter verständigen offenbar worden, daß Gott zu dieser Zeit etwas sonderbares vorhabe, und eine reale Verbeßerung in allen Ständen zu hoffen sey.

AUGUST HERMANN FRANCKE[1]

In der ersten Hälfte des 17. Jahrhunderts begann sich im protestantischen Deutschland eine Frömmigkeitsbewegung Bahn zu brechen, die die lebensferne Dogmengläubigkeit der Orthodoxien und die Zerstrittenheit der Konfessionen überwinden wollte. Dabei nahm diese Bewegung vorhandene Traditionsstränge aus Mystik, Spiritualismus und Chiliasmus auf und führte sie weiter. Der lutherische Theologe und Erbauungsschriftsteller Johann Arndt auf der einen und die Rosenkreuzerbewegung auf der anderen Seite bildeten gleichsam die verschiedenen Pole dieses frühen Aufbruchs. Während Johann Arndt vor allem durch seine - im 17. Jahrhundert weit verbreiteten - *Vier (Sechs) Bücher vom wahren Christentum* (1606-1610) nachhaltig auf die Vertiefung einer persönlichen Frömmigkeit hinwirkte, die alle Lebensbereiche erfassen und den ganzen Menschen bestimmen sollte, propagierten die noch vor dem Dreißigjährigen Krieg publizierten frühen Rosenkreuzerschriften in spielerischer Form eine grundlegende Erneuerung der ganzen Welt durch die Sammlung und Zusammenarbeit wahrhaft frommer Gelehrter.
Gegen Ende des Dreißigjährigen Krieges wurde der Ruf nach einer "Aussöhnung der Konfessionen" lauter; er verband sich mit einem "geläuterte(n) Chiliasmus", in dem der Friedensstiftung "keine 'Säuberung' und keine 'Ausrottung der Gottlosen' [mehr] vorausgehen sollte[2]".

1 AUGUST HERMANN FRANCKES Schrift über eine Reform des Erziehungs- und Bildungswesens als Ausgangspunkt einer geistlichen und sozialen Neuordnung der Evangelischen Kirche des 18. Jahrhunderts: *Der große Aufsatz*. Mit einer quellenkundlichen Einführung herausgegeben von OTTO PODCZECK. Berlin (Ost), Akademie-Verlag, 1962. S. 127 (Im folgenden: FRANCKE, Großer Aufsatz).

2 DEPPERMANN, KLAUS: Vorwort. In: Pietismus und Neuzeit 14, 1988 *(Chiliasmus in Deutschland und England im 17. Jahrhundert)*, S. 6.

Der Pietismus knüpfte an diese Gedanken in der zweiten Hälfte des 17. Jahrhunderts an und entwickelte sie weiter. Philipp Jakob Spener (1635-1705), der "Vater des Pietismus", unterscheidet sich von der lutherischen Orthodoxie seiner Zeit gerade darin, daß bei ihm zum "Ungenügen an einer nur äußerlichen Frömmigkeit" und zum "Verlangen nach echter Erneuerung des Glaubens und der Kirche" - beide Züge finden sich auch in Reformschriften orthodoxer Lutheraner - die Zuversicht tritt, "daß Gott trotz der gegenwärtigen oder doch unmittelbar bevorstehenden Gerichte über seine Kirche dabei ist, ihr eine große, herrliche Zukunft zu bereiten"[3]. In seiner 1675 zunächst als Vorrede zu Johann Arndts *Postille* publizierter programmatischer Reformschrift *Pia Desideria: oder Hertzliches Verlangen / Nach Gottgefälliger Besserung der wahren Evangelischen Kirchen / sampt einigen dahin einfältig abzweckenden Christlichen Vorschlagen*[4] gibt Spener, nachdem er zunächst die betrübliche Verfassung aller Stände, insbesondere der Kirche, geschildert hat, einer dreifachen Hoffnung Ausdruck:

1. Er rechnet - im Gegensatz zu Luther - damit, daß die Bekehrung der Juden noch bevorsteht und sich vollziehen wird, "nachdem die fülle der Heyden eingegangen"[5].

2. "Nechstdeme haben wir auch noch einen grössern falle deß Päbstischen Roms zu erwarten. Dann ob zwar ihm ein mercklicher stoß von unserm S. Herrn LUTHERO gegeben worden / so ist doch desselben geistliche gewalt noch viel zu groß / als daß wir sagen solten / daß die weissagung Offenbahr. c. 18. und c. 19. gantz erfüllet seye ..."[6].

3. "Erfolgen nun diese beyde stücke / so sihe ich nicht / wie gezweiffelt werden könne / daß nicht die gesamte wahre kirche werde in einen viel seligern und herrlichern stande gesetzt werden / als sie ist."[7] Spener hofft, "daß mit heiligem eiffer gleichsam in die wette die gesamte auß Juden und Heyden versamlete Kirche GOtt in einem glauben und dessen reichen früchten dienen / und sich an einander erbauen werde"[8].

3 GRESCHAT, MARTIN: Die Hoffnung besserer Zeiten für die Kirche. In: DERS. (Hrsg.): Zur neueren Pietismusforschung. Darmstadt, Wissenschaftliche Buchgesellschaft, 1977. S. 226. Zu diesem Zusammenhang vgl. auch den Aufsatz *Pietismus und Orthodoxie* von JOHANNES WALLMANN im gleichen Sammelband, S. 76 ff.

4 SPENER, PHILIPP JACOB: Pia Desideria. Herausgegeben von KURT ALAND. 3., durchgesehene Auflage. Berlin, de Gruyter, 1964 [2. Nachdruck 1982].

5 Ebd., S. 43 f.

6 Ebd., S. 44.

7 Ebd.

8 Ebd., S. 45.

Mit seiner *Hoffnung besserer Zeiten* näherte sich Spener "den meist im außerkirchlich-sektiererischen Bereich lebendigen Ideen des Chiliasmus" und verschaffte diesen innerhalb der lutherischen Kirche erstmals Anerkennung[9]. Speners bedeutendster Schüler, August Hermann Francke (1663-1727), teilte diese Hoffnung und leitete aus ihr seine Forderung nach einer Vorbereitung des Reiches Gottes ab. In seinem *Großen Aufsatz* von 1704, einer Werbeschrift an einflußreiche und vermögende potentielle Förderer, in dem er sein Werk zu Halle vorstellt und weiterreichende Pläne entwickelt, macht Francke auf die "Pflicht eines ieden mit seiner Gabe dem Nechsten zu dienen" aufmerksam[10]: "Ja eben darumb, weil mir das hertzlich anliegt, daß nur der Wille Gottes geschehen möge, welcher ja dieser ist, daß das Reich des Satans in der Welt zerstöret und Gottes Reich angerichtet werde, so erwecket mich dieses Verlangen desto mehr dazu, meinen Nechsten auch auffzumuntern und anzufrischen, daß er itzt bey dieser Zeit reichlich nach allem Vermögen und mit Freuden säete, damit er auch desto reichern Theil an dem Segen Gottes nehmen, und denselben mit desto größern Freuden zu seiner Zeit erndten möge."
Francke versäumt es nicht, in seinem Aufsatz ganz konkrete Vorschläge zu machen, wie nun der Aufbau des Reiches Gottes gefördert werden könne[11] (nachdem er zuvor in einer niederschmetternden Bestandsaufnahme den Zustand der Christenheit geschildert hat[12]). Danach ist zwar "das Verderben in allen dreyen Ständen", also dem Regierstand, dem Hausstand und dem Lehrstand, "beynahe gleich groß"[13], doch müsse eine Besserung "vom Lehrstande angefangen werden, als welcher das Saltz der Erden seyn muß"[14]. Ein nach christlichen Prinzipien grundlegend reformiertes Erziehungswesen würde dafür sorgen, daß von den Schulen und Universitäten "Leute kommen, die in allen Ständen ... ihren Einfluß geltend machen und alles daransetzen werden, um eine geistliche und soziale Neuordnung in der Evangelischen Kirche zu schaffen"[15], ja Francke erhofft sich nicht nur "*eine gründliche reale und recht*

9 WALLMANN, JOHANNES: Die Anfänge des Pietismus. PuN 4, 1977/78, 51 f.
10 FRANCKE, Großer Aufsatz, S. 57 f. (vgl. allgemein zum *Großen Aufsatz* die Einleitung OTTO PODCZECKS).
11 Ebd., S. 140-163 finden sich die konkreten Vorschläge, die sich auf die halleschen Projekte beziehen.
12 Ebd. S. 70-84.
13 Ebd., S. 71
14 Ebd., S. 75.
15 Ebd., S. 10, Einleitung OTTO PODCZECKS.

durchdringende Verbeßerung des allgemeinen verderbten Zustandes ... in der Evangelischen Kirchen, sondern auch allenthalben in der Welt"[16]. In Halle sieht Francke den Anfang für dieses umfassende Reformwerk gemacht - vom Waisenhaus über die verschiedenen Schulen und angeschlossenen Werkstätten und Institute bis zur von pietistischem Geist durchwehten Universität. Halle ist in Franckes Augen zugleich Modell und Keimzelle für eine universale Reformbewegung: "Denn *das ist es, was man von Hertzen wünschet, suchet und verlanget, und darumb man ringet mit demüthigen Gebeth und Flehen vor Gott, daß er dasjenige Werck hieselbst*, welches er mit seinem Segen, so geschmücket, daß von gantz Teutschland und auch von weit entlegenen Orten die Menschen darauff gerichtet sind, *nicht allein erhalten* und gnädiglich beschützen, sondern auch als sein Werck *herrlich ausführen wolle*, damit zu einer *allgemeinen Verbeßerung in allen Ständen nicht allein in Teutschland und in Europa, sondern auch in den übrigen Theilen der Welt alle gehörige Zubereitung gemacht* und in kurtzer Zeit die gantze Erde mit Erkentniß des HErrn als mit einem Strom lebendiger Waßer bedecket werde."[17]

Dieser Geschichtsoptimismus verbindet den frühen Pietismus und die Aufklärung; in diesem Punkt stehen beide in einer Front gegen die Orthodoxie.

Die pietistische "Theologie der Hoffnung" blieb nicht nur Theorie, sondern hatte konkrete Auswirkungen auf die Gesellschaft, wie wir am Beispiel Halles sehen. Als weitere Konkretisierungen wären zu nennen, im Bereich des halleschen Pietismus der Beginn der Indienmission, im Bereich des radikalen Pietismus die Bildung "philadelphischer Gemeinschaften" - Versuche, ein Zusammenleben in brüderlicher Liebe und Gemeinschaft zu gestalten -; die Gründung Pennsylvanias durch William Penn 1681 schien die Chance zu bieten, eine christliche Gemeinschaft in größerem Maßstab aufzubauen und übte eine entsprechende Anziehungskraft auf den (separatistischen) Pietismus aus (die allerdings in vielleicht noch höherem Maß von dem Wunsch gespeist

16 Ebd., S. 140 (Hervorhebung in der Vorlage).

17 Ebd., S. 154 (Hervorhebungen in der Vorlage). Vgl. dazu: HINRICHS CARL: Der hallische Pietismus als politisch-soziale Reformbewegung des 18. Jahrhunderts (1953). In: GRESCHAT, MARTIN (Hg.): Zur neueren Pietismusforschung. Darmstadt, WB, 1977. S. 249 ff. und DEPPERMANN KLAUS: Der hallesche Pietismus und der preußische Staat unter Friedrich III. (I.). Göttingen, Vandenhoeck & Ruprecht, 1961. S. 152 f.

wurde, den apokalyptischen Gerichten, die man in diesen Kreisen über Europa heraufziehen sah, zu entfliehen[18]).
In diese den engeren Bereich der Theologie überschreitende und in die Gesellschaft hineingreifende pietistische Bewegung der Hoffnung ist als *eine* Ausdrucksmöglichkeit die Bemühung um den idealen christlichen Staat einzuordnen, der in seiner literarischen Verarbeitung als pietistische Utopie erscheint.

2. Überlegungen zur Methodik

a) Zum Utopie-Begriff[19]

Wer sich in irgendeiner Weise mit Utopien beschäftigt, tut gut daran, seinen Untersuchungsgegenstand zuerst einmal zu definieren, um zumindest auf begrifflicher Unklarheit beruhenden Mißverständnissen vorzubeugen; steht doch jeder an "Utopie" Interessierte "vor einem Konglomerat höchst verschiedener Definitionsversuche, heterogener theoretischer Ansätze, die allerdings spärlich sind, und einander kaum berührender Begriffsverwendungen, die sich nach- und nebeneinander entwickelt und abgelagert haben"[20]. Da wir von einer historischen Fragestellung ausgehen, können wir die literaturwissenschaftlichen Fragen und gattungstheoretischen Probleme vernachlässigen und der Arbeit eine gleichsam pragmatische Definition zugrundelegen[21]: Unter "Uto-

18 DEPPERMANN, KLAUS: Pennsylvanien als Asyl des frühen deutschen Pietismus. PuN 10, 1984, S. 197 und 205 ff.

19 Für eine ausführliche Reflexion des Utopie-Begriffs sowie die Darstellung der Wege und Irrwege der Forschung verweise ich auf die grundlegenden Werke von LUDWIG STOCKINGER und PETER KUON: STOCKINGER, LUDWIG: Ficta Respublica. Gattungsgeschichtliche Untersuchungen zur utopischen Literatur des frühen 18. Jahrhunderts. Tübingen, Niemeyer, 1981. S. 1-99 [im folgenden: STOCKINGER, Ficta Respublica]. KUON, PETER: Utopischer Entwurf und fiktionale Vermittlung. Studien zum Gattungswandel der literarischen Utopie zwischen Humanismus und Frühaufklärung. Heidelberg, Winter, 1986, S. 1-54 [im folgenden: KUON, Utopischer Entwurf und fiktionale Vermittlung].

20 NEUSÜSS, ARNHELM (Hg.): Utopie. Begriff und Phänomen des Utopischen. 3., überarb. und erw. Aufl. Frankfurt–New York, Campus, 1986 [zuerst 1968]. S. 13.

21 Zu beherzigen ist allerdings eine methodologische Ermahnung PETER KUONS, der in seinem Buch *Utopischer Entwurf und fiktionale Vermittlung* gezeigt hat, wie wichtig die Einbeziehung der literarischen Verpackung (eben der fiktionalen Vermittlung) des Staatsentwurfs für eine angemessene Interpretation ist.

pie" verstehen wir den literarischen Entwurf einer fiktiven Gegenwelt in der Nachfolge der *Utopia* des Thomas Morus (1516[22]). In dem die Utopie eine (ideale) Gegenwelt entwirft, kritisiert sie gleichzeitig die gegenwärtige Wirklichkeit[23]. Mit diesem engen Utopie-Begriff kommen wir zu einem klar umgrenzten Quellenkorpus und vermeiden sowohl Abgrenzungsschwierigkeiten zu anderen Reformschriften pietistischer Provenienz als auch eine gewisse Beliebigkeit in der Quellenauswahl.

b) Zur Vorgehensweise

Die Interpretation der literarischen Utopien kann - bei allem Respekt vor dem jeweiligen Text - nicht Selbstzweck sein; vielmehr erfolgt sie im Zusammenhang unserer übergeordneten Fragestellung. Für uns sind diese Schriften in erster Linie Dokumente pietistischer Hoffnung und Ausdruck des in dieser Erneuerungsbewegung vorhandenen kritischen und innovatorischen Potentials.

Deshalb nehmen wir uns die Freiheit, bei der Analyse der Texte einem bestimmten Frageraster zu folgen, das bei dem disparaten Material von unterschiedlichster literarischer und inhaltlicher Qualität den Vergleich und das Erkennen von Entwicklungslinien erleichtern soll. Im einzelnen sind es fünf Fragen(komplexe), die uns bei der Interpretation leiten sollen[24]:

1. Die Frage nach dem theologischen Standort des Verfassers, d.h. seiner Nähe oder Ferne zum Luthertum. Es geht in diesem Fragenkomplex um das Verhältnis von Glaube und Welt. Inwieweit löst sich der Autor vom pessimistischen Weltbild des Luthertums, in dessen Rahmen eine grundlegende Verbesserung der Welt aufgrund menschlicher Anstrengung

22 Vgl. zur Terminologie KUON, Utopischer Entwurf und fiktionale Vermittlung, S. 3 f., der jedoch unter literaturwissenschaftlichen Gesichtspunkten feiner differenziert und wie oben angedeutet zwischen dem utopischen Entwurf, der gattungskonstitutive(n) Idealstaatskonstruktion, und der fiktionale(n) Vermittlung, also den Verfahren ihrer Beschreibung und leserorientierten Präsentation unterscheidet.

23 NIPPERDEY, THOMAS: Die Funktion der Utopie im politischen Denken der Neuzeit. AKuG 44, 1962, 362.

24 Die Reihenfolge der Fragen wird gelegentlich der Eigenart des jeweiligen Textes angepaßt werden müssen.

unmöglich erscheint? In diesen Zusammenhang gehört die Frage nach dem Menschenbild des Utopisten: Wie stark gewichtet er die Rolle der Erbsünde, inwieweit sieht er im mit Gott versöhnten Menschen einen Teilhaber der göttlichen Natur (vgl. 1. Petrus 1, 4) und hält von daher eine Veränderung der Welt zum Positiven für möglich? Die Beantwortung dieser Fragen erfordert neben der Darstellung der Religion der Utopier auch eine Klärung der Rolle, die Bildung und Wissenschaft in der jeweiligen Utopie spielen.

2. An die Darstellung der theologischen Position des Autors schließt sich die Frage nach seinem Verhältnis zur Aufklärung an.

In diesen Zusammenhang gehört:

3. Die Frage der Toleranz. Wie steht der Utopist zur Glaubens- und Gewissensfreiheit? Gibt es eine Zensur? Wie sieht das Verhältnis von Theologie und Frömmigkeit aus?

Über den geistesgeschichtlichen Bereich hinaus weisen die übrigen Fragen:

4. Die Frage nach der staatlichen Organisation. Ist die propagierte Staatsform patriarchalisch, aristokratisch oder demokratisch?

5. Die Frage nach der Wirtschaftsordnung. Wie steht der Utopist zum Privateigentum? Propagiert er eine kommunistische Wirtschaftsordnung?

Natürlich darf die Analyse der Utopien nicht gleichsam im luftleeren Raum stattfinden. Die Texte sind jeweils vor der historischen Wirklichkeit, aus der heraus sie entstanden und in die hinein sie geschrieben wurden, zu interpretieren. Historische Bedingtheiten werden herauszuarbeiten sein, die Biographie der Verfasser ist zu berücksichtigen. Auch der Frage nach Abhängigkeiten der pietistischen Utopien untereinander und nach realen oder fiktiven Vorbildern wird nachzugehen sein. Eine ausführliche Rezeptionsgeschichte der Texte würde den Rahmen dieser Arbeit sprengen, doch sollen gelegentliche Hinweise die Wirkung der Texte wenigstens andeuten.

c) Anlage der Arbeit

Nachdem der geistesgeschichtliche Horizont, in dem sich die Arbeit bewegt, umrissen ist (1.) und auf die methodischen Voraussetzungen hingewiesen wurde (2.), soll der folgende Abschnitt (3.) über schon geleistete Forschungsarbeit orientieren. Das erste Kapitel behandelt mit der *Christianopolis* Johann Valentin Andreaes (1619) den Ausgangspunkt der pietistischen Utopie. Es wird keine erschöpfende Analyse dieser vielbehandelten Utopie angestrebt; sie soll vielmehr bewußt auf unsere Fragestellung zugespitzt interpretiert werden. Das zweite Kapitel ist drei "Utopien aus dem Geist des halleschen Pietismus" gewidmet, der anonymen *Beschreibung eines verbesserten Fürsten=Staats* von 1699, einer handschriftlichen, unbetitelten Utopie aus dem Jahr 1700, und schließlich der bekannteren *Glückseeligsten Insul auf der gantzen Welt* von Philipp Balthasar Sinold von Schütz (1723). Im dritten Kapitel will ich am Beispiel von Johann Friedrich Bachstroms zu Unrecht vergessenem *Land der Inquiraner* (1736/37) aufzeigen, wie eine Entwicklung vom radikalen Pietismus zur Aufklärung verlaufen konnte. Bachstrom bezeichnete sich mit seinem Pseudonym *Christianus Democritus Redivivus* selbst als Schüler und Nachfolger Johann Konrad Dippels, der als *Christianus Democritus* zahlreiche Pamphlete publiziert hatte. Dippel, dessen geistige Biographie eine rasante Entwicklung vom orthodoxen Luthertum zum radikalen Pietismus mit Berührungspunkten zur Aufklärung beschreibt, leitete im zentralen protestantischen Dogma, der Versöhnungslehre, einen Paradigmenwechsel ein weg von der durch Christi Kreuzestod dem Glaubenden ein für allemal erwirkten (forensischen) Rechtfertigung hin zur Versöhnung, die dem Gläubigen dann zuteil wird, wenn er dem Beispiel Christi folgt, seine fleischliche Natur also "durch denselben Verleugnungs- und Leidensprozeß auf unsichtbare Weise vernichtet und getötet" wird[25]. Die Bedeutung dieser theologischen Zäsur für Bachstroms Denken läßt es sinnvoll erscheinen, Dippels Theologie einen kurzen Abschnitt zu widmen. Johann Heinrich Jung-Stilling, dem das sechste Kapitel gewidmet ist, knüpft nun nicht an diese Linie des mit Bachstrom schließlich endgültig in die Aufklärung mündenden Pietismus an, sondern versucht sich im Gegenteil dem seinen Glauben bedrohenden Rationalismus der Aufklärung zu entziehen und am "alt-evangelischen System" festzuhalten. Unter dem Eindruck der Französischen Revolution gewinnt für ihn die Apokalyptik des württembergischen Pietisten Johann Albrecht Bengel entscheidende Bedeutung. In diesen Zusammenhang gehört der *Solyma* -Entwurf aus dem Roman *Das Heimweh* (1794-96), der gekennzeichnet ist durch eine eigentümliche Verbindung von apokalyptischer Spekulation und Utopie

25 WENZ, GUNTHER: Geschichte der Versöhnungslehre in der evangelischen Theologie der Neuzeit. Bd. 1. München, Kaiser, 1984. S. 166.

(während die in die frühen Romane eingebauten utopischen Skizzen lediglich der Veranschaulichung seiner kameralistischen Ansichten dienen). Zum Schluß sollen die verschiedenen Linien zusammengefaßt und der "Wandel der pietistischen Utopie" noch einmal aus der Rückschau nachvollzogen werden.

3. Forschungsbericht

Die *pietistische* Utopie ist bisher noch nicht im Zusammenhang untersucht worden, und von den im Rahmen unserer Arbeit interpretierten Texten wurden bisher überhaupt nur die *Christianopolis* Johann Valentin Andreaes und die *Glückseeligste Insul* des halleschen Pietisten Sinold von Schütz von der Forschung beachtet. Wir konzentrieren uns im folgenden auf diese bunten Flecken auf der sonst weißen forschungsgeschichtlichen Landkarte.

a) Zur Andreae-Forschung

Beschränkte sich PAUL JOACHIMSEN in seinem Aufsatz *Johann Valentin Andreae und die evangelische Utopie* (1926[26]) auf eine differenzierte Charakterisierung der *Christianopolis,* auf das Aufzeigen geistesgeschichtlicher Bezüge (Erasmus [!], Arndt) und die Abgrenzung zu Morus' *Utopia,* Campanellas *Civitas Solis* und Bacons *Nova Atlantis,* so behandelte HARALD SCHOLTZ in seiner 1957 erschienenen Dissertation *Evangelischer Utopismus bei Johann Valentin Andreä. Ein geistiges Vorspiel zum Pietismus*[27] die Utopie Andreaes im Zusammenhang mit seinen anderen Schriften aus der Zeit von 1614-20. SCHOLTZ spricht schon im Titel seiner Arbeit von "evangelischem Utopismus"; dabei löst

26 JOACHIMSEN, PAUL: Johann Valentin Andreae und die evangelische Utopie. In: Gesammelte Aufsätze. Beiträge zu Renaissance, Humanismus und Reformation; zur Historiographie und zum Deutschen Staatsgedanken. Ausgewählt und eingeleitet von NOTKER HAMMERSTEIN. [Zuerst in: Zeitwende 2, 1926, 485-642.] Aalen, Scientia, 1970. S. 443-479. - Die folgenden Seitenzahlen beziehen sich auf diese Ausgabe.

27 SCHOLTZ, HARALD: Evangelischer Utopismus bei Johann Valentin Andreä. Ein geistiges Vorspiel zum Pietismus. Stuttgart, Kohlhammer, 1957. VIII + 103 S. = Darstellungen aus der württembergischen Geschichte, hrsg. von der Kommission für geschichtliche Landeskunde in Baden-Württemberg 42. [Zugl. Diss. phil. Göttingen 1954]

er den Begriff von der eigentlichen "Utopie" Andreaes, der *Christianopolis*, und faßt ihn allgemeiner: "Andreäs evangelischer Utopismus gründet sich darauf, daß die Christen sich wünschen, als Gläubige, als Wiedergeborene zu leben." (S. 4) Weil der Christ als Mensch mit sündiger Natur jedoch nicht immer im Gnadenstand bleiben könne, wähle Andreae, um "den Menschen im Gnadenstand" zu zeigen, das spekulative Spiel, "in dem die Voraussetzung erlaubt ist, ein ständiges Leben in der Gnade sei möglich; dies vorauszusetzen, ist Utopismus ... Andreä wird also nicht Utopist genannt, weil er sich der literarischen Form der Utopie bediente, sondern weil seine Schriften, die hier zu untersuchen sind, unter einer utopischen Voraussetzung geschrieben worden sind" (S. 4). Mit diesem Ansatz wird SCHOLTZ der *Christianopolis* jedoch weder in ihrer theologischen noch in ihrer historischen, noch in ihrer literarischen Dimension gerecht.
In der Nachfolge JOACHIMSENS interpretiert MARTIN KRUSE in einem Andreae gewidmeten Kapitel seiner Studie *Speners Kritik am landesherrlichen Kirchenregiment und ihre Vorgeschichte* von 1971[28] die *Christianopolis* nicht primär als Gesellschaftsentwurf, sondern vielmehr als "verkleidete Erbauungsgeschichte" (S. 96). KRUSE sieht jedoch die Mehrdimensionalität dieser Utopie: "Die Christianopolis ist nicht nur ein Erbauungsbuch, sie unterscheidet sich von den 'Vier Büchern vom Wahren Christentum' gerade durch den in ihr lebendigen Willen, *das Ganze der Welt* (Religion, Politik und Wissenschaft) von Christus her zu gestalten." (S. 100)
Seit Beginn der siebziger Jahre unseres Jahrhunderts läßt sich eine beachtliche Intensivierung der wissenschaftlichen Beschäftigung mit Johann Valentin Andreae feststellen; ja man ist geneigt, von einer Andreae-Renaissance zu sprechen, sieht man die stattliche Zahl der Arbeiten zu dieser "Schlüsselfigur der deutschen Geistes- und Sozialgeschichte um 1600"[29]. Dieser Aufschwung der Andreae-Forschung wird flankiert von einer Arbeit der englischen Historikerin FRANCES A.

28 KRUSE, MARTIN: Speners Kritik am landesherrlichen Kirchenregiment und ihre Vorgeschichte. Witten, Luther-Verlag, 1971. 205 S. = AGP 10.

29 DÜLMEN, RICHARD VAN: Reformationsutopie und Sozietätsprojekte bei Johann Valentin Andreae. Francia 6, 1978, 300. - In diese Zeit fällt auch die Neuausgabe einiger Werke Johann Valentin Andreaes, teilweise mit älteren Übersetzungen ins Deutsche, durch RICHARD VAN DÜLMEN im Calwer-Verlag, Stuttgart, 1972f., darunter auch die der *Christianopolis* (1972).

YATES, in der sie in weitem Horizont auch Andreaes Rosenkreuzerschriften behandelt. In ihrem Buch *The Rosicrucian Enlightenment* (1972, dt. 1975[30]) bringt sie die Rosenkreuzerbewegung, die das intellektuelle Deutschland der Jahre 1614-1620 mit Traktaten und Manifesten überschwemmte, in Verbindung mit den hochgespannten Hoffnungen, die sich an den Kurfürsten Friedrich V. von der Pfalz knüpften und ihn eine wichtige Rolle in der zu beginnenden "Generalreformation der Welt" spielen sahen[31].

Die neue Reihe der eigentlichen Andreae-Studien wird eröffnet von JOHN WARWICK MONTGOMERYs Werk *Cross and Crucible. Johann Valentin Andreae (1586-1654). Phoenix of the Theologians* (1973[32]). MONTGOMERY will mit seinem Werk ein vollständiges Bild Andreaes zeichnen. Die ausführliche Darstellung von Leben und Werk Johann Valentin Andreaes bildet den Hintergrund für eine Analyse seiner "Weltanschauung". MONTGOMERY bemüht sich, Andreae als guten Lutheraner zu erweisen, der sowohl den "orthodoxist objectivism" eines Jakob Andreae als auch den "pietistic subjectivism" eines Johann Arndt, die beide ihre Wurzeln in Luther hätten, in sich vereint habe. Er wird dabei mit seinem nur auf die Theologie verengten Blickwinkel Andreaes Position nicht gerecht.

Der Historiker RICHARD VAN DÜLMEN hat die Andreae-Forschung nicht nur durch die Herausgabe einiger wichtiger Schriften Johann Valentin Andreaes vorangebracht, sondern 1978 auch den immer noch "umfassendste(n) und gelungenste(n) Versuch einer Deutung Andreaes[33]" un-

30 YATES, FRANCES A.: Aufklärung im Zeichen des Rosenkreuzes. Stuttgart, Klett, 1975. 299 S. = Edition Alpha.

31 "Ort und Zeit lassen es mehr als nur eben möglich erscheinen, daß die rosenkreuzerische Bewegung, als ihre Manifeste einmal im Druck erschienen waren, mit dem Kurfürsten in Verbindung stand. Sie breitete sich während der Regierungsjahre Friedrichs in der Pfalz weiter aus und trug am Ende mit zu seinem großen böhmischen Abenteuer bei. Ihr geistiges Haupt, Andreä, lebte in Württemberg; die Manifeste wurden in Kassel veröffentlicht. Württemberg und Hessen-Kassel waren die beiden protestantischen Fürstentümer, die der Pfalz benachbart und überaus interessiert an dem waren, was dort geschah . . ." (S. 63 f.)

32 MONTGOMERY, JOHN WARWICK: Cross and Crucible. Johann Valentin Andreae (1586-1654). Phoenix of the Theologians. Bd. 1: Andreae's life, worldview and relations with rosicrucianism and alchemy. Den Haag, Martinus Nijhoff, 1973. 255 S. = International Archives of the History of Ideas 55. - Im folgenden: MONTGOMERY, Cross and Crucible.

33 So urteilt MARTIN BRECHT in seiner Rezension in PuN 5, 1979, S. 218. Dieses Urteil gilt m. E. auch heute noch.

ternommen[34]. Er hält sich nicht nur von MONTGOMERYS "einseitig apologetischen Festlegungen (Andreae als Vertreter der lutherischen Orthodoxie)" frei, wie WILHELM KÜHLMANN in seiner Besprechung des Buches feststellt[35], vor allem stellt VAN DÜLMEN seinen Helden auch in den sozialen und kulturellen Zusammenhang seiner Zeit[36]. Die *Christianopolis* stellt für ihn "im Spiegelbild eines Idealstaates Andreaes umfassendstes Reformprogramm dar. Sie macht insgesamt deutlich, daß eine Gesellschaft erst dann christlich zu nennen ist, wenn der christliche Glaube Grundlage des gesellschaftlichen Lebens wird, Glaube und Leben also zur Harmonie kommen und wenn Institutionen geschaffen werden, die die Verchristlichung der Gesellschaft garantieren."[37] Man wird sagen können, daß das Bild Andreaes, das VAN DÜLMEN entwirft, wesentlich zutreffender ist als das von MONTGOMERY gezeichnete; bei VAN DÜLMENS Entwurf können die Korrekturen aufs Detail beschränkt werden.

Etwa gleichzeitig mit seiner Monographie veröffentlichte RICHARD VAN DÜLMEN einen Aufsatz, in dem er wichtige Ergebnisse unter dem Titel *Reformationsutopie und Sozietätsprojekte bei Johann Valentin Andreae* zusammenfaßte[38].

Der mit den Arbeiten MONTGOMERYs und VAN DÜLMENs verbundene Aufschwung der Andreae-Forschung in den siebziger Jahren wurde mitgetragen von dem Kirchenhistoriker MARTIN BRECHT, der mit einigen Aufsätzen unser Bild vom Leben und Schaffen Andreaes präzisierte. Darunter ist eine Studie, die unter dem Titel *Kritik und Reform der Wissenschaften bei Johann Valentin Andreae* 1981 veröffentlicht wurde[39]. Im Rahmen seiner Schilderung der Wissenschaftskonzeption An-

34 DÜLMEN, RICHARD VAN: Die Utopie einer christlichen Gesellschaft. Johann Valentin Andreae (1586-1654). Teil 1 [Teil 2 ist nicht erschienen]. Stuttgart-Bad Cannstatt, frommann-holzboog, 1978. Vgl. dazu neben der Rezension BRECHTS besonders die sehr hilfreiche Besprechung WILHELM KÜHLMANNS im Daphnis 10, 1981, 570-573.

35 Ebd., S. 570.

36 DÜLMEN, Utopie einer christlichen Gesellschaft, S. 14.

37 Ebd., S. 177.

38 DÜLMEN, RICHARD VAN: Reformationsutopie und Sozietätsprojekte bei Johann Valentin Andreae. Francia 6, 1978 [1979 erschienen], 299-318.

39 BRECHT, MARTIN: Kritik und Reform der Wissenschaften bei Johann Valentin Andreae. In: SECK, FRIEDRICH (Hg.): Wissenschaftsgeschichte um Wilhelm Schickard. Vorträge bei dem Symposion der Universität Tübingen im 500. Jahr ihres Bestehens am 24. und 25. Juni 1977. Tübingen, Mohr (Siebeck), 1981. S. 129-151. - Im folgenden: BRECHT, Kritik und Reform.

dreaes kommt Brecht natürlich auch auf die Christianopolis zu sprechen, die ja "etwa zu einem Drittel in der Beschreibung der idealen wissenschaftlichen Einrichtungen und eines entsprechenden Bildungswesens" besteht (S. 130): "In der Christianopolis wird konkret und positiv vorgeführt, wie die modernen Sprachen, die Mathesis und die Historia in die Wissenschaften einzubeziehen sind und zwar zu Lasten und in Veränderung der bisherigen abstrakten philosophischen Disziplinen. Damit werden die Wissenschaften für die Gemeinschaft effektiver und nützlicher. Die Darstellung läßt anschaulich die Auswirkungen der Wissenschaftsreform auf die höheren Fakultäten und vor allem auch auf das Sozialgefüge erkennen." (S. 145)

Neben JOHN W. MONTGOMERY, RICHARD VAN DÜLMEN und MARTIN BRECHT hat in den letzten Jahren vor allem der französische Kirchenhistoriker ROLAND EDIGHOFFER der Andreae-Forschung entscheidende Impulse verliehen. In einem Aufsatz im "Daphnis" stellte er 1981 die Ergebnisse seiner Habilitationsschrift von 1977 vor[40]. (Seine große Untersuchung erschien dann in zwei Bänden 1982/87 unter dem Titel *Rose-Croix et Société idéale selon Johann Valentin Andreae*[41]). Wir konzentrieren uns hier auf diese zentrale Arbeit EDIGHOFFERS; von seinen weiteren Andreae gewidmeten Studien nenne ich nur zwei Forschungsberichte[42]. In dem für uns interessantesten Abschnitt ("Christliche Gesellschaft und Pantopie") will EDIGHOFFER zeigen, "daß Andreaes Werk von der *Chymischen Hochzeit* bis zu [den 1620 publizierten Schriften] ... und darüber hinaus bis zum Bildungsversuch einer wirklichen christlichen Gesellschaft eine merkwürdige Kontinuität aufweist. Sein erstes Anliegen war die geistige Erneuerung des Menschen ..." (S. 232). Der wahre Christ trage die *Civitas Dei* in sich selbst. "Diese Verinnerlichung hat zur Folge, daß die *Christianopolis* sich überall befindet, wo echte Christen sind, welche nicht außerhalb der Gesellschaft und in der Abgeschiedenheit, sondern mitten in der Welt

40 EDIGHOFFER, ROLAND: Johann Valentin Andreae. Vom Rosenkreuz zur Pantopie. Daphnis 10, 1981, 211-239.

41 DERS.: Rose-Croix et Société idéale selon Johann Valentin Andreae. Préface de ANTOINE FAIVRE. Bd. 1. Neuilly, Arma Artis, 1982. 461 S. Bd. 2. 1987. [Zugl. Habilitationsschrift 1977]

42 DERS.: Andreana. Etudes Germaniques 34, 1979, 284-291. - DERS.: Johann Valentin Andreae. A propos du 400e anniversaire de sa naissance. ARIES 5, 1986, 8-38. - Wir beziehen uns im folgenden auf den Aufsatz EDIGHOFFERS im Daphnis, berücksichtigen die große Arbeit jedoch in unserer Analyse der *Christianopolis*.

leben, wo sie sich im Sinne von Johann Arndt durch ihren christlichen Lebenswandel auszuzeichnen haben." (S. 233) Nicht die Utopie, der Entwurf einer Gegenwelt, sei die Intention Andreaes gewesen, sondern die Schaffung eines "Muster[s], das praktische, realisierbare Hinweise auf den Gebieten der Erziehung, der Technologie, der Nächstenliebe, der Freizeitgestaltung, u. a. m. enthält" (S. 234): "So ist die *Christianopolis* im Grunde keine *Utopia*, kein Nirgendwo-land, sondern sie existiert wirklich überall, wo echte, fromme Christen zugleich in und außer der Welt, zugleich in der historischen Zeit und im *Tempus redemptionis* ein 'wahres Christentum' erleben." Für "diese unsichtbare, aber wirkliche Gemeinschaft der *boni*, die durch die Welt ... zerstreut leben und wirken", prägt EDIGHOFFER den Begriff "Pantopie", und "da die *Christianopolis* eigentlich keine Utopie ist, darf sie vielmehr als Fokusierung und Veranschaulichung der christlichen Pantopie betrachtet werden." (S. 234 f.) Ob EDIGHOFFER mit dieser neuen Terminologie der *Christianopolis* gerecht wird, darf zumindest bezweifelt werden. In seiner Gesamtbewertung Andreaes lehnt sich EDIGHOFFER meines Erachtens zu sehr an MONTGOMERYS These vom orthodoxen Lutheraner Andreae an: "Andreaes literarisches, religiöses und politisches Schaffen weist, sobald man auf die verwickelte Rosenkreuzergeschichte die notwendige alchemistische Operation der *purgatio* angewandt hat, eine eigentümliche Kontinuität auf. Es läßt sich leicht auf den gemeinsamen Nenner der vorurteilslosen, uneingeschränkten Verwirklichung des Christentums im Lichte der lutherischen Reformation bringen. Im religiösen Bereich kämpfte Andreae gegen jede Form der dogmatischen Verknöcherung und Einengung an und verfocht in ständiger Anlehnung an die *Augsburger Konfession* und die teilweise von seinem Großvater aufgestellte *Formula Concordiae* ein echtes Christentum der Tat und der Nächstenliebe, das sich mitten in einer meist feindlich gesinnten Welt zu bewähren hat" (S. 237). Zustimmen wird man EDIGHOFFER in seiner Einschätzung der Wirkung Andreaes: "Auf manchen Gebieten ist sein Wirken bahnbrechend gewesen, nicht nur für den Pietismus, sondern auch im Hinblick auf die Pädagogik" (S. 238). Zutreffend ist auch seine Charakterisierung des eigentlichen Anliegens Andreaes als der "Befruchtung des sittlichen, sozialen, wissenschaftlichen und politischen Lebens durch das 'wahre Christentum' im Sinne von Johann Arndt" (S. 239).

1986 erschienen gleich zwei Untersuchungen, die sich mit der *Christianopolis* befassen. SIXT ALEXANDER SEEWALDs juristische Dissertation mit dem Titel *Das Verfassungsbild in der Christianopolis des Johann Valentin Andreae*[43] lohnt die Auseinandersetzung kaum, trägt sie doch nichts zu einer Veränderung oder Erweiterung des Andreae-Bildes bei. Davon abgesehen leidet sie unter ärgerlichen Fehlern im historischen Teil[44]. Im Blick auf die Verfassung der *Christianopolis* vermag SEEWALD immerhin Anregungen zu vermitteln.

Von ganz anderer Qualität ist dagegen die sorgfältige Interpretation der *Christianopolis* von PETER KUON in seinem Buch *Utopischer Entwurf und fiktionale Vermittlung. Studien zum Gattungswandel der literarischen Utopie zwischen Humanismus und Frühaufklärung*[45]. Ausgehend von seinem Interpretationsansatz - neben der inhaltlichen Seite, dem "utopischen Entwurf", gerade auch die literarische "Verpackung", die "fiktionale Vermittlung", ernstzunehmen und in die Betrachtung einzubeziehen - versucht er im Blick auf die *Christianopolis* "das realistisch-konkrete, allenfalls ideengeschichtlich vertiefte Utopie-Verständnis, das ... den literarischen Text mit dem Status eines historischen Dokuments abfindet, Schritt für Schritt in eine literarästhetische Betrachtungsweise überzuführen, mit dem Ziel, die Ergebnisse des Historikers am literaturwissenschaftlichen Befund zu kontrollieren und zu korrigieren" (S. 202). Durch dieses Vorgehen gelingt KUON eine abgerundete Interpretation der Christianopolis, die insbesondere mit ihren Deutungen der allegorischen Bezüge überzeugt.

Die neueste Interpretation der *Christianopolis* hat WOLFGANG BRAUNGART im Rahmen seiner Untersuchung *Die Kunst der Utopie* 1990 vorgelegt[46]. Anders als KUON konzentriert sich BRAUNGART nicht so sehr auf die literarische Interpretation, sondern bezieht inhaltliche Fragen viel stärker in seine Analyse ein. Dadurch entsteht eine willkom-

43 SEEWALD, SIXT ALEXANDER: Das Verfassungsbild in der Christianopolis des Johann Valentin Andreae. Frankfurt/M., Peter Lang, 1986. 162 S. = Europäische Hochschulschriften, Reihe II (Rechtswissenschaft), Bd. 529. [Zugl. Diss. iur. Mainz 1985].

44 So fühlte sich Andreae nicht *Paul* Gerhardt besonders verpflichtet, wie SEEWALD auf Seite 49 seines Buches behauptet, sondern dem Theologen *Johann* Gerhard. - Viel störender als solche Ungenauigkeiten ist das verzerrte Pietismus-Bild, das der Verfasser zeichnet (S. 45f., 53).

45 KUON, PETER: Utopischer Entwurf und fiktionale Vermittlung, S. 199-257 (Kapitel III: Die Allmacht des Erzählers, oder: Wirklichkeit, Allegorie und Allegorese - die *Christianoplis* [1619] von Johann Valentin Andreae).

46 BRAUNGART, WOLFGANG: Die Kunst der Utopie. Vom Späthumanismus zur frühen Aufklärung. Stuttgart, Metzler, 1990. S. 16-81.

mene Ergänzung zu KUONS Interpretation der *Christianopolis*. BRAUNGART fügt viele treffende Einzelbeobachtungen zum bisher vollständigsten *Christianopolis*-Bild zusammen.
Überblickt man die Andreae-Forschung der letzten zwanzig Jahre, so ragen neben den *Christianopolis*-Interpretationen von KUON und BRAUNGART zwei Gesamtentwürfe heraus: zum einen das Werk VAN DÜLMENS, zum andern die Untersuchung EDIGHOFFERS. Während VAN DÜLMEN mit der großen Linie seiner Interpretation überzeugt, aber Schwächen im Detail aufweist, ist es bei EDIGHOFFER gerade umgekehrt: einem reichen Ertrag im einzelnen steht eine - bedingt durch eine Anlehnung an MONTGOMERY? - zu kurz greifende Gesamteinschätzung Andreaes gegenüber.
Ein Problem jedoch ist immer noch nicht befriedigend geklärt, nämlich Andreaes Stellung zum Luthertum. Diese Frage ist insofern von entscheidender Bedeutung, als damit die Einschätzung der Modernität Andreaes, sein Verhältnis zu Pietismus und Aufklärung, eng verknüpft ist.

b) *Zur Glückseeligsten Insul des Philipp Balthasar Sinold von Schütz (1728)*

Von unseren drei Texten aus dem Umkreis des halleschen Pietismus hat bisher lediglich die Utopie des (unter den verschiedensten Pseudonymen publizierenden) Philipp Balthasar Sinold genannt von Schütz (1657-1742) Beachtung gefunden. Allein in den letzten zwanzig Jahren befassten sich vier Studien ausführlicher mit der *Glückseeligsten Insul*. Den Anfang machte HANS WAGENER mit dem 1972 in der amerikanischen Literaturzeitschrift *Symposium* veröffentlichten Aufsatz *Faramonds Glükseligste Insel. Eine pietistische Sozialutopie* . WAGENER erweist als eigentliches Anliegen Sinolds "die Kritik der europäischen Verhältnisse" und nicht das Ausmalen "eines positiven Ideals": "... es geht dem Autor ja gar nicht um die minutiöse Ausarbeitung eines phantastischen utopischen Staates mit exotischen Zügen, sondern primär um die Kritik der europäischen Verhältnisse."

47 WAGENER, HANS: Faramonds *Glückseligste Insel.* Eine pietistische Sozialutopie. Symposium 26, 1972, 78-89.
48 Ebd., S. 82 und passim.
49 Ebd., S. 82.

Auch MICHAEL WINTER widmete dieser bedeutendsten Utopie des halleschen Pietismus in seinem großangelegten *Compendium Utopiarum*[50] von 1978 einen längeren Abschnitt[51]. Dem Charakter dieses Werkes entsprechend handelt es sich hier nicht um eine subtile Interpretation des Sinoldschen Textes, sondern um eine etwas holzschnittartig geratene Charakterisierung. Immerhin gibt WINTER einige wichtige und im ganzen auch durchaus zutreffende Beobachtungen wie z. B. die Abhängigkeit Sinolds von Spener wieder.

Die gründlichste und kenntnisreichste Analyse der *Glückseeligsten Insul* hat LUDWIG STOCKINGER im Rahmen seiner 1981 erschienenen Untersuchung *Ficta Respublica. Gattungsgeschichtliche Untersuchungen zur utopischen Erzählung der deutschen Literatur des frühen 18. Jahrhunderts* aus literaturwissenschaftlicher Perspektive vorgelegt[52]. Im Gegensatz zu WINTER, der die plakative Kategorisierung liebt, geht STOCKINGER behutsam vor. Er zeichnet die Einflüsse auf Sinolds Werk sorgfältig nach und bietet insgesamt eine differenzierte Interpretation der *Glückseeligsten Insul.*

Gegenüber der ausführlichen Analyse STOCKINGERS bringt der kurze Abschnitt in BRAUNGARTS Buch *Die Kunst der Utopie* keine wesentlich neuen Erkenntnisse[53].

Als Ergänzung zu der sich an Gattungsfragen orientierenden, literaturwissenschaftlichen Interpretation LUDWIG STOCKINGERS fehlt eine auf den Inhalt konzentrierte Betrachtung aus der Perspektive des Historikers. Dies soll hier geleistet werden; dabei ist der pietistische Hintergrund Sinolds und seine christlich-biblische Weltsicht als für das Verständnis der *Glückseeligsten Insul* entscheidend besonders zu berücksichtigen.

50 WINTER, MICHAEL: Compendium Utopiarum. Typologie und Bibliographie literarischer Utopien. Teilband 1: Von der Antike bis zur deutschen Frühaufklärung. Stuttgart, Metzler, 1978. LIX + 287 S. = Repertorien zur deutschen Literaturgeschichte 8.

51 Ebd., Nr. 142, S. 161-165.

52 S. o. Anm. 19.

53 BRAUNGART, Die Kunst der Utopie, S. 210-216.

c) Zur Jung-Stilling-Forschung[54]

Den Grund gelegt für die neuere Jung-Stilling-Forschung hat der Basler Kirchenhistoriker MAX GEIGER mit seinem 1963 publizierten Werk *Aufklärung und Erweckung. Beiträge zur Erforschung Johann Heinrich Jung-Stillings und der Erweckungstheologie*[55]. GEIGER hat als erster den Nachlaß Schwarz, der den weitaus umfangreichsten Teil der Stilling-Korrespondenz enthält, gründlich ausgewertet. Das sorgfältig abgewogene, immer begründete Urteil, der sichere Zugriff auf das Wesentliche, der weite Horizont GEIGERs ließen sein Buch vorbildlich werden für den Umgang mit der schillernden Gestalt Jung-Stilling.

Seither haben sich Germanisten, Theologen, Medizinhistoriker und Kirchenhistoriker in zahlreichen Aufsätzen und einigen Büchern mit Jung-Stilling beschäftigt. Für die Zeit von 1963 bis 1982 sei auf den gründlichen Forschungsbericht RAINER VINKES verwiesen[56].

Lediglich die in diesen Zeitraum fallende hervorragende Edition der *Lebensgeschichte* durch GUSTAV ADOLF BENRATH muß hier hervorgehoben werden[57]. BENRATH hat diesen Schlüssel zum Verständnis Jung-Stillings nicht nur mit einer instruktiven Einleitung versehen und durch gründliche und zuverlässige Anmerkungen erschlossen, sondern auch in einem über fünfzig Seiten starken Anhang zahlreiche, teilweise entlegene, für das Verständnis der Autobiographie außerordentlich aufschlußreiche "Dokumente zur Lebensgeschichte" (S. 647-703) beigegeben.

Leider nur im Reprintverfahren wieder aufgelegt wurden Jung-Stillings

54 Es geht an dieser Stelle nicht darum, einen lückenlosen Forschungsbericht zu bieten; vielmehr soll durch knappe Charakterisierung lediglich der wichtigsten neueren Werke über die Hauptlinien der Jung-Stilling-Forschung in den letzten drei Jahrzehnten orientiert werden.

55 GEIGER, MAX: Aufklärung und Erweckung. Beiträge zur Erforschung Johann Heinrich Jung-Stillings und der Erweckungstheologie. Zürich, EVZ-Verlag, 1963. 619 S.

56 VINKE, RAINER: Jung-Stilling-Forschung seit 1963. ThR 48, 1983, 156-186 und 254-272. - Die ältere Forschung wird besprochen von GEIGER, Aufklärung und Erweckung, S. 38-68 und VINKE, RAINER: Jung-Stilling und die Aufklärung. Die polemischen Schriften Johann Heinrich Jung-Stillings gegen Friedrich Nicolai (1775/76). Stuttgart, Steiner Verlag Wiesbaden, 1987. S. 9-16.

57 JUNG-STILLING, JOHANN HEINRICH: Lebensgeschichte. Vollständige Ausgabe, mit Anmerkung hrsg. von GUSTAV ADOLF BENRATH. Darmstadt, WB, 1976 [unveränderter ND 1984]. XXXI + 784 S.

Sämmtliche Schriften, ein unvollständiges und mangelhaftes Unternehmen aus den dreißiger Jahren des 19. Jahrhunderts[58].

Das 1982 erschienene Buch von ALBRECHT WILLERT, *Religiöse Existenz und literarische Produktion*[59], bringt eine Untersuchung der Autobiographie und der bis dahin stiefmütterlich behandelten frühen Romane Jung-Stillings. WILLERTS Buch ist in unserem Zusammenhang wertvoll durch die Untersuchung der frühen Romane auf ihren gesellschaftlichen Gehalt (S. 218-238).

Von den jüngsten Studien muß die größere Arbeit RAINER VINKES, *Jung-Stilling und die Aufklärung* (1987), erwähnt werden, die sich mit den Polemiken Jung-Stillings gegen Friedrich Nicolai befaßt. Neben einer eingehenden Interpretation dieser bisher meist übergangenen Stilling-Schriften bietet VINKE im ersten Kapitel eine Nachzeichnung der ersten Lebenshälfte Jung-Stillings, die alle bisherigen biographischen Studien an Gründlichkeit und Kenntnisreichtum weit übertrifft ("Jung-Stillings geistige und religiöse Entwicklung bis zur Auseinandersetzung mit dem Aufklärer Friedrich Nicolai (1775)", S. 27-135). Seit GEIGERS Untersuchung ist dies der wohl fundierteste Beitrag überhaupt zur Jung-Stilling-Forschung. In kritischer Auseinandersetzung mit MAX GEIGER will VINKE Jung-Stillings "Stellung zur Aufklärung als philosophischem, vor allem aber als theologischem Phänomen bestimmen"[61].

Das Bild, das GEIGER vom Verhältnis Jung-Stillings zur Aufklärung zeichnet, ist stark geprägt von den Aussagen Stillings in der *Lebensgeschichte*. Danach hat der Determinismus der Leibniz-Wolffschen Philosophie, "im Gemüt und im Denken des jungen Stilling eine Unruhe ohnegleichen" hervorgerufen "und zum jähen Zusammenbruch seines im Kinderalter gestalteten Glaubens" geführt[62]; nach GEIGER hat die

58 JUNG genannt STILLING, JOHANN HEINRICH: Sämmtliche Schriften. Nachdruck der Ausgabe Stuttgart 1835-38. Hildesheim-New York, Olms, 1979. 8 Bände. - Schon STECHER monierte das Fehlen einer sinnvollen Anordnung der Schriften; außerdem beeinträchtigten viele Druckfehler und Textänderungen den Wert dieser Ausgabe: STECHER, G[OTTHILF]: Jung Stilling als Schriftsteller. Berlin, Mayer & Müller, 1913. S. 1 ff.

59 WILLERT, ALBRECHT: Religiöse Existenz und literarische Produktion: Jung-Stillings Autobiographie und seine frühen Romane. Frankfurt/M.-Bern, Lang, 1982. - Vgl. dazu die Kritik VINKES in: DERS.: Jung-Stilling und die Aufklärung, S. 23-26.

60 Vgl. Anm. 55.

61 VINKE, Jung-Stilling und die Aufklärung, S. 7.

62 GEIGER, Aufklärung und Erweckung, S. 444.

"deterministische Weltdeutung" auf Jung-Stilling "als schwerer Schock gewirkt und hat in ihm ein Trauma verursacht, das zwar nach zwei Jahrzehnten gemildert, aber nie wirklich geheilt und beseitigt werden konnte"[63]. Erst durch die Beschäftigung mit Kants *Kritik der reinen Vernunft* und die Begegnung "mit der gottesdienstlich unterbauten Theologie Zinzendorfs in den Jahren 1789 und 1790" sei Jung-Stilling von seinen schweren Zweifeln befreit worden und habe er wieder ein bestimmtes Maß an innerer Gewißheit erhalten, wenn er auch bis an sein Lebensende in diesem Punkt immer wieder angefochten worden sei[64]. Dagegen vertritt VINKE die These, "daß Jung-Stilling sein ganzes Leben hindurch ein seiner reformierten Kirche treu verbundener Pietist war, der sich auch unter den bedrohlichen Attacken aufklärerischer Philosophie nicht von seiner Position abbringen ließ"[65]. Durch die Lektüre Kants habe er lediglich bestätigt bekommen, "was er schon immer vertreten hatte"[66]. VINKE vermag allenfalls in Jung-Stillings Hang zum Demonstrieren, in seiner "Art, sein Leben rational zu durchleuchten", um den Weg der Vorsehung deutlich zu machen - also im methodischen Bereich -, "eine Folge seiner Beschäftigung mit der Philosophie der Aufklärung" zu sehen[67]. Nach VINKE "erweist sich Jung-Stillings theologische Anschauung, sowohl was das Theorieverständnis als auch was die inhaltliche Ausformung angeht, als gleichbleibend von seinen ersten Schriften bis hin zu der Zeit, da er sich anschickt, der 'Patriarch der Erweckung' zu werden". Jung-Stilling vertrete "einen weltzugewandten und die Welt gestalten wollenden Pietismus" und stelle "ihn als konsequent gegen die Aufklärung gerichtet dar". So gebühre "Jung-Stilling trotz aller Schwäche, die er gelegentlich in seiner Person und seinem Werk erkennen läßt, das Verdienst, den Pietismus argumentativ gegen die Aufklärung verteidigt zu haben und damit einer der Gründer des Neupietismus oder der Erweckungsbewegung zu sein"[68].
VINKE treibt einigen Aufwand, um GEIGERS Darstellung eines in seiner Lebensmitte durch die Aufklärung tief verunsicherten Jung-Stilling als falsch zu erweisen. Seine Argumente überzeugen, wenn er den Einfluß der Aufklärung auf die theologische Position Jung-Stillings als insge-

63 Ebd., S. 462.
64 Ebd., S. 501f.
65 VINKE, Jung-Stilling und die Aufklärung, S. 326.
66 Ebd., S. 321.
67 Ebd., S. 350.
68 Ebd., S. 363.

samt relativ gering einschätzt und wenn er als Konstante des Glaubens Jung-Stillings eine weltzugewandte Variante des reformierten Pietismus ausmacht. Ob GEIGER jedoch so weit danebenliegt, wie VINKE das durch die Vehemenz seines Angriffs suggeriert, wird man bezweifeln dürfen. Schließlich ist der Grad der Verunsicherung Jung-Stillings nicht mehr letztgültig zu bestimmen, behält GEIGERS Deutung der apologetischen Schriften Stillings als Mittel der Selbstvergewisserung und Flucht nach vorn seine psychologische Plausibilität. Fazit: Mit seiner Generallinie dürfte VINKE richtig liegen, auch wenn er in seinem Bemühen, GEIGER zu widerlegen, die Bedeutung der Determinismuszweifel und überhaupt der Religionskritik der Aufklärung für Jung-Stilling m. E. zu stark herunterspielt. Alles in allem trägt VINKE mit seinem sorgfältigen und gründlichen Buch viel zu einem besseren Verständnis Jung-Stillings bei.
Hingewiesen sei an dieser Stelle noch auf die 1988 erschienene umfangreiche Arbeit OTTO W. HAHNS, die Jung-Stillings Kaiserslauterer und Heidelberger Jahren gewidmet ist[69]. HAHN bestimmt Jung-Stillings Position gegen VINKE und im Anschluß an BENRATH und andere in diesen Jahren als zwischen Pietismus und Aufklärung liegend, als die eines "frommen Aufklärers". Neben den Romanen Jung-Stillings aus dieser Zeit bezieht HAHN erstmals Stillings Monatsschrift *Der Volkslehrer* in seine Analyse ein.
Der Ertrag der Jung-Stilling-Forschung der letzten drei Jahrzehnte ist beträchtlich. Manche Gebiete können als abschließend behandelt gelten wie etwa die Streitschriften gegen Nicolai durch VINKE, aber auch Jung-Stillings ärztliches Wirken durch die noch nicht erwähnte Arbeit GERD PROPACHS *Johann Heinrich Jung-Stilling (1740-1817) als Arzt* (1983)[70].
Nach wie vor fehlt jedoch eine fundierte Untersuchung des politischen Denkens dieses "Patriarchen der Erweckung", die über die richtungweisenden Ansätze MAX GEIGERS hinausginge. Auch die in die Romane eingebauten Utopien sind bisher nicht gründlich analysiert worden.

69 HAHN, OTTO W.: Jung-Stilling zwischen Pietismus und Aufklärung. Sein Leben und sein literarisches Werk 1778 bis 1787. Frankfurt/Main-Bern-New York-Paris, Lang, 1988. XVI + 817 S. = Europäische Hochschulschriften Reihe 23 (Theologie), Bd. 244.

70 PROPACH, GERD: Johann Heinrich Jung-Stilling (1740-1817) als Arzt. Köln, C.-E. Kohlhauer, 1983. XVII + 410 S.

II. Der Anfang der pietistischen Utopie: Johann Valentin Andreaes Christianopolis (1619)

Die Geburtsstätte der pietistischen Utopie liegt im Herzogtum Württemberg, im kleinen Städtchen Vaihingen an der Enz. Von hier aus ließ der zweite Stadtpfarrer Johann Valentin Andreae im Jahr 1619 seine Schrift *Reipublicae christianopolitanae descriptio* nach Straßburg in die Offizin Lazarus Zetzners zum Druck gelangen.

1. Zur Person Johann Valentin Andreaes

Andreae entstammte einer angesehenen Theologenfamilie, die zur württembergischen "Ehrbarkeit", ja zu den ersten Familien des Landes zählte und die gute Beziehungen zum Hof in Stuttgart unterhielt[1]. Johann Valentins Großvater war der berühmte Kirchenpolitiker Jakob Andreae (1528-1590), der maßgeblich an der Ausarbeitung und am Zustandekommen der Wittenberger Konkordienformel (1577) beteiligt war[2].

1 DÜLMEN, Utopie einer christlichen Gesellschaft, S. 25. - BRECHT, MARTIN: Johann Valentin Andreae. In: Orthodoxie und Pietismus, hrsg. von MARTIN GRESCHAT. Stuttgart u. a., Kohlhammer, 1982. S. 121 f. = Gestalten der Kirchengeschichte, hrsg. von MARTIN GRESCHAT, Bd. 7.

2 Vgl. DÜLMEN, Utopie einer christlichen Gesellschaft, S. 26 und BRECHT, Johann Valentin Andreae (vgl. Anm. 2), S. 121 f. - J. V. Andreae hat eine Autobiographie hinterlassen, die allerdings erst 1799 in deutscher Übersetzung (Selbstbiographie Joh. Valentin Andreä's aus dem Manuskripte übersezt und mit Anmerkungen und Beilagen begleitet von Prof. [David Christoph] Seybold. Winterthur, in der Steinerschen Buchhandlung, 1799) und 1849 in der lateinischen Originalfassung veröffentlich wurde (Ioannis Valentini Andreae theologi q.[uondam] Württembergensis Vita, ab ipso conscripta. Ex autographo . . . nunc primum edidit F. H. Rheinwald . . . Berlin, Herm. Schultze, 1849). In der Reihe Schwäbische Lebensläufe erschien 1970 als Band 5 eine bearbeitete Version dieser Autobiographie: Johann Valentin Andreae - ein schwäbischer Pfarrer im Dreißigjährigen Krieg . . . bearbeitet von PAUL ANTONY. Heidenheim a. d. Brenz, Heidenheimer Verlagsanstalt, 1970. 150 S. - Im folgenden: ANDREAE, Lebensbeschreibung.

Johann Valentin Andreae wurde am 17./27. August 1586 im württembergischen Städtchen Herrenberg geboren, in dem sein Vater Johannes Andreae zu der Zeit Pfarrer und Dekan ("Spezialsuperintendent") war[3]. Im Gegensatz zum Großvater trat der Vater Johann Valentins weder auf theologischem noch auf sonst einem Gebiet sonderlich hervor. Das Auffälligste an ihm war vielleicht sein ausgeprägter Hang zur Alchemie, der zwar zur Erhaltung der guten Beziehungen zum Hof beitrug (der Herzog war ebenfalls sehr an alchemistischen Experimenten interessiert[4]), der aber andererseits im Verein mit anderen kostspieligen Liebhabereien entscheidend dazu beitrug, das Familienvermögen durchzubringen. Die Mutter Johann Valentins scheint eine energische, tatkräftige und kluge Frau gewesen zu sein. Nach dem Tod ihres Gatten wurde sie Hofapothekerin (!) in Stuttgart[5]. Am kleinen Johann Valentin zeigten sich früh schon zwei Züge, die sein Leben prägen sollten: einerseits seine körperliche Gebrechlichkeit und andererseits eine außerordentliche Intelligenz und geistige Regsamkeit[6]. Seine Ausbildung scheint zunächst Hauslehrern anvertraut worden zu sein; der junge Andreae suchte seinen großen Wissensdurst darüber hinaus aber auch auf eigene Faust zu stillen. Besonders die Geschichte und die Mechanik hatten es ihm angetan[7]. Nach dem Tod des Vaters (1601) zog die Mutter mit ihren Kindern nach Tübingen, wo Johann Valentin Andreae 1602 in die Artistenfakultät der Landesuniversität eingeschrieben wurde[8]. 1605

3 Da der gregorianische Kalender (nach dem Andreaes Geburtstag auf den 27. August fiel) in protestantischen Ländern bis 1700 nicht anerkannt wurde, ergeben sich hier diese zwei Daten. - JANSSEN, ROMAN: Die Familie Andreae. In: Johann Valentin Andreä (1586-1654). Leben, Werk und Wirkung eines universalen Geistes. Ausstellung zum 400. Geburtstag in Zusammenarbeit der Evangelischen Kirchengemeinde Calw, des Landeskirchlichen Archivs Stuttgart und der Großen Kreisstädte Calw, Herrenberg und Vaihingen an der Enz. Katalog. [Inhaltl. Konzeption: EBERHARD GUTEKUNST]. Bad Liebenzell, Kommissionsverlag Bernhard Gengenbach, 1986. S. 22 und 25.

4 DÜLMEN, Utopie einer christlichen Gesellschaft, S. 27.

5 JANSSEN, Die Familie Andreä (vgl. Anm. 13), S. 25-27.

6 ANDREAE, Lebensbeschreibung, S. 37. - DÜLMEN, Utopie einer christlichen Gesellschaft, S. 29-41 und vor allem BRECHT, MARTIN: Johann Valentin Andreae. Weg und Programm eines Reformers zwischen Reformation und Moderne. In: Theologen und Theologie an der Universität Tübingen. Beiträge zur Geschichte der Evangelisch-Theologischen Fakultät, hrsg. von MARTIN BRECHT. Tübingen, Mohr (Siebeck), 1977. S. 274-298. - Im folgenden: BRECHT, Weg und Programm eines Reformers.

7 DÜLMEN, Utopie einer christlichen Gesellschaft, S. 29.

8 Ebd., S. 27 und 31.

erwarb er den Grad eines *Magister Artium* und wechselte dann in die theologische Fakultät über[9]. Nachdem er zwei Jahre Theologie studiert hatte, mußte er plötzlich Universität und Stadt Tübingen verlassen, weil er, wenn auch vermutlich nur als Mitwisser, in einen Sittenskandal verwickelt war[10]. Damit hatte Andreaes "ordentliche" Studienzeit ein etwas abruptes Ende gefunden. Er machte jedoch das Beste aus dieser mißlichen Situation und ergänzte sein bisheriges Studium, das ohnehin schon breit gefächert gewesen war, durch Bildungsreisen, die ihn u.a. nach Genf - dessen Sittenregiment ihn nachhaltig beeindruckte - und Rom führten[11]. Daneben sammelte er auf verschiedenen Hofmeisterstellen praktische pädagogische Erfahrungen. Das Interesse an der Pädagogik sollte ihn sein Leben lang begleiten[12]. Nach dieser bewegten Lehr- und Wanderzeit seit 1607 gelang es Andreae schließlich doch noch, im Jahr 1614 den sicheren Hafen eines geistlichen Amtes zu erreichen: er wurde Diakon (zweiter Stadtpfarrer) zu Vaihingen an der Enz.

Resümiert man die gesamte Studienzeit Andreaes, so ist folgendes festzuhalten[13]:

1) Andreae hatte sein Studium breit angelegt. Zu seinen prägenden Lehrern zählen neben Theologen wie Michael Schäfer und Matthias Hafenreffer etwa auch der bedeutende Mathematiker Michael Maestlin (der Lehrer Keplers) und der Jurist David Magirus. Andreaes Wissensdurst sprengte den Rahmen eines normalen Theologiestudiums. Er beschäftigte sich mit Geschichte, Philosophie und Medizin, lernte Sprachen; er durchforstete die Bibliotheken ihm wohlgesonnener Professoren wie Maestlin, Magirus, Hafenreffer und einiger anderer; nach seiner Relegation von der Universität eignete er sich handwerkliche Kenntnisse bei einem Uhrmacher, einem Goldschmied und einem Schreiner an und lernte Laute und Zither spielen.

2) In seine Studienzeit fällt auch die Freundschaft mit den Juristen Tobias Heß und Christoph Besold. Besonders Heß, der sich weniger mit der Juristerei als vielmehr mit der paracelsistischen Medizin befaßte, scheint einen großen Einfluß auf die geistige Entwicklung Andreaes

9 BRECHT, Weg und Programm eines Reformers, S. 274.
10 Ebd., S. 275 f.
11 Ebd., S. 278 f.
12 DÜLMEN, Utopie einer christlichen Gesellschaft, S. 191-194.
13 Für das folgende: BRECHT, Weg und Programm eines Reformers, S. 276.

gehabt zu haben. Aus diesem Freundeskreis, in dem chiliastisches, paracelsistisches und kabbalistisches Ideengut diskutiert wurde, stammen die drei sogenannten echten Rosenkreuzerschriften (*Chymische Hochzeit Christiani Rosencreutz. Anno 1459* (1616 publiziert), *Fama Fraternitatis, Oder Brüderschafft, des Hochlöblichen Ordens des R.C. An die Häupter, Stände und Gelehrten Europae* (1614), *Confessio Fraternitatis* (1615)). In diesen Schriften, vor allem in der *Fama Fraternitatis*, wird die Idee ausgesponnen, daß eine geheime christliche Gelehrtengesellschaft die Welt in Kürze reformieren werde[14]: "Die Bewegung reflektierte in ihrem theosophisch-religiösen und hermetisch-chiliastischen Inhalt allgemein die Wünsche und Hoffnungen der von Kirchen und Universitäten unterdrückten bzw. nicht anerkannten Alchemisten, Astrologen, Chiliasten und Propheten einer neuen Zeit, insbesondere aber die Gesinnungen des Tübinger Freundeskreises um Andreae und Hess."[15] Die Rosenkreuzerschriften erfuhren eine ungeheure Resonanz; viele nahmen die Existenz einer solchen geheimen Bruderschaft für bare Münze. Angesichts der gewaltigen Flutwelle sekundärer Rosenkreuzertraktate, die von ca. 1615 bis 1620 über das Heilige Römische Reich Deutscher Nation schwappte, sah sich Andreae genötigt, sich rasch vom "Märchen von den Rosenkreuzern" zu distanzieren[16]. Es ist jedoch festzuhalten, daß Andreae in den Rosenkreuzerschriften zwei Anliegen artikuliert, die ihm auch später wichtig waren: der Gedanke einer zweiten Reformation und der Plan einer christlichen Bruderschaft als der Keimzelle dieser grundlegenden Erneuerung[17].

3) Die unruhige Phase des Suchens und Forschens endet, als sich Andreae in einem Gespräch mit seinem Mentor Matthias Hafenreffer über seinen zukünftigen Weg klar wird (etwa 1611/12). Vor allem jedoch hilft ihm Hafenreffer, seine vielfältigen wissenschaftlichen Interessen in ein geschlossenes System zu bringen. Es ist dies die "Konzeption von dem in der Frömmigkeit beherzten Menschen, der sich der Sprachen als Möglichkeiten selbständiger Information bedient und seine

14 Vgl. dazu: DÜLMEN, Utopie einer christlichen Gesellschaft, S. 73 ff.

15 Ebd., S. 79. - Die Andreae-Forschung geht heute davon aus, daß Andreae mindestens zwei der drei echten Rosenkreuzerschriften verfaßt hat, vgl. BRECHT, Weg und Programm eines Reformers, S. 286 (*Chymische Hochzeit* und *Confessio Fraternitatis*) und DÜLMEN, Utopie einer christlichen Gesellschaft, S. 73 ff. (*Chymische Hochzeit* und *Fama Fraternitatis*).

16 DÜLMEN, Utopie einer christlichen Gesellschaft, S. 93 (dort auch das Zitat aus ANDREAES Autobiographie).

17 Ebd., S. 97.

Erfahrung weitet durch die Einsichten in die Mathesis und die Natur- und Menschengeschichte"[18].

In seinen Vaihinger Jahren (1614-1620) brachte Andreae die schriftstellerische Ernte seiner Studienzeit ein[19]. Außer den Rosenkreuzerschriften veröffentlichte er zahlreiche andere Traktate, in denen er seine Ideen in den verschiedensten literarischen Einkleidungen kundtat. Unter diesen Schriften ragt heraus die Utopie "Christianopolis", in der sich seine Vorstellungen zu einem großen Entwurf einer christlichen Gesellschaft verdichtet hatten[20].

2. Die *Christianopolis* als "pietistische" Utopie[21]

Bevor wir uns daran machen, die Schrift im Kolben unserer Fragestellung zu köcheln[22], wollen wir uns in einem skizzenhaften Überblick den Inhalt der *Christianopolis* vergegenwärtigen.

a) Zum Inhalt

Der "Beschreibung des Staates von Christianopolis" stellt Andreae Verse aus dem 84. Psalm voran[23]. Nach der Widmung an Johann Arndt

18 BRECHT, Weg und Programm eines Reformers, S. 295.

19 Vgl. dazu grundlegend ebd., 299 ff.

20 Die weiteren Lebensstationen Andreaes seien hier nur kurz genannt: 1620-1638 war er Dekan (Spezialsuperintendent) in Calw; 1639 wurde er Hofprediger am herzoglichen Hof in Stuttgart (und damit Mitglied des Konsistoriums), 1650 Abt in Bebenhausen und kurz vor seinem Tod, 1654, noch Abt in Adelberg bei Göppingen; vgl. ANDREAE, Lebensbeschreibung, S. 53 ff., 127, 140 und 144.

21 Folgende Ausgaben der *Christianopolis* bilden unsere Textgrundlage: ANDREAE, JOH. VALENTIN: Christianopolis. 1619. Originaltext und Übertragung nach D. S. GEORGI 1741. Eingeleitet und herausgegeben von RICHARD VAN DÜLMEN. 2. Auflage. Stuttgart, Calwer Verlag, 1982. (1. Aufl. 1972). 233 S. = Quellen und Forschungen zur württembergischen Kirchengeschichte 4. - ANDREAE, JOHANN VALENTIN: Christianopolis. Aus dem Lateinischen übersetzt, kommentiert und mit einem Nachwort herausgegeben von WOLFGANG BIESTERFELD. Stuttgart, Reclam, 1975. 168 S. = RUB, Nr. 9786: Nach dieser Ausgabe wird im folgenden zitiert.

22 In der Hoffnung, nicht zu den von Andreae verachteten Aschenbläsern gezählt werden zu müssen, die die Chymie entehren (vgl. *Christianopolis*, S. 22).

23 Vgl. WOLFGANG BIESTERFELD im Nachwort zu seiner Übersetzung der *Christianopolis:* "Das Motto mit den Versen aus dem 84. Psalm, die vom Wohnen im Hause des Herrn sprechen, kennzeichnet Andreaes Entwurf von vornherein als einen religiösen . . . " (S. 164).

und einer weit ausholenden Vorrede, in der der Verfasser sein Vorhaben erklärt und rechtfertigt, beginnt dann die eigentliche Geschichte.
Der Icherzähler schildert zunächst, wie er sich an Bord des "Schiffes der Phantasie" auf das "Akademische Meer" hinaus begibt. In den "widrigen Stürme(n) des Neids und der Verleumdungen" erleidet er Schiffbruch und wird als einziger Überlebender an eine Insel gespült[24]: "Sie ist fruchtbar an Kornfeldern und Weideland, bewässert von Flüssen und Bächen, mit Wäldern und Weingärten geschmückt, voll von Tieren - gleichsam ein Abbild der ganzen Erde im Kleinen. Man könnte denken, hier habe sich der Himmel der Erde vermählt und lebe mit ihr in ewigem Frieden." (S. 20) Ein freundlicher Inselbewohner, "einer von den Wächtern des Landes", findet den gestrandeten Icherzähler und bringt ihn in die einzige Stadt der Insel, nach Christianopolis. Nach einer dreifachen Prüfung - hinsichtlich seiner Gesinnung, seiner körperlichen Verfassung und seiner Bildung - darf der Erzähler die Stadt besichtigen. Sie hat einen quadratischen Grundriß und ist überhaupt vollkommen regelmäßig angelegt. "Das äußerste, gegen Osten liegende Ende der Stadt dient der Landwirtschaft und teilt sich so in zwei Teile, daß auf der einen Seite das zum Ackerbau Gehörige, auf der anderen Seite das zur Viehzucht Gehörige seinen Platz hat." (S. 26) Am südlichen Stadtrand befinden sich die Mühlen und Bäckereien und an der Nordseite sind die Metzgereien und das Speisehaus angesiedelt (S. 27 f.). "Wir haben nun noch mit der Westseite der Stadt zu tun, die für das Schmiedehandwerk da ist. Hier gibt es einerseits sieben Werkstätten, die zum Schmelzen, Gießen, Hämmern und Formen der Erze eingerichtet sind, andererseits ebenso viele für Handwerker, die Salz, Glas, Ziegel und Töpferwaren herstellen." (S. 29) Der Erzähler verläßt dann "diesen Teil der Stadt mit den Werkstätten und Lagerhäusern" und betritt die eigentliche Stadt, die sich ihm "als viereckig dar[bietet], aus doppelten Häuserreihen gebildet, die sich überall gleichmäßig gegenüberstehen" (S. 30 f.). Er durchschreitet die von Arkaden gesäumten Gassen (die übrigens nachts beleuchtet werden (S. 45 f.)), und gelangt in das "Innerste() der Stadt": "Es ist viereckig, ... mit vier Türmen in den Ecken umschlossen und ebenso

24 *Christianopolis*, S. 19 f. - Die Insel trägt den (hebräischen) Namen Capharsalama, Dorf des Friedens, ebd. Anm. 13, S. 143. - Die Seitenzahlen im folgenden Text beziehen sich auf die von BIESTERFELD besorgte Ausgabe der *Christianopolis*. - Ein klärendes Wort zur Schreibweise: Steht *Christianopolis* in Kursivschrift, ist das Werk gemeint, sonst das Gemeinwesen gleichen Namens.

vielen gegenüberliegenden durchschnitten, außerdem von einer doppelten Reihe Gärten umgeben. Das ganze Gebäude hat vier Stockwerke ... Zum innerhalb gelegenen Markt hin gibt es einen mit seinen 72 Säulen beachtlichen Kreuzgang." (S. 46) In diesem inneren Häuserviereck im Herzen der Christenstadt, dem sogenannten "Kollegium", befinden sich die Bildungs- und Forschungseinrichtungen, die Druckerei und die Schatzkammer. Hier begegnet er den Repräsentanten der Regierung. Das Kollegium öffnet sich nach innen einem freien Platz, dem Markt. Im Mittelpunkt dieses Platzes und damit im Mittelpunkt der ganzen Stadt steht der "Tempel", "ein Werk königlicher Pracht" (S. 115). Dieser Rundbau beherbergt sowohl die Kirche als auch das Rathaus (S. 115 f. und 129 f.).

b) Analyse der Christianopolis

Einflüsse

Auch wenn wir die erbaulichen Züge der Schrift nicht leugnen wollen, konzentrieren wir uns bei unserer Interpretation der *Christianopolis* doch auf ihren Charakter als Sozialutopie[25]. Andreae nimmt die doppelte Funktion einer Utopie, nämlich Kritik des gegenwärtigen Zustandes und Entwurf einer Gegenwelt in einem zu sein, ausdrücklich für seine *Christianopolis* in Anspruch, wenn er in der Vorrede schreibt, daß er sich vorgenommen habe, den neuen Staat zu beschreiben u n d "mitzuteilen, unter welchen Gesetzen wir dagegen leben müssen" (S. 13). Wie Morus in seiner *Utopia* seinem Entwurf einer besseren Welt eine schonungslose Kritik der gegenwärtigen gesellschaftlichen Zustände voraus

25 Eine noch nicht genannte Deutungsmöglichkeit knüpft sich an den Satz Andreaes aus seiner Vorrede zur *Christianopolis:* Und wenn du meinen schwachen Körper für diesen Staat hältst, rätst du nicht allzuweit von der Wahrheit fort. (S. 13) - WOLFGANG BIESTERFELD schlägt im Nachwort zu seiner Übersetzung der *Christianopolis* einen Bogen zur Tiefenpsychologie des 20. Jahrhunderts: "Diese Aussage, ernstgenommen, läßt die Interpretation zu, daß die Reise nach Christianopolis mehr darstellt als die Begegnung mit einer erwählten Gemeinschaft, daß sie letztlich eine Erkundung der Tiefen im Innern des Menschen selbst ist; die Fahrt nach *Christianopolis* wird hier zum meditierenden Weg in die eigene Seele" (S. 163).

schickt, prangert auch Andreae in seiner Vorrede zunächst die desolate Verfassung von Kirche, Staat und Universität an[26]: "Denn obwohl alle unsere Angelegenheiten nach dem Vorbild unseres Christus, dessen Namen wir tragen und bekennen, eingerichtet sein sollten, geschieht es doch durch unsere allerschlimmste Nachlässigkeit, daß die Christen sich von den Weltmenschen in nichts unterscheiden. Ob wir nämlich die Kirchen, die Höfe oder die Universitäten betrachten - sie sind keineswegs frei von Ehrsucht, Geiz, Völlerei, Wollust, Neid, Müßiggang und anderen herrschenden Lastern, vor denen Christus heftigen Abscheu empfindet." (S. 8) Das in der Reformation gewonnene Land ("Das Licht einer reineren Religion ist uns aufgegangen; nach ihm ist die Verwaltung des Gemeinwesens gebildet worden, und Kunst und Wissenschaft haben wieder ihren alten Glanz ..." S. 8) ist weitgehend wieder verloren gegangen, so daß "uns nur der Name ohne die Sache selbst übrigblieb". Der Teufel frohlockt, nachdem er "uns höchst verschlagen die Kerne entrissen hat" und "uns gern mit leeren Hülsen und Schalen prahlen läßt" (S. 9). Die Kirche wird beherrscht von Zanktheologie und Ämterkauf. Politik und Gesellschaft sind gekennzeichnet durch einen fortschreitenden Sittenverfall, und in den Universitäten triumphiert die Unwissenheit: "Die Lehrer der Wissenschaften plapperten zugunsten der Unkenntnis der Künste, der Nichtbeherrschung der Sprachen, der Käuflichkeit der akademischen Grade und des unersättlichen Schlundes ihrer Ausgaben - ganz gegen den Willen der Gelehrsamkeit selbst." (S. 10) Dieser trostlosen Situation stellt Andreae nun den Entwurf einer neuen Gesellschaft gegenüber.

Doch mehr als die *Utopia* des Thomas Morus ist die *Christianopolis*

26 Es ist dies eine strukturelle Gemeinsamkeit von *Utopia* und *Christianopolis*, die bisher nicht beachtet wurde. - Während Thomas Morus in der Rahmenhandlung seiner *Utopia* jedoch den Anschein der Faktizität wahrt, stehen bei Andreae Angaben, die Faktizität vortäuschen sollen (Äthiopisches Meer, geographisches Lage), in einem Spannungsverhältnis zu allegorischen Wendungen wie Schiff der Phantasie, akademisches Meer, Stürme des Neids und der Verleumdungen und der Christianopolis als Exil der heimatlosen Religion. VAN DÜLMEN sieht diese Spannung zwischen realistischen und allegorischen Angaben offenbar nicht, wenn er unter Verweis auf die Allegorien behauptet: Hiermit wird von vornherein für die Christianopolis im Unterschied zum Sonnenstaat auf den Anspruch verzichtet, eine wirkliche Stadt zu sein und sie in die Welt des Geistes verwiesen, in der allein sie Wirklichkeit besitzt. (DÜLMEN, Utopie einer christlichen Gesellschaft, S. 170). Andreae läßt dies gerade - bewußt oder unbewußt - offen.

Campanellas *Civitas Solis* verpflichtet[27], die zwar erst 1623 im Druck erschien, aber schon vor 1619 in Andreaes Tübinger Freundeskreis im Manuskript zirkulierte[28]. Man kann davon ausgehen, daß Andreae die Schrift gekannt hat[29]. Wir sehen den Anteil Campanellas an der Abfassung der *Christianopolis* in erster Linie darin, daß Andreae vom *Sonnenstaat* dazu angeregt wurde, Johann Arndts *Wahres Christentum*, von dem er nachhaltig beeindruckt war, in eine eigene Utopie zu übersetzen[30]. Daneben dürfte der Entwurf der Christenstadt durch Andreaes Genfer Erfahrung mitbeeinflußt sein[31]. Für den regelmäßigen Grundriß der Christianopolis hat wohl das von Herzog Friedrich I. gegründete und nach den Plänen Heinrich Schickardts erbaute Freudenstadt Pate gestanden[32]. (Heinrich Schickardt war der Onkel Wilhelm Schickardts, eines Mitschülers und Freundes Andreaes[33].) Der entscheidende Einfluß auf die *Christianopolis* aber muß Johann Arndts *Wahrem Christentum* zugesprochen werden.

Wenden wir uns nun dem ersten Fragenkomplex zu, der theologischen Position des Autors bzw. seiner Nähe oder Ferne zum Luthertum. Aufschlußreich ist in diesem Zusammenhang schon das Motto, das Andreae seinem Werk voranstellt; zumindest kann man die Verse aus Psalm 84, vor allem den letzten von Andreae zitierten - Gott "versagt nicht Glück denen, *die unsträflich wandeln*" [Hervorhebung von mir, T.B.] -, als Hinweis darauf verstehen, daß die *Christianopolis* eine

27 Darauf hat die Andreae-Forschung immer wieder hingewiesen. Über das Ausmaß der Abhängigkeit Andreaes von Campanella gehen die Meinungen auseinander. Es hat sich mittlerweile jedoch die Ansicht allgemein durchgesetzt, die schon PAUL JOACHIMSEN formuliert hat, daß nämlich das fremde Vorbild [nicht] mehr als ein Anstoß für [Andreaes] Werk gewesen sein konnte (JOACHIMSEN, Andreae und die evangelische Utopie, S. 456).

28 Vgl. dazu etwa JOACHIMSEN, Andreae und die evangelische Utopie, S. 450 und RICHARD VAN DÜLMENS Einleitung zu seiner Neuausgabe der *Christianopolis,* S. 13.

29 Ebd.

30 Vgl. DÜLMEN, Utopie einer christlichen Gesellschaft, S. 167: "Arndts 'Wahres Christentum' als Lebensprinzip der Christianopolis wird damit aus der Sphäre innerer Religiosität in die Öffentlichkeit übersetzt, sein Frömmigkeits- und Lebensideal das Ideal einer sich als christlich verstehenden Gemeinschaft."

31 Vgl. DÜLMEN, Utopie einer christlichen Gesellschaft, S. 166. - VAN DÜLMEN nennt als weitere mögliche Einflüsse das Regnum Christi des Straßburgers Martin Bucer und die biblische Idee der Stadt Gottes, des Neuen Jerusalem (ebd., S. 165).

32 Ebd. und EDIGHOFFER, Rose-Croix et Société idéale, S. 414.

33 EDIGHOFFER, Rose-Croix et Société idéale, S. 414.

Religion des Handelns, ein Tatchristentum propagiert; wenn man will, kann man schon diese nachdrückliche Betonung des heiligen Lebens als Herausforderung an die auf das Dogma fixierte lutherische Orthodoxie lesen. Auch die Widmung an Johann Arndt, die davon spricht, daß die *Christianopolis* letztlich vom *Wahren Christentum* abgeleitet ist[34], zeigt uns Andreae als einen Theologen, dem es besonders auf die ethische Komponente des Glaubens, auf die rechte Frömmigkeit, auf die Nachfolge Christi ankommt. Dieser Befund wird gestützt durch zahlreiche Bemerkungen in der Vorrede, in denen Andreae wiederholt auf die Notwendigkeit eines "rechtschaffenen Lebens" hinweist und beklagt, daß es Leute gebe, "die das nachdrückliche Eintreten für ein christliches Leben der Ketzerei und schwärmerischen Sektiererei beschuldigten" (S. 11). Deutet man die Rahmenerzählung allegorisch, wie das PETER KUON in seiner Interpretation der *Christianopolis* tut, dann kann man Schiffahrt und Schiffbruch des Erzählers deuten als eine "literarische Umsetzung" des Themas "der 'peregrinatio', d.h. ... [der] Heilssuche eines Menschen von der Verstrickung in 'curiositas' und 'vanitas' der Welt bis zur christlichen Wiedergeburt": "Wie auf der bildlichen Ebene erst der Schiffbruch ... dem Reisenden Zugang zur utopischen Gegenwelt verschafft, so ermöglicht das persönliche Scheitern dem Individuum den schrittweisen Eintritt in ein grundsätzlich reformiertes, neues Leben: Scheitern (Schiffbruch), Reduktion auf das reine Mensch-Sein (symbolisiert durch den Verlust der alten Kleider und die Nacktheit ... [S. 20]), Reinigung vom früheren Leben in der erneuten Taufe (Eintauchen ins Meer ... [S. 19]), Gewährung der göttlichen Gnade (Strandung), Vollzug der inneren Umkehr (neue Kleider ... [S. 22])[35]." Damit ist - hierin schließen wir uns KUON an - die "Schiffbruchs-Allegorie" die "knappste Verbildlichung des zentralen Moments der Theologie Andreaes, des Punkts, wo aus persönlichem Scheitern die geistige Wiedergeburt durch Gottes Gnade erwächst"[36].

Die bisher gesammelten Indizien - dies sei als erste Standortbestimmung

34 " . . . Dieser unser neuer Staat schuldet dir Anerkennung und Achtung. Denn da sich unsere winzige Kolonie aus jenem großen Jerusalem herleitet, das du den Sophisten zum Trotz mit überragendem Geist errichtet hast, muß in der Tat alles auf dich zurückgeführt werden. Ich muß dir Dank sagen für die Einrichtung und Gesetze . . ." (*Christianopolis,* S. 6). - Die im folgenden Text angegebenen Seitenzahlen beziehen sich jeweils auf die *Christianopolis.*

35 KUON, Utopischer Entwurf, S. 234.

36 Ebd., S. 235.

festgehalten - sprechen nicht dafür, Andreae als Mann der Orthodoxie zu bezeichnen. Bevor wir uns jedoch endgültig festlegen, wollen wir die Religion der Christianopolitaner untersuchen und nach der Rolle von Bildung und Wissenschaft in Andreaes Sozialutopie fragen, um auf diese Weise dem Verhältnis von Glaube und Welt bei Andreae auf die Spur zu kommen. Auf dieser Basis werden wir seinen theologischen Standort präziser bestimmen können.

Der Glaube der Christianopolitaner

In Christianopolis werden täglich drei öffentliche "Betstunden" gehalten, morgens eine, mittags eine und abends eine (S. 33 f.). Dazu versammelt sich alles Volk einschließlich der Kinder aller Altersstufen in den Sälen der größeren Türme, "wo jeder seinen eigenen Platz hat". Diese Stunden werden mit Gebet eröffnet, danach "hört man auf ungefähr eine halbe Stunde der Lesung des Wortes Gottes zu und beschließt die Versammlung mit einem Lobgesang". Die Teilnahme an diesen Gottesdiensten ist Pflicht.

Das Glaubensbekenntnis der Christianopolitaner ist in seinen Grundzügen in goldenen Lettern auf eine Tafel geschrieben, die im Innern der Stadt aufgestellt ist. Es gliedert sich in zwölf Artikel. Für J.W. MONTGOMERY, der in seinem Andreae gewidmeten Werk die Beschäftigung mit der *Christianopolis* auf die Interpretation dieses Glaubensbekenntnisses reduziert ("The Creed of Christianopolis", S. 122-131)[37], ist es klar, "that the creed of Christianopolis is written by one who held the 'orthodox Lutheran faith'"[38]. Das Bekenntnis biete "an unselfconscious melding of the best of orthodox objectivism and of pietistic subjectivism", was auf Luther selbst zurückgeführt werden könne, "who inspired both Orthodoxy and Pietism"[39]. Diesem Bild Andreaes als

37 MONTGOMERY identifiziert das christianopolitanische Glaubensbekenntnis, ohne sich lange mit methodischen Reflexionen aufzuhalten, mit Andreaes eigener Überzeugung: "But which book among Andreae's prolific output will provide a key to unlock the treasure-chest of his theology? The answer is unquestionably his utopia, the *Christianopolis* . . . An examination of the theology of the *Christianopolis* should, then, offer us the most reliable entrée to the heart of Andreae's religious position" (ebd., S. 122 f.); da Montgomery mit "the theology of the Christianopolis" nur das Glaubensbekenntnis meint, kommt er zu einem verzerrten Ergebnis.

38 MONTGOMERY, Cross an Crucible, S. 129.

39 Ebd., S. 127.

orthodoxem Lutheraner ist nachdrücklich zu widersprechen. Montgomerys Hauptfehler besteht darin, daß er nur das Glaubensbekenntnis in den Blick nimmt, die Utopie als ganze jedoch vernachlässigt. Deutet nicht allein schon die Tatsache, daß Andreae eine ideale Gegenwelt entwirft, die angestrebt werden könne und solle, auf eine optimistischere als die lutherische Anthropologie hin? Dieses andere Menschenbild zeigt sich ansatzweise aber auch schon im christianopolitanischen Glaubensbekenntnis. Montgomery weist selbst auf "elements of originality in Andreae's creed" hin[40] und nennt insbesondere den Artikel III, der nun in der Tat über Luther hinausgeht:

"III. Credimus per eundem spiritus regenerationem, peccatique inductionem , carnis etiam nostrae cum eo et in eo fraternitatem, dignitatisque per Adami lapsum ablatae restitutionem."[41]

"Wir glauben an die Wiedergeburt des Geistes durch ihn, an die [Abtung][42] der Sünde, sogar an die Bruderschaft unseres Fleisches mit ihm und in ihm, an die Wiederherstellung unserer Würde, die durch Adams Fall verlorengegangen war." (S. 49)

Mit dem Glauben an die durch die Wiedergeburt bewirkte Wiederherstellung der "durch den Fall Adams verlorenen Herrlichkeiten" (GEORGI/VAN DÜLMEN) setzt sich das christianopolitanische Glaubensbekenntnis in Widerspruch zur Konkordienformel, in der es im Artikel "Von der Erbsünde" u.a. heißt: "'Durch Adams Fall ist ganz vorderbet menschlich Natur und Wesen.' Welcher Schade unaussprechlich, nicht mit der Vornunft, sondern allein aus Gottes Wort erkennet werden mag, und daß die Natur und solche Vorderbung der Natur niemand voneinander scheiden könne denn allein Gott, welches durch den Tod in der Auferstehung gänzlich geschehen, da u n s e r N a t u r, d i e w i r j t z t t r a g e n, ohne die Erbsünde und von derselben abgesondert und abgescheiden, auferstehen und ewig leben wird ..."[43] Die durch Adams Fall verderbte Natur wird nach der

40 Ebd., S. 128.

41 *Christianopolis,* latein.-dt., hrsg. von VAN DÜLMEN (vgl. Anm. 21), S. 82.

42 Nach der Übersetzung von GEORGI/VAN DÜLMEN; BIESTERFELD übersetzt hier falsch ("Zulassung der Sünde").

43 *Die Bekenntnisschriften der evangelisch-lutherischen Kirche.* Hrsg. im Gedenkjahr der Augsburgischen Konfession 1930. 2., verbesserte Auflage. Göttingen, Vandenhoeck & Ruprecht, 1952. S. 772 [Hervorhebung in der Vorlage]. - Vgl. auch den Artikel III. "Von der Gerechtigkeit des Glaubens vor Gott" in dem es u. a. heißt: "6. Wir glauben, lehren und bekennen auch, unangesehen daß den Rechtgläubigen und wahrhaftig Wiedergebornen auch noch viel Schwachheit

Konkordienformel also erst nach dem Tod in der Auferstehung in ihrer ursprünglichen Würde wiederhergestellt und nicht schon in diesem Leben durch die Wiedergeburt, wie es das christianopolitanische Glaubensbekenntnis lehrt.

Die geistliche Betreuung der Christianopolitaner obliegt im wesentlichen zwei Männern, dem "Gottesgelehrten"[44] und dem Diakon[45]. Der Gottesgelehrte vereinigt in sich Züge eines alttestamentlichen Propheten[46] mit denen eines neutestamentlichen Bischofs. Während dem "Bischof" das Predigtamt übertragen ist, hat der Diakon die Aufgabe, "die Jugend zu erziehen, die Sakramente auszuteilen, Ehen zu schließen und die Kranken zu trösten" (S. 55).

Im Rahmen ihrer Ausbildung erfährt die Jugend der Christenstadt auch eine theologische Schulung, zumal die Theologie die "Königin aller Dinge, die Menschen besitzen" ist (S. 107). Im Vordergrund dieser theologischen Ausbildung steht die Bibelexegese. Gelehrt wird "vor allem die Ausdrucksweise des Heiligen Geistes in den heiligen Schriften und deren Kraft, Erlesenheit, Wirksamkeit und Tiefe, damit die Jünglinge wissen, was die heilige Weisheit mit dem einen oder anderen Satz, unter jener Hülle von Worten habe sagen wollen, daß sie diese Rede-

und Gebrechen anhanget bis in die Gruben, do sie doch der Ursach halben weder an ihrer Gerechtigkeit, so ihnen durch den Glauben zugerechnet, noch an ihrer Seelen Seligkeit zweifelen, sondern für gewiß halten sollen, daß sie umb Christus willen vermöge der Verheißung und Wort des H. Evangelii ein gnädigen Gott haben." (Ebd., S. 783 f.)

44 Das Kapitel, in dem von dieser Person gehandelt wird, wurde von Andreae mit "De theologo" überschrieben, GEORGI/VAN DÜLMEN übersetzen dies mit "Vom Gottesgelehrten." Im Text spricht Andreae dann vom "presbyterus", was GEORGI/VAN DÜLMEN mit "Priester", BIESTERFELD mit "oberster Priester" wiedergeben. Alle diese Begriffe scheinen mir das Amt dieses Mannes nicht angemessen zu bezeichnen; "Bischof" dürfte seiner Stellung und Funktion in Christianopolis am ehesten entsprechen, wenn man dabei an die entsprechenden Passagen in den Paulusbriefen denkt (1. Tim. 3, 1 ff.; Tit. 1, 7 ff.).

45 *Christianopolis,* Kapitel 30: Der Theologe (S. 53 f.) und 32: Der Diakon (S. 55 f.).

46 Ich denke hier etwa an die seherischen Fähigkeiten dieses Mannes: "Man sagt, er werde sehr oft von Gott wunderbar heimgesucht und sei daher fähig, Ungewöhnliches vorherzusagen . . ." (ebd., S. 53). In die gleiche Richtung weisen könnte der aus dem Hebräischen stammende Name dieses "Gottesgelehrten", *Abialdon,* was nach der Auflösung VAN DÜLMENS "Knecht Gottes" bedeutet. *Christianopolis,* latein.-dt., hrsg. von VAN DÜLMEN (vgl. Anm. 21), S. 88. Auch trägt der Gottesgelehrte messianische Züge: "Als er sich mit mir in gefälligem Eifer unterhielt, erkannte ich in ihm Gottes Gesandten und Vermittler: nichts Irdisches verspürte man an ihm." *(Christianopolis,* S. 53).

weise über alle Beredsamkeit der Welt hinaus bewundern lernen." (S. 107) Zweitens lernen die Schüler aus diesem biblischen Geist heraus zu predigen und drittens schließlich werden sie gewappnet "mit den Beweisgründen und der Stärke dieses unbesiegten Wortes, damit sie, wenn sie mit Ketzereien sich anlegen oder wenn Satan, der Vater der Spitzfindigkeit selbst, sie angreift, es verstehen, die Reinheit der Wahrheit, die von der Wahrheit selbst geborgt ist, zu schützen und überall und immer die klaren Quellen Israels vor irdischem Schmutz und Beeinflussung durch menschliche Vernünftelei zu bewahren." (S. 107) Zu dieser rein biblischen Theologie, die völlig ohne Kirchenväter und Bekenntnisschriften auskommt, paßt, daß die Christianopolitaner die "Namen der Sekten ... eifrigst" vermeiden und nur "unwillig" gebrauchen, "wenn sie auch die Bezeichnung 'Lutheraner' nicht ungern hören, betonen sie doch, einfach Christen zu sein." (S. 107) In deutlicher Wendung gegen die "Zanktheologie" seiner Zeit schildert Andreae schließlich, wie die Christianopolitaner die Ortho*praxie* entschieden der Ortho*doxie* vorziehen: "Aber sie bewundern auch nicht die, für die sich die gesamte Theologie in Schwerter, Degen und Bogen verwandelt, und die als Verehrung Gottes nur Zank und Streit zulassen. Schließlich dulden sie auch nicht, daß jeder in unschuldiger Meinung vorgebrachte Widerspruch zur Zersplitterung in Sekten und Haß führe, sondern sie belehren ihre Schüler so, daß sie sooft es nötig, die Versionen der Schrift beurteilen, das Volk ansprechen, die Wahrheit verteidigen und Spaltungen vermeiden können, daß sie, was vielleicht erfolgreicher, sicher aber bescheidener ist, lieber sich mit dem Aufbau eines christlichen Lebens beschäftigen wollen, da Christus den Frommen mehr zugetan ist als den Wissenden und den Gehorsamen mehr als den Disputierenden." (S. 108) Auch die "praktische Theologie" ist ganz auf die Bibel ausgerichtet: "Sie ist jene Weisheit, die uns die Heilige Schrift einprägt und in uns hineinführt, damit wir Gottes Geheimnisse verkünden. Dabei ist nicht nur Zustimmung zum göttlichen Wort erforderlich, sondern Übereinstimmung und Einklang mit ihm." (S. 108) In diesem der "praktischen Theologie" gewidmeten Abschnitt meint man den Einfluß mittelalterlicher Mystik (Thomas à Kempis) und Johann Arndts besonders stark zu spüren. Im Mittelpunkt steht die durch die Wiedergeburt (regeneratio) eingeleitete *imitatio Christi*, die eine fast "quietistisch" zu nennende Komponente hat: Die Wiedergeburt setzt "in uns eine neue Kindheit, eine neue Jugend und ein neues Mannesalter in Gang und vermehrt es, welches nicht dem alten Adam, sondern Christus, dem Buch des Lebens, entspricht ... Wenn wir nicht ein Ende nehmen, beginnt Christus nicht; wenn wir nicht schweigen, spricht Gott nicht; wenn wir nicht zur Ruhe kommen, regt sich der Geist nicht. ... Dies ist jener Unverstand der Heiligen Christi, daß sie nicht so sehr an den Gekreuzigten glauben, als vielmehr selbst gekreuzigt werden wollen. ... mit Paulus können wir [zwar] nicht in den dritten Himmel entrückt werden, wohl aber können wir mit ihm Christus ähnlich werden ..." (S. 109)

Der Glaube der Christianopolitaner - dies sei zusammenfassend festgehalten - ist gekennzeichnet durch eine stark auf die Bibel konzentrierte Theologie (die Bekenntnisschriften sind demgegenüber nahezu irrelevant) und eine deutliche Bevorzugung der Orthopraxie vor der Orthodoxie. Der damit verbundene irenische Zug hebt sich wohltuend von der im frühen 17. Jahrhundert herrschenden "Zanktheologie" ab. Dieses Praktizieren des Glaubens hat einen unübersehbaren mystischen Einschlag. - Es ist bereits an dieser kurzen Charakteristik abzulesen, wie dieser Glaube auf den Pietismus vorausweist.

Bildung und Wissenschaft[47]

Schon Andreaes Kritik an der zeitgenössischen Universität in der Vorrede läßt erkennen, daß er im Bereich der Bildung und der Wissenschaften eine der Hauptquellen für den mißlichen Gesamtzustand der Gesellschaft sieht. So widmet er denn auch der Beschreibung eines grundlegend reformierten Bildungs- und Wissenschaftssytems in der *Christianopolis* großen Raum. Der hohe Stellenwert von Bildung und Wissenschaft innerhalb des die ganze Gesellschaft umgreifenden Reformkonzeptes läßt sich auch daran erkennen, daß einer der Triumvirn an der Spitze der Christianopolis ein Gelehrter ist, der "den Bereich menschlicher Wissenschaft" leitet (S. 60).

Bildung und Wissenschaft sind ganz auf Christus ausgerichtet, das ist der konstitutive Zug des Andreaeschen Konzeptes[48], wie wir im folgen-

47 Für diesen Abschnitt wichtig ist der Aufsatz MARTIN BRECHTS: Kritik und Reform der Wissenschaften bei Johann Valentin Andreae (vgl. Literaturverzeichnis).

48 Zugleich aber mißbilligte [der Gelehrte] alle jene Wissenschaft, die nicht näher zu Christus führt, und er verdammte die, welche gar von ihm wegführt. Alle seine Bemühungen richtete er auf die Kirche, welche so viele tausend Jahre im Ozean der Welt umhergetrieben sei: der Kirche seien alle Sprachen zu Dienst verpflichtet, alle Geschichte, alle Vernunftanstrengung, alle Zeichen der Natur und alle Künste des Himmels . . . (S. 60 f.).

den immer wieder sehen werden. Die Wissenschaft hat zur Verherrlichung Gottes beizutragen, hat auf Christus hinzuweisen. Etwas im Schatten dieser ersten Forderung Andreaes an die Wissenschaft steht eine zweite: Bildung und Wissenschaft haben der Gesellschaft zu dienen; Wissen an sich ist wertlos, es muß für die Gesellschaft nützlich sein bzw. nutzbar gemacht werden. Auch darauf wird im folgenden hinzuweisen sein.

In Christianopolis erhalten alle Kinder - Jungen *und* Mädchen - eine Ausbildung (S. 78)[49]. Ab dem sechsten Lebensjahr werden sie von ihren Eltern ins Internat gegeben, wo sie alle "ihre Speise, ihren Schlaf und Pflege von Geist und Körper bekommen" (S. 79). Die Kinder werden in drei Gruppen geteilt: "Kinder, Jugendliche und Herangereifte" (S. 79). Die Kinder werden mit "Herangereiften" zusammengelegt, Herangewachsene von Verheirateten beaufsichtigt, "daß so überall eine emsige Aufsicht herrscht, damit möglichst eine Verderbnis der Jugend vermieden wird" (S. 114). Die Eltern "können ihre Kinder ... besuchen, auch unbemerkt von diesen, sooft sie Zeit haben" (S. 79)[50]. Auf Hygiene wird großer Wert gelegt: "Sehr genau wird darauf geachtet, daß das Essen schmackhaft und gesund ist, die Betten und Lagerstätten bequem und rein und die Kleider und der ganze Körper sauber. Häufig werden sie in Wasser gebadet und mit Linnen wieder abgetrocknet; sie werden auch gekämmt, damit sich kein Ungeziefer einnistet." (S. 79) Das wichtigste Ausbildungsziel ist es, "Gott mit reinem und demütigem Sinn zu verehren", das zweite, "die besten und keuschesten Sitten zu erlangen", das dritte, "den Geist zu schulen" (S.79). Der Schultag beginnt mit Gebet, dann teilen sich die Schüler in die drei Gruppen "Anfänger", "Fortgeschrittene" und "Ausgelernte" (S. 80), um ihrem Alter gemäß unterrichtet zu werden.

Die Art der Bestrafung erinnert an Andreaes "pragmatisches Prinzip", das den Nutzen für die Gesellschaft im Auge hat: "Die Strafen bestehen

49 "Die Knaben haben vormittags ihre Studierstunden, die Mädchen werden nachmittags von würdigen Frauen unterrichtet, die nicht weniger gebildet als die Männer sind". (S. 80).

50 Auch wenn diese Worte für sich sprechen, fügt Andreae noch eine ausdrückliche Zeitkritik hinzu, wenn er schreibt, "Ich brauche ja nicht zu erwähnen, wie schmutzig hier die Lehrer sind, wie unsauber Speise und Bett, wie grob die Erzieher, wofür dann die Kinder, die dies ertragen müssen, nicht nur mit Schreien und Verwünschungen, sondern auch mit lebenslang siechem Körper Zeugnis ablegen." (S. 79).

aus Fasten und Arbeit, nötigenfalls Schlägen oder, was selten geschieht, Arrest." (S. 80)

Mit seiner Forderung einer Mädchenbildung steht Andreae in humanistischer Tradition[51]: "Ich weiß auch nicht, warum dieses Geschlecht, das von Natur aus nicht ungelehriger ist, anderswo vom Unterricht ausgeschlossen wird." (S.80) In Christianopolis jedenfalls werden auch die Mädchen unterrichtet und zwar von Lehrerinnen, die genauso qualifiziert sind wie ihre männlichen Kollegen (vgl. Anm. 49). Diese Gleichbehandlung von Jungen und Mädchen im Grundsatz scheint sich jedoch nicht auf die Ausbildungsinhalte zu beziehen; ohne daß darauf von Andreae ausdrücklich hingewiesen würde, kann man stillschweigend davon ausgehen, daß das, was er inhaltlich zur Ausbildung sagt, nur den Knabenunterricht betrifft[52]. Die Modernität Andreaes im Blick auf die Rolle der Frau beschränkt sich ohnehin auf die prinzipiell gleichen Bildungschancen. Sonst bleibt er in dieser Frage ganz in traditionellen Vorstellungen befangen. Der Wirkungskreis der Ehefrauen ist die Familie. Dort "üben [sie] die Fertigkeit aus, die sie im Kolleg erworben haben": "spinnen, nähen, sticken, weben ... Teppichwirken ist ihr Kunstwerk, Kleiderherstellung ihr Handwerk, Waschen ihr Pflichtwerk. Im übrigen müssen sie auch Haus und Küche versorgen und sauberhalten" (S. 124 f.). In "Kirche und Ratsversammlung" müssen die Frauen schweigen, sollen sich jedoch dafür um so mehr in "Frömmigkeit und guten Sitten" auszeichnen (S. 125). Immerhin lehre uns ein Blick in die Geschichte, "daß keine Tugend den Frauen unerreicht geblieben ist, und sie in keiner sich nicht hervortaten, wenn auch gesagt werden muß, daß viele nur mit Mühe die Tugend der Schweigsamkeit erlangen" (S. 125). Die "rühmlichste Eigenschaft" der Frauen allerdings "ist ihre Fruchtbarkeit, mit der sie allen Helden der Welt voranstehen - es sei denn, man sehe es als größer an, einen Menschen umzubringen, als ihm das Leben zu geben" (S. 126).

Neben dem theoretischen Unterricht kommen auch die "handwerklichen

51 Vgl. BECKER-CANTARINO, BARBARA: Der lange Weg zur Mündigkeit. Frauen und Literatur in Deutschland von 1500 bis 1800. München, dtv, 1989. S. 149 ff.

52 Vgl. etwa S. 84: "Das zweite Auditorium heißt das dialektische und ist so nach der edelsten Kunst benannt. Die *Knaben,* die schon fortgeschritten sind, lernen dort, . . . " - Oder S. 107, bei der Beschreibung des Auditoriums der Theologie: " . . . damit die *Jünglinge* wissen, . . . " [Hervorhebungen von mir, T. B.]. Lediglich bei der Beschreibung des Chores (S. 94 f.) ist von allen Schülern, Jungen und Mädchen, die Rede.

Künste" bzw. die "weibliche Geschicklichkeit" nicht zu kurz; in der Freizeit wird Sport getrieben[53]. Der Unterricht findet in geräumigen, hellen und freundlichen Hörsälen statt[54], deren Wände mit belehrenden Gemälden geschmückt sind (S. 76 f.). Der Stundenplan orientiert sich noch ganz an den "sieben freien Künsten" (Grammatik, Rhetorik, Dialektik, Musik, Astronomie, Geometrie und Arithmetik)[55] (S. 81 ff.). Sieht man genauer hin, entdeckt man auch hier einige neue und zukunftweisende Gedanken. Dazu gehört eine gewisse Aufwertung der Muttersprache (bei grundsätzlicher Beibehaltung des Lateinischen): "Man sorgt hier dafür, daß das Gelernte auch verstanden wird; was nicht verstanden wird, wird in die Muttersprache übersetzt." (S. 81) Die Stoffmengen werden dem Alter der Kinder angepaßt, um sie nicht zu überfordern (ebd.). Im Bereich der Rhetorik gilt die Natürlichkeit als Maßstab (und nicht die Kunstfertigkeit): "Sprichst du wahr, bescheiden und beherzt, so hast du den Cicero schon übertroffen." (S. 82) Neben Hebräisch, Griechisch und Latein werden weitere Sprachen gelehrt, "um die Möglichkeit zu haben, mit vielen Einwohnern der Erde, lebenden wie toten, in Verbindung zu treten." (S. 83) Aber auch hier betont Andreae die Notwendigkeit des Gottesbezugs, solle das Wissen wert- und sinnvoll sein: "Denn nicht der weiß mehr, der bald in dieser, bald in jener Sprache spricht, sondern der mit Gott spricht. Wenn Frömmigkeit und Aufrichtigkeit dasind [sic!], ist es gleich in welcher Sprache sie sich äußern; wenn sie fehlen, so ist es keinen Deut besser, auf Griechisch oder Latein über die Stränge zu schlagen." (S. 84) Die "Auditorien", die Hörsäle, in denen unterrichtet wird, sind nun aber beileibe nicht die einzigen Bildungseinrichtungen der Christianopolis. Neben einer reich ausgestatteten - aber kaum benutzten - Bibliothek[56] verfügen die Chri-

53 "Sie treiben Wettlauf, Ringen, Ballspiel, üben sich gar in den Waffen oder dürfen, wenn ihr Alter es erlaubt, Pferde zähmen . . . " (S. 80).

54 Auch hier setzt sich Andreae ausdrücklich von den konkreten zeitgenössischen Zuständen ab: " . . . wahrlich nicht nach dem schändlichen Beispiel der Welt, die ihre Kinder wie aufs zärtlichste zu lieben scheint, sie aber häufig in ein dunkles und ungesundes oder gar völlig verschmutztes Arbeitshaus einschließt, wo sie den Unrat kennenlernen und sich beizeiten an den Kerker gewöhnen . . . [in Christianopolis dagegen] werden sie nicht vom Sommer gebraten, frieren nicht im Winter, werden nicht von Lärm belästigt, brauchen aber auch keine Angst vor der Einsamkeit zu haben . . . " (S. 77).

55 *Christianopolis,* S. 145, Anm. 45.

56 Die Christianopolitaner sind "mit wenigen, dafür aber kraft- und gehaltvollen Büchern zufrieden"; neben der Bibel halten sie fast alles übrige "für Gefasel, treiben aber dennoch viel Lektüre und sind durch diese Medizin davor gefeit,

stianopolitaner über ein vollständiges Archiv, ein Laboratorium, eine Apotheke, ein anatomisches Institut und verschiedene sogenannte "Schauhäuser", in denen ihnen anhand von Bildern, Karten und Modellen die unterschiedlichsten (natur-)wissenschaftlichen Phänomene vor Augen gestellt werden. Sogar in den Werkstätten "zeigt sich eine wahre Erforschung der Natur; alles, was die Erde in ihrem Schoß birgt, wird den Gesetzen und Instrumenten der Wissenschaften unterworfen" (S. 29). Im Grunde ist die ganze Christenstadt eine Bildungsstätte, denn "die gesamte Stadt [ist] mit Malereien geschmückt, ... die sich auf die Weltläufte [revolutiones mundi] beziehen" (S. 73). Hier wird ein pädagogisches Prinzip Andreaes deutlich, nämlich das der *Anschauung*[57]. Ein anderes ist das der *Nachahmung der Natur* - etwa durch das Experiment[58]. Das beste Beispiel für dieses zweite Prinzip ist das der "chymischen Forschung gewidmet(e)" Laboratorium: "Hier werden zu Nutzen und Gesundheit des Menschengeschlechts die Eigenschaften von Metallen, Mineralien, Pflanzen und Tieren untersucht, gereinigt, vermehrt und vereinigt. Hier wird der Himmel mit der Erde vermählt[59] und die göttlichen, der Erde aufgeprägten Geheimnisse wiedergefunden; hier lernt man das Feuer beherrschen, die Luft nutzen, das Wasser schätzen und die Erde untersuchen. Hier hat der Affe der Natur etwas, womit er spielen kann, da er ihre Prinzipien nachahmt und mit Hilfe ihrer Merkmale eine neue, kleine und höchst künstliche bildet." (S. 69)
In Andreaes umfassendem Reformkonzept hat die Bildungs- und Wissenschaftsreform einen herausragenden Platz[60]. Seine pädagogischen

Erzeugnisse menschlicher Geschwätzigkeit zu bewundern"; vielen ist "die heilige Einfalt ihre Bibliothek. Andere sagen, es genüge ihnen, im Buch dieses Universums zu lesen. Viele versichern auch, in sich selbst mehr zu finden und so den Quellen aller Künste besser auf die Spur zu kommen als aus ganzen Haufen von Büchern . . . "; schließlich bricht der Erzähler in den Ruf aus: "Hinweg denn mit den Büchern, wenn wir nur ihnen folgen! Es lebe Christus, das Buch des Lebens, aus dem wir leichter, gewisser und sicherer alles lernen wollen" (S. 64).

57 Vgl. BRECHT, Kritik und Reform, S. 142.

58 "Nichts gilt hier als bewiesen, wenn nicht auf Vernunft gehört wird und man in die allerkleinsten Elemente des Makrokosmos hineingesehen hat. Wenn man seinen Gegenstand nicht durch Experimente untersucht, wenn man nicht die Mängel des Wissens durch geeignetere Instrumente verbessert, taugt man nichts." (S. 30).

59 Dieses Motiv aus der Alchymie taucht bei Andreae mehrfach auf, so gleich am Anfang der Beschreibung von Christianopolis, S. 20.

60 Vgl. BRECHT, Kritik und Reform, S. 131.

Prinzipien *Anschauung* und *Nachahmung der Natur*[61] weisen ebenso in die Zukunft, wie die inhaltliche Seite seines Reformprogramms[62] mit dem Schwerpunkt auf der Mathematik und vor allem den experimentellen Naturwissenschaften; dazu kommen Sprachen (auch moderne) und die Geschichte[63]. Eingerahmt wird dieses Konzept von zwei Leitgedanken: Erstens hat die Wissenschaft die Ehre Gottes zu mehren und zweitens der Gesellschaft zu dienen[64].

Stellen wir uns nun noch einmal die Frage nach dem theologischen Standort Andreaes[65]. Andreae propagiert in der *Christianopolis* ein Christentum, das zwei Gesichter hat: Einerseits ist es - auf den inneren Menschen bezogen - ausgesprochen welt- und leibfeindlich[66], andererseits ist es weltzugewandt, zupackend, hat es den Willen, die Gesellschaft zu prägen und zu gestalten[67]. Dieser entschlossene Reformwille,

61 Vgl. dazu die Ausführungen BRAUNGARTS, Die Kunst der Utopie, S. 71 f. mit Hinweisen auf die Tradition, in der Andreae hier steht.

62 Vgl. ebd., S. 144: "In der Christianopolis wird konkret und positiv vorgeführt, wie die modernen Sprachen, die Mathesis und die Historia in die Wissenschaften einzubeziehen sind und zwar zu Lasten und in Veränderung der bisherigen philosophischen Disziplinen. Damit werden die Wissenschaften für die Gemeinschaft effektiver und nützlicher."

63 Andreae erhebt für die Geschichtswissenschaft das Streben nach Objektivität zum Leitsatz: Die Christianopolitaner "wollen daher, daß alles völlig unbefangen aufgeschrieben werde, und bekennen redlich ihre Dinge, auch ihre Fehler, damit die Nachwelt ohne Schminke der Zeit die Taten der Vergangenheit vernehme . . . " (S. 100). Dabei schätzt er die Geschichte außerordentlich hoch ein: "Dabei ist es offensichtlich, daß Menschen, die die Vergangenheit nicht kennen, unfähig zur Gegenwart sind und untauglich zur Zukunft - mögen sie auch sonst noch so eingebildet und stolz sein. Denn wie die Kenntnis der menschlichen Geschichte den Menschen sanft, demütig und vorsichtig macht, so macht ihre und anderer Wissenschaften Unkenntnis ihn frech und hochmütig und unvorsichtig hingeneigt zu seinem und der Gemeinschaft Übel." (S. 100 f.)

64 Vgl. BRECHT, Kritik und Reform, S. 141.

65 Wir können davon ausgehen, daß Andreae in der *Christianopolis* - zum einen in der Gestalt des Icherzählers, zum andern in vielen christianopolitanischen Einrichtungen - ziemlich unverhüllt seine eigenen Ansichten ausgedrückt hat, auch wenn ein gewisser Spielcharakter bei seinen Äußerungen immer zu berücksichtigen ist.

66 Das wird etwa deutlich, wenn er im Kapitel *59. Die Metaphysik* schildert, wie die Entdeckung der "ersten Linien der Künste", der "ersten Punkte der Dinge", diese "wahre Schönheit, die ja vielen unbekannt ist, . . . einen Ekel vor dieser Welt" weckt und "den eigenen, von so vielem Schmutz widrigen und mit den mühseligsten Gewichten der Erde behafteten Körper" zurückläßt (S. 86).

67 Diese Spannung zwischen Weltflucht und Weltzugewandtheit finden wir übrigens bei Spener und im Pietismus hallescher Prägung wieder (vgl. STEIN, K. JAMES: Philipp Jakob Spener. Pietist Patriarch. Chicago/Ill., Convenant Press,

der sich nicht nur auf den Bildungs- und Wissenschaftssektor, sondern auf die ganze Gesellschaft erstreckt und nicht bei der Erneuerung des einzelnen stehen bleibt, weist über das lutherische Weltverständnis hinaus.

Wir können also zusammenfassend festhalten, daß Andreae an zwei Stellen den durch die lutherische Orthodoxie gesteckten Rahmen überschreitet und Anknüpfungspunkte vor allem für den Pietismus, aber in gewisser Weise auch für die Aufklärung bietet:

1) Im Blick auf den persönlichen Glauben verlegt er, beeinflußt von Johann Arndt und - durch diesen vermittelt oder unmittelbar - von mittelalterlicher Mystik, den Akzent vom Bekenntnis auf die Nachfolge[68]; seine Theologie ist auf die Bibel und nicht auf die Bekenntnisschriften fixiert.

2) Auch sein Engagement für eine durchgreifende Reform der Gesellschaft galt der herrschenden Orthodoxie, wie er selbst in seiner Vorrede zur *Christianopolis* beklagt, als ketzerisch. Neben dem umfassenden Reformansatz mußten der lutherischen Orthodoxie besonders die Teile seines Reformprogramms mißfallen, die - und da bewegte sich Andreae ganz auf der Höhe der fortschrittlichen Geister seiner Zeit - eine Hinwendung zur Praxis, zum Experiment, zur Tätigkeit forderten und die Spekulation, sei sie philosophisch oder theologisch, abwerteten.

Inwiefern konnte nun die Aufklärung an Andreae anknüpfen?

Verhältnis zur Aufklärung

Auch hinsichtlich der Aufklärung, die in Deutschland ja erst Jahrzehnte nach der Publikation der *Christianopolis*, gegen Ende des 17. Jahrhunderts Fuß faßt, ist Andreaes Reformprogramm doppelgesichtig[69]. Einer-

1986, dazu die Rezension von J. WALLMANN in Pietismus und Neuzeit 15, 1989, 240-245).

68 Wenn Andreae am Ende seiner Beschreibung der Christenstadt als Fazit festhält, daß "wer Sehnsucht danach hat, ein seliges Leben zu erlangen", "zwar wie wir glauben, aber in jeder Hinsicht anders leben" müsse (S. 139), so drückt er damit schon ein anderes Glaubensverständnis aus: Wenn das Leben, die Heiligung für das Erlangen der Seligkeit ausschlaggebend ist, dann ist damit die Fixierung der lutherischen Orthodoxie auf die Rechtfertigungslehre verlassen.

69 MARTIN BRECHT zeichnet ein *harmonisches* Bild von einem stark christlich grundierten, in die Zukunft weisenden Weltverständnis Andreaes, in dem Weltzugewandtheit und Wissensneugier ihren festen Platz haben. Demgegenüber liegt mir daran, auf *Brüche* und *Widersprüche* in Andreaes Konzeption hinzu-

seits trägt insbesondere sein Wissenschaftsprogramm unverkennbar moderne Züge. Der Grundsatz "Nichts gilt hier als bewiesen, wenn nicht auf die Vernunft gehört wird ..." (S. 30), den er im Zusammenhang mit der Erforschung der Natur äußert, ist geradezu ein aufklärerisches Credo. Andererseits macht Andreae im Kapitel über die "Dialektik" (S. 84 f.) deutlich, daß für ihn Gott die Grenze der Vernunft und des Fragens ist: Die Christianopolitaner "unterwerfen [der Dialektik] nicht alle Dinge, geschweige denn Gott". - "Dies aber ist aller Vernunft letzter Schluß, daß wir demütig auf Gott hören, der fern von allem Irrtum und Schein ist und immer ganz verbunden mit der Wahrheit. Laßt uns das Wahre in dem Wahren lieben, laßt uns keinen Vernunftbeweis von ihm erbitten, der über aller Vernunft ist." (S. 85) Es wird an diesen Worten deutlich: die den Dingen auf den Grund gehende Vernunft, für die sich Andreae so engagiert einsetzt, ist bei ihm noch nicht wie später dann in der Aufklärung die letzte Instanz in der Wahrheitsfrage. Insofern ist auch sein "Verhältnis" zur Aufklärung ambivalent.

Die Frage der Toleranz[70]

In der *Christianopolis* wird das Problem der religiösen Toleranz nicht ausdrücklich behandelt, so daß wir unser Urteil auf Indizien gründen müssen. Das Bild, das wir auf diese Weise von Andreaes Haltung zur Toleranz gewinnen, ist ebenfalls ambivalent. So steckt auf der einen Seite in der Ablehnung der Zanktheologie und der Abwertung des Dogmas und des Bekenntnisses zugunsten der Betonung eines christlichen Lebens zweifellos ein toleranter Ansatz; auf der anderen Seite bleibt diese Toleranz, wenn man sie überhaupt so nennen kann, begrenzt auf den engen Rahmen des protestantischen (lutherischen) Glaubens. Immerhin ist festzuhalten, daß Andreae sich, im Vergleich zu seiner

weisen, die ihm selbst zwar nicht als solche erschienen, die aber dennoch Anknüpfungspunkte für unterschiedliche Entwicklungen sein konnten.

70 Wir verwenden an dieser Stelle einen weit gefaßten Toleranzbegriff, unter den sowohl Gewissensfreiheit, verstanden als "Freiheit von äußerem Zwang in Glaubensdingen", und Toleranz im engeren Sinne einer "geistigen Anerkennung fremder Konfessionen" fallen; zur Differenzierung vgl. DEPPERMANN, KLAUS: Der hallesche Pietismus und der preußische Staat unter Friedrich III. (I.). Göttingen, Vandenhoeck & Ruprecht, 1961. S. 42 (dort auch die Zitate).

scharfen Abgrenzung gegenüber anderen Glaubensformen in der Autobiographie[71], in der *Christianopolis* sehr zurückhaltend äußert.

Die politische und soziale Verfassung

Neben Kirche und Universität nimmt Andreae in der Vorrede zur *Christianopolis* als dritten Bereich den der Politik ins Visier seiner Kritik (S. 8 ff.). Das macht neugierig auf die entsprechenden Einrichtungen der Christenstadt.

Auch im Bild der christianopolitanischen Gesellschaft mischt Andreae wieder einander widersprechende Tendenzen. Sehr weit durchgeführt ist das Prinzip der Gleichheit: Alle Bürger[72] haben die gleichen öffentlichen Pflichten (Wachdienste, Ernte, öffentliche Bautätigkeiten), es gibt keine Unterschiede in den Besitzverhältnissen, alle haben gleiche Bildungschancen, nahezu "alle Häuser sind nach einem Muster gebaut" (S. 42 f.), selbst die Kleider sind für alle gleich[73].

Diesen egalitären Zügen stehen Bemerkungen gegenüber, in denen von verschiedenen Ständen die Rede ist[74], und andere, die auf gewisse hierarchische Vorstellungen schließen lassen. Allerdings gibt es keine auf Geburtsprivilegien gegründete, sondern nur eine an die Tugendhaf-

71 "Daher bezeuge ich sowohl in der Stille als öffentlich im Lichte der christlichen Kirche gegen jene lichtscheuen Menschen heilig, daß ich mit den papistischen Pfützen, dem calvinischen hochtrabenden Stolz, den Lästerungen der Photinianer, der Heuchelei der Schwenkfeldianer, der Raserei der Weigelianer, dem Unflat der Wiedertäufer, den Träumereien der Schwärmer, den Ausrechnungen der Vorwitzigen, der Schlüpfrigkeit des Synkretismus, den Greueln des Libertinismus, endlich mit der Eitelkeit und den Täuschungen irgendeines Betrügers keine Gemeinschaft weder habe noch gehabt habe noch haben werde." (ANDREAE, Lebensbeschreibung, S. 29). - Da die *Photinianer,* eine antitrinitarische Sekte des 4. Jahrhunderts, den Tod ihres Gründers Photinus nicht lange überlebten, wird sich Andreae hier auf die *Sozinianer* beziehen.

72 Die Bürger sind in Christianopolis männlichen Geschlechts.

73 "Kleider gibt es nur von zweierlei Art: eins zur Arbeit und eins zur Freizeit; alle sind nach einem Muster entworfen, unterscheiden sich aber nach Geschlecht und Alters des Trägers. . . . Die Farben sind bei allen weiß oder aschgrau . . . " (S. 44). - Im Widerspruch dazu steht die Schilderung auf S. 118: "[Die Geistlichkeit] hat weiße Kleider, die weltlichen Beamten rote, der Lehrstand blaue und der Nährstand grüne Kleider."

74 Und zwar wird an einer Stelle von vier, an einer anderen von drei Ständen gesprochen; auf S. 118 wird berichtet, daß sich durch die Farbe der Kleidung unterscheiden (1) Geistlichkeit, (2) weltliche Beamten, (3) Lehrstand, (4) Nährstand. Wenig später heißt es dagegen: "Aus den *drei* Ständen werden [die Senatoren] gewählt . . . " (S. 130) [Hervorhebung von mir, T. B.].

tigkeit gebundene Rangordnung. Der christianopolitanische Adel ist eine "Tugendaristokratie"[75]; alles in allem dominieren jedoch die egalitären Elemente. Man kann diese Betonung des in den sozialen, ökonomischen und politischen Bereich hineinreichende Prinzips der Gleichheit als Spitze gegen die ganz auf den Herrscher ausgerichtete und vielfach abgestufte Gesellschaft des Absolutismus lesen, der ja im württembergischen Herzog Friedrich I., dem Erbauer Freudenstadts und somit indirekt an der Gestalt der Christianopolis Beteiligten, einen frühen Vertreter hatte[76]. Die christianopolitanische Gesellschaft ist weiter gekennzeichnet durch eine Aufwertung des Handwerkers und des Naturwissenschaftlers[77]. Wie sehr die Christianopolis eine bürgerliche Welt ist, zeigt das Wappen, in dem die Christianopolitaner "nicht die Werkzeuge der Gewalt und Hoffart, sondern der Menschlichkeit und Arbeit zeigen" (S. 42). Erinnert schon die egalitäre Gesellschaft der Christianopolis an die christliche Urgemeinde, so wird überhaupt "alles in diesem Christenstaat ... auf Gott bezogen" (S. 41): Das mit "Verfassung" (*De politia*) überschriebene 29. Kapitel enthält nichts anderes als eine Interpretation der Zehn Gebote.

75 "In diesem Staate gibt es keine Erbfolge der Würde oder des Blutes ohne die Tugend." (S. 39) Und hinsichtlich der Kleiderordnung der Stände heißt es: "Doch unterscheidet dies die Christen nicht in dem Sinne, daß sie glauben, durch die Farbe mehr zu gelten, als daß sie sich nach Tugenden und Lastern unterscheiden . . . " (S. 118).

76 EDIGHOFFER, Rose-Croix et Société idéale (s. Anm. 58), S. 413 f. EDIGHOFFER betont die gegen den Absolutismus gerichtete Spitze Andreaes besonders. (Er weist übrigens auf einen interessanten Sachverhalt hin: Während Friedrich I. darauf bestanden habe, daß das herzogliche Schloß im Zentrum von Freudenstadt gebaut werde, baute Andreae die Christianopolis um den Tempel herum, weil es eine Theokratie sei [ebd., S. 414].)

77 Darauf weist MARTIN BRECHT hin: "Um Bildungsinhalte geht es dann schon bei der Besichtigung der Produktionsstätten. Auch hier scheint der Unterschied zwischen hochqualifizierten Handwerkern und Akademikern und zwischen Natur und Geisteswissenschaft aufgehoben . . . Die Handwerker in der Christenheit sind eigentlich Künstler und Gelehrte, die ihre Beschäftigung als Anwendung des Adels der Vernunft auffassen. Unverkennbar wird diesen Technikern ein neues wissenschaftliches und soziales Niveau zuerkannt." (BRECHT, Kritik und Reform, S. 141). Vgl. KUON, Utopischer Entwurf, S. 209: "Die Arbeiter in den vorindustriellen Manufakturen am Stadtrand sind zugleich Naturwissenschaftler . . . Erst wenn der Arbeiter in die Lage versetzt wird, naturwissenschaftliche Kenntnisse in den konkreten Arbeitsvorgang umzusetzen, erst wenn der Handwerker also im modernen Sinn Techniker wird, kann in größerem Umfang das neuzeitliche Programm der Naturbeherrschung in Angriff genommen werden."

Die Regierungsform der Christenstadt wird als "Aristokratie" bezeichnet, enthält aber sehr viele demokratische Elemente[78]; die Monarchie jedenfalls wird abgelehnt: "Denn geht auch in der Monarchie vieles angenehmer vonstatten, so wollen sie doch die Herrscherwürde allein Christus zugestehen und mißtrauen auch mit gutem Grund der menschlichen Fähigkeit, sich zu bescheiden." (S. 47) Auch darin liegt eine Spitze gegen den Absolutismus[79]. "Christus duldet keinen absolut herrschenden Sachwalter, und ein Mann, der zu hoch erhoben wurde, sieht nicht auf zum Himmel, sondern richtet seinen Blick nach unten auf die Erde." (S. 47) An der Spitze der Christianopolis steht deshalb nicht ein Herrscher, sondern ein Triumvirat aus dem Bischof, dem obersten Richter und dem ersten Gelehrten[80]. "Jeder der Oberen erfüllt die Obliegenheiten seines Bereichs, aber natürlich nicht ohne Wissen der anderen, und über das Wohl des Staates beratschlagen sie alle gemeinsam. Jeder hat seinen eigenen Senat, aber an bestimmten Tagen finden sie sich zusammen, um in allseitigem Einvernehmen über die wichtigsten Gegenstände zu beschließen." (S. 47 f.) Diese ersten Staatsämter können nur besonders befähigte Männer erhalten. Gleichsam als "Regierungssprecher" fungiert der Kanzler, der die Beschlüsse der Triumvirn bekanntmacht und verbreitet (S. 48). Die obersten Leitungsgremien "beraten über die Wahrheit der christlichen Religion, die Pflege der Tugenden, die Möglichkeiten der Schärfung des Verstandes, ferner über die Erforderlichkeit von Bündnissen, Krieg[81], Handel, Bauwesen und Ernährung" (S. 48). Diese "obersten Herrscher" werden im über dem Tempel gelegenen Ratssaal gewählt und gehen dort "ihr gegenseitiges Vertrauensbündnis mit dem Volke ein" (S. 129). Auch wenn darüber

78 SEEWALD spricht davon, daß sich Andreae für "das Ideal der gemischten Verfassung" entschieden habe (SEEWALD, Verfassungsbild, S. 115 f.). Ich glaube nicht, daß sich Andreae tiefschürfende Gedanken über Verfassungstheorie gemacht hat; die Tatsache, daß seine "Verfassungskonzeption" aus verstreuten Bemerkungen erst konstruiert werden muß, spricht meines Erachtens nicht dafür.

79 SEEWALD, Verfassungsbild, S. 111 f.: Andreae wendet sich gegen die "absolutistischen Lehren, wonach die Stellung des Monarchen sakrosankt sei, da sie auf die göttliche Stellvertretung zurückgeführt wurde und auch bei Machtmißbräuchen mit dieser Ableitung gerechtfertigt werden konnte".

80 "Da es so steht, ist ein Triumvirat das sicherste, zu dem nur die Besten und Erfahrensten des Staates zugelassen sind, und man muß durch alle Stufen der Tugend bis dahin emporsteigen" (S. 47).

81 Krieg gibt es für die Christianopolitaner nur als "Abwehr ungerechter Gewalt"; dann "tragen sie . . . unwillig Waffen und geben an alle Bürger eigene aus, die sie in den Häusern für den Notfall bereithalten . . . " (S. 65).

nichts gesagt wird, darf man annehmen, daß die Triumvirn auf Lebenszeit gewählt werden. Die Senatoren werden von den "drei Ständen" gewählt (S. 130)[82].
Im Gegensatz etwa zu den Bewohnern der von Francis Bacon geschaffenen Utopie *Neu-Atlantis* unterhalten die Christianopolitaner reguläre Beziehungen zur Außenwelt (S. 68).

Wirtschaft

Im Wirtschaftsleben des Christenstaats ragen schwäbische Tugenden wie Genügsamkeit und Arbeitsamkeit heraus. "Die Arbeit, oder wie sie es lieber hören, die 'Übung der Hände', wickelt sich nach einer bestimmten vorgeschriebenen Weise ab, und alles Hergestellte wird in ein Lagerhaus geschafft ... So ist denn die ganze Stadt wie eine einzige Werkstatt der allerdings verschiedensten Fertigungen ..." (S. 35). Aber auch für die nötige Entspannung ist gesorgt, und der eigentlichen Arbeitsstunden sind nur wenige (S. 35). Die der Erholung von Körper und Geist dienende Freizeit wird allerdings nicht einfach müßig vertan ("Über Gebühr der Muße zu pflegen, gilt allen für schimpflich", S. 35), sondern sinnvoll genutzt: Es "pflegt während dieser Stunde unter den Bürgern die größte Stille zu herrschen; die einen widmen sich den Geheimnissen der Religion, die anderen einem Nachbarn, der vielleicht an einem Kreuze zu tragen hat, oder sie erbauen einander wohl an christlichen Gesprächen ..." (S. 37)
Hier besitzt niemand Geld und auch an privatem Eigentum jeder nur den nötigsten Hausrat. "Braucht man ein Werkzeug über den gewöhnlichen Bedarf hinaus, so stellt das Vorratshaus es zur Verfügung; denn es gibt eine große Menge allgemein zugänglicher und eigener Werkzeuge, ist doch diese ganze Stadt ein Handwerkerstaat." (S. 44) Es hat auch niemand "ein eigenes Haus, denn alle Häuser sind zum Gebrauch freigegeben und zugewiesen" (S. 42). Für die ordnungsgemäße Verteilung der "öffentliche(n) Einkünfte und Versorgungsgüter an die einzelnen Bürger" ist ein Assistent des obersten Richters, der "Aufseher über Wirtschaft und Haushalt der Stadt", zuständig (S. 59). "Diese Verteilung

82 Es wird nicht klar, ob es sich bei diesen in Kapitel 93 genannten 24 Senatoren (die von 12 jüngeren "außerordentlichen Ratsherren" unterstützt werden) um diejenigen handelt, die den Triumvirn zur Seite stehen (vgl. Kapitel 27), oder ob dieser "Rat der Vierundzwanzig" ein besonderes Gremium bildet. Überhaupt wird der "Regierungsapparat" und das "Regierungssystem" der Christianopolis nicht geschlossen dargestellt.

geht weit einfacher vonstatten, als man annehmen könnte, denn da niemand in seiner Lebenshaltung Sonderansprüche geltend macht oder mehr Nahrungsmittel für sich fordert, als Jahreszeit und Brauch der Stadt mit sich bringen, vielmehr alle sich nach dem Grundsatz der Gleichheit richten, ist die Verteilung nach Einwohnerzahl und Menge des Vorrats flink erledigt." (S. 59) Die Nahrungsmittel werden wöchentlich ausgegeben. "Dies alles fein und ordentlich zu kochen ist Amt und besondere Aufgabe der Frauen, denen auch obliegt, für die Kranken die bekömmlichen Speisen auszusuchen und zuzubereiten." (ebd.) Die anderen anfallenden "häuslichen Pflichten" werden jedoch von Mann und Frau gemeinsam verrichtet (S. 35).

Bei aller Verachtung des Geldes - dem sie alle Sünde anlasten - verfügen die Christianopolitaner jedoch über eine außerordentlich reiche Schatzkammer, die ihnen die Mittel zu Verfügung stellt, dem Kaiser Tribut zu zahlen[83], wenn nötig auswärtiges Militär zu verpflegen, Außenhandel zu treiben, Reisende zu beschenken und Gesandtschaften zu finanzieren (S. 68). Und wie alles in Christianopolis auf Gott hinweist, dienen auch die hier für so profane Zwecke geprägten Münzen der Verkündung dieses christianopolitanischen Selbstverständnisses. Die Inschriften - auf der einen Seite "Wenn Gott für uns ist, wer ist dann wider uns?"[84], auf der anderen Seite "Gottes Wort bleibt in Ewigkeit"[85] - werden durch die geprägten Bilder gleichsam illustriert (S. 68): "Auf der einen Seite zeigt die Prägung einen von einem Kreuz quer durchzogenen Adler", d.h. der durch Christi Tod erlöste Mensch erhält neues Leben, wird mit unüberwindlicher Kraft ausgestattet, "auf der anderen eine auf einem Buch ruhende Stadt"; das versinnbildlicht den Sachverhalt, daß die Christenstadt ganz nach biblischen Grundsätzen konstruiert ist.

83 Entweder hat Andreae die Christianopolis als ferne Kolonie des Deutschen Reiches im Äthiopischen Meer konzipiert, oder es handelt sich hier gar um den Negusa Negast, den Kaiser von Äthiopien . . . Eine bessere allegorische Deutung bietet PETER KUON, der nach der rhetorischen Frage "Welchem Herrscher könnte eine utopische Gesellschaft tributpflichtig sein, ohne ihre ideale Absolutheit ad absurdum zu führen?" darauf verweist, daß erst im Zusammenhang mit der Bibelstelle "So gebet dem Kaiser, was des Kaisers ist, und Gott, was Gottes ist!" (Luk. 20, 25) "der ausschließlich öffentliche Gebrauch des Geldes in der Christianopolis als Verbildlichung der Rolle des Geldes im Leben des Christen, nämlich notwendige Erfüllung der Verpflichtungen gegenüber der Obrigkeit, um den inneren Frieden zu bewahren" sichtbar wird (KUON, Utopischer Entwurf, S. 243).

84 Römer 8, 31.

85 Jesaja 40, 8; 1. Petrus 1, 25.

Zusammenfassung

Wir finden in der *Christianopolis* eine Sozialutopie mit beachtlicher Substanz vor. Auch wenn sie die literarische Qualität der großen Vorbilder, vor allem der *Utopia* des Thomas Morus, nicht erreicht, enthält sie doch ein bemerkenswertes kritisches und innovatorisches Potential; daran ändern auch die aufgewiesenen Widersprüchlichkeiten und Brüche nichts. Mit vielen Gedanken bewegt sich Andreae nicht nur auf der Höhe der fortschrittlichsten Geister seiner Zeit (Bildungs- und Wissenschaftsprogramm), sondern weist über seine Zeit hinaus (egalitäre bürgerliche Gesellschaft). Modern an seiner Konzeption ist auch die neue Definition von *Arbeit*: Arbeit dient bei ihm nicht mehr nur der Bedürfnisbefriedigung, sondern - zusammen mit der Wissenschaft - der Verwandlung der Welt[86].

Seine Utopie ist allerdings eine ausgesprochen *christliche* Gegenwelt. In *einer* Weise ist Andreaes Ideal ein mittelalterliches: das des einheitlichen *corpus christianum*[87]. Im Blick auf Andreaes Stellung zu Luther ist festzuhalten, daß er sich in einigen entscheidenden Punkten weiter von lutherischen Positionen entfernt hat, als ihm selbst bewußt war. Zu nennen sind hier die starke Betonung des heiligen Lebens, seine Anthropologie, die dem erlösten Menschen die im Sündenfall verlorene Würde wieder zuspricht (und damit die Möglichkeit, ein heiliges Leben zu führen), die Vermischung von Evangelium und Politik, die Luthers Zwei-Reiche-Lehre widerspricht[88], und schließlich die Sicht der Welt als "Gottes prächtiges Schauhaus" (S. 99), das dem erforschenden Zugriff des Menschen offensteht.

Was ist nun "pietistisch" an der *Christianopolis*? Das hier angesprochene Christentum ist ein ausgesprochenes Tatchristentum: Auf das christliche Leben kommt es an, nicht auf das "richtige" Bekenntnis. Die Möglichkeit, dieses neue Leben in der Nachfolge Christi zu führen, wird

86 Vgl. BRAUNGART, Die Kunst der Utopie, S. 73 f. "Arbeit ist auf Christianopolis also weder bestimmt vom biblischen Fluch (1. Mose 3, 17 ff.) noch erscheint sie als protestantisch-calvinistische Arbeitsaskese, die nach Spuren göttlicher Prädestination späht, noch lutherisch als der vita contemplativa gleichgestellter Gottesdienst. Sie dient auch nicht wie später beim Pietisten Sinold der Vermeidung von Sünde und basiert nicht auf dem Arbeitsbegriff der Leistungsgesellschaft. In ihr wie in der naturwissenschaftlichen Forschung beweist sich vielmehr die Gottebenbildlichkeit des Menschen" (ebd., S. 74).

87 Vgl. ebd., S. 43 f.

88 Ebd., S. 26 f.

durch die Wiedergeburt geschaffen[89]. Das ganze Sein ist auf Christus hin ausgerichtet. Das führt dazu, daß alle Lebensbereiche nach biblischen Maßstäben so reformiert werden, daß Gottes Ehre gefördert wird.

c) *Zur Wirkung der Gedanken Andreaes*[90]

Andreaes Wirkung auf nachfolgende Reformer scheint vorwiegend die eines Anregers und Ideenlieferanten gewesen zu sein[91]. Bedeutendster "Schüler" in diesem Sinne war Johann Amos Comenius[92]. Nach der Lektüre einiger Schriften Andreaes, hatte Comenius mehrmals versucht, Briefkontakt zu dem vielseitigen Schwaben aufzunehmen. Dieser hatte jedoch immer recht zurückhaltend reagiert - wenn er überhaupt geantwortet hatte. Dennoch zählte der Bischof der böhmischen Brüder Andreae zu denen, die ihn in besonderem Maße angeregt und beeinflußt hätten[93].

Daß Philipp Jakob Spener ein Bewunderer Johann Valentin Andreaes war, ist bekannt[94], ebenso, daß in Franckes pädagogischen und sozialen Projekten einiges von Andreaes Ideen verwirklicht wurde[95]. Aber auch im radikalen Pietismus finden sich Reflexe der Gedanken Andreaes. Friedrich Breckling, ein spiritualistischer Kirchenkritiker in der Nach-

89 Vgl. KUON, Utopischer Entwurf und fiktionale Vermittlung, S. 215 f.: "Dieser mystische Vorgang der inneren Wiedergeburt jedes einzelnen, die ein neues Leben in der Nachfolge Christi freisetzt, ereignet sich, wo der Mensch durch Leiden und Prüfungen von allem Irdischen gereinigt und auf sein reines Ich zurückgeworfen wird."

90 Wir können in unserem Zusammenhang natürlich nur einen auf wenige Aspekte beschränkten Ausblick bieten.

91 Die von ihm ungewollt ausgelöste und später bekämpfte Rosenkreuzerbewegung kann hier als sekundäres Phänomen außer Betracht bleiben.

92 Vgl. für das folgende: DÜLMEN, RICHARD VAN: Johann Amos Comenius und Johann Valentin Andreae. Ihre persönliche Verbindung und ihre Reformanliegen. Bohemia. Jahrbuch des Collegium Carolinum 9, 1968, 73/87.

93 Ebd., S. 74 f.

94 Vgl. WALLMANN, JOHANNES: Philipp Jakob Spener und die Anfänge des Pietismus. Tübingen, Mohr (Siebeck), 1970 (1986). S. 44 = Beiträge zur Historischen Theologie 42.

95 Francke nennt im übrigen in seinem Großen Aufsatz die Christianopolis unter anderen Schriften, in denen "sowol Politici als Theologi" über den "verderbten Zustande in allen dreyen Ständen [Regier, Haus und Lehrstand] . . . vorlängst . . . geklaget"; FRANCKE, Großer Aufsatz, S. 72.

folge Joachim Betkes[96], schreibt am 8. Januar 1699 an Petrus Kalckberner, den "treuen Diener Jesu Christi an seiner Gemeinde in Eisenach"[97], wie Johann Arndt, der so sehnsüchtig auf das neue Jerusalem gewartet habe, das "Gott uns in diesen lezten Zeiten, gründen machen u. bereiten wird, nach allen seinen Verheißungen von dem neuen Kirchen Himmel und *Policey* Erden, damit alle Propheten und Apocalypsis Ihre Prophe-Zeyungen abschließen", von seinem "aufrichtige(n) Freund" Johann Valentin Andreae "solch eine *Christianopolim* entworfen und *dediciret*" wurde[98]. "Und weil der Seel. Arnd von der Rosencreutzer Ihren großen Promissen viel gutes hoffete", habe ihm Andreae offenbart, "daß Er und seine *Confratres* im Wurtenberger Lande, die *Famam Fraternitatis* ausgesand, umb zu erfahren und entdecken wie viel Verborgene Freunde der Weißheit in gantz Europa vorhanden, und wie sie sich hiergegen verhalten würden"; nachdem "sie durch vielfältige Schrifften all ihre Sentimenten an den Tag gegeben", habe er sie "in seinem gar kunstreichen buch *De Turri Babel*" alle abgedankt[99]. Auch auf die Verbindung des Schwaben zu Comenius kommt Breckling in diesem Brief zu sprechen. Die Pläne des böhmischen Pädagogen die Generalreform der Welt betreffend, habe Andreae ihm geschrieben, "daß Er mit andern 30 Verborgenen Freunden alles versucht, aber nichts *propter incapacitatem et ingratitudinem hominum* hetten aus richten konnen, und also wieder in ihren ohrt kehren und warten müsten, auf das, was Gott selbst bereiten anfangen mitteln und vollenden müste"[100]. Auch wenn hier beim alten Breckling nicht mehr der reformerische Impuls der Gedanken Andreaes, sondern ein resignativer Zug die Oberhand behält und alles Reformstreben dahingehend relativiert wird, daß letztlich nur Gottes Eingreifen am Ende der Zeiten die Welt wirklich und umfassend reformieren wird, ist es doch bemerkenswert, daß Andreaes Gedanken auch fünfzig Jahre nach seinem Tod noch bekannt sind, seine Schriften gelesen werden[101]. Weitere vierzig Jahre später, in einer Zeit, in der Robinsonaden Kon-

96 Zu Breckling vgl.: BLAUFUSS, DIETRICH: Art. Breckling, Friedrich (1629-1711), in: TRE, Bd. 7, 1981. S. 150-153 und BRUCKNER, JOHN: [Art.] Breckling, Friedrich, in: Biographisches Lexikon für Schleswig-Holstein und Lübeck . . . Bd. 7, 1985. S. 33-38 (jeweils mit ausführlichem Quellen- und Literaturverzeichnis).

97 Forschungsbibliothek Gotha, Chart. B 195, S. 378-386.

98 Ebd., S. 378 f.

99 Ebd., S. 379.

100 Ebd., S. 380.

101 Im besprochenen Brief geht Breckling auf weitere Schriften Andreaes ein *(Menippus, Apap proditus).*

junktur haben, findet Andreaes *Christianopolis* in David Samson Georgi sogar einen Übersetzer und erscheint 1741 in Eßlingen - bezeichnenderweise unter dem neuen, zeitgemäßeren Titel *Reise nach der Insul Caphar Salama, Und Beschreibung der darauf gelegenen Republic Christiansburg, Nebst einer Zugabe Von Moralischen Gedanken.* Diese Ausgabe findet eine solche Resonanz, daß zehn Jahre später, 1751, eine zweite Auflage erscheinen kann[102].

102 Vgl. *Christianopolis,* latein.-dt., hrsg. von VAN DÜLMEN, S. 20.

III. Die Utopie aus dem Geist des halleschen Pietismus

1. Die *Beschreibung eines verbesserten Fürsten=Staats* (1699): eine Reformschrift im Gefolge von Seckendorffs

a) Zum Inhalt[1]

In der Bibliothek der Franckeschen Stiftungen in Halle findet sich versteckt in einem Sammelband, zusammengebunden mit den unterschiedlichsten Texten, eine nur fünfzehn Seiten lange anonyme Schrift mit dem Titel *Beschreibung eines verbesserten Fürsten=Staats Durch Drey Getreue MINISTROS*. Außer dem Jahr des Druckes - 1699 - fehlt sowohl auf dem Titelblatt als auch im Text selbst jeder Hinweis auf Verfasser, Entstehungs- oder Druckort und die Umstände der Abfassung dieser Utopie aus dem Geiste des halleschen Pietismus. (Daß es sich um eine solche handelt, muß somit der Inhalt erweisen.)

Ohne Rahmenerzählung - etwa die Schilderung einer Seefahrt oder ähnliches - geht der unbekannte Verfasser *in medias res*: "*Palingenius* ein weiser und verständiger Fürst hat eine kleine Herrschaft im Lande *Eubulia*: welche Er aber so wohl regieret / daß man billich die mächtigsten Könige und Fürsten zu ihm als in die Schule schicken solte ..." (A_{2a}) Die geographischen und topographischen Einzelheiten, mit denen andere Utopisten ihren Schilderungen gerne einen Hauch von Faktizität verleihen, fehlen hier völlig (wie der anonyme Autor überhaupt auf jedes ausschmückende Detail verzichtet). Daß der Name des Fürsten als erstes Wort des Textes erscheint, kann gleichsam als Programm verstanden werden: Der "Fürstenstaat" ist durch eine ausgeprägte patriarchalische Herrschaft des "Landes=Vaters" gekennzeichnet. Die Namen sind sprechend: *Palingenius* ist aus griechischen und lateinischen Partikeln zusammengesetzt und weist darauf hin, daß der Fürst nicht nur "weise und verständig", sondern vor allem *wiedergeboren* ist[2]. *Eubulia* ist die latini-

1 Den Hinweis auf diese praktisch unbekannte Utopie verdanke ich Frau Gertraud Zaepernick (Berlin).
2 Dies ist der erste Hinweis auf die pietistische Provenienz des Textes.

sierte Form eines griechischen Wortes mit der Bedeutung "Vernunft, Einsicht".

Dem Fürsten, der im übrigen seine Regierungspflichten selbst sehr ernst nimmt (B 1b), stehen drei "Geheimbde Räthe" zur Seite: "Dem Einen hat Er alles Kirchen=Schulen= und Armen=Wesen; Dem Andern alle *Justitz*=Sachen; Dem Dritten alle *Finantz*=Sachen anvertrauet. Diese 3. *constituir*ten das Geheimbde Raths=*Collegium*, darinn der löbliche Fürst *Palingenius* selbst *präsidir*et." (A2a)

Etwa die Hälfte des Textes nimmt dann die Schilderung der Charaktere der Minister und ihrer jeweiligen sorgfältigen Ausbildung ein. Es folgen Ausführungen zur Person und zur Amtsführung des Fürsten. Der übrige Raum (gut ein Drittel der gesamten Schrift) ist der Beschreibung einer auf Vorschlag der drei Minister vom Fürsten angeordneten Bestandsaufnahme der Situation im Lande gewidmet; dazu wurden "die aller gewissenhafftesten Männer an allen Orthen" bestellt und mit einem "gewissen Jährlichen Sold" versehen, "daß Sie die Sachen der jenigen die selbst nicht tüchtig darzu wären / recht untersuchen und vortragen möchten" (B2b). "Es wurde aber bald mit allen Fleiß dahin getrachtet / daß den Fehlern des Landes recht aus dem Grunde möchten geholffen werden: denn da hielte man es nicht mehr genug / daß man die Leute straffete / wenn sie Böses thäten; sondern man suchete auch die Quelle des Bösen zuverstopffen." (Ebd.) Auf diese Weise erwächst aus der Visitation des Landes eine grundlegende Reform des Erziehungswesens, der Kirchen, ja der gesamten Gesellschaft dieses kleinen Staates.

b) Analyse der Beschreibung eines verbesserten Fürsten=Staats

Einflüsse

Der kurze Text erschöpft sich weitgehend in der Beschreibung der Institutionen des "Fürsten=Staats". Von den Menschen, die in diesem Staat leben, erfahren wir kaum etwas, jedenfalls zuwenig, um uns ein Bild vom Leben in dieser kleinen Herrschaft im Lande der Einsicht machen zu können. Durch den Aufbau, also das Fehlen einer Rahmenerzählung, und diesen Inhalt ist die Schrift weniger in der Tradition der großen Utopien des 16. und beginnenden 17. Jahrhunderts zu sehen als vielmehr im Zusammenhang mit der Policey-Literatur der zweiten Hälfte des 17. Jahrhunderts, vor allem mit Veit Ludwig von Seckendorffs

Teutschem Fürsten-Staat von 1656[3]. Auch die Reformen, mit denen Ernst der Fromme von Sachsen-Gotha (1601-1675) aus seinem Territorium nach dem Dreißigjährigen Krieg einen Musterstaat gemacht hatte[4], dürften den Autor unserer Schrift inspiriert haben.
An den Anfang unserer Analyse der anonymen Schrift stellen wir wiederum die Frage nach dem Verhältnis des Verfassers zum Luthertum und seinem Weltbild. In diesem Zusammenhang wird dann zu klären sein, inwieweit diese Utopie überhaupt dem Umkreis des halleschen Pietismus zugeordnet werden kann.

Kirche und Frömmigkeit

Palingenius, der Landesfürst, hat die "*Direction* von seinem gantzen Kirchen=Staat" in die Hände eines seiner drei "getreuen Minister" gelegt. Dieser "ist von sehr grosser Demuth und Sanfftmuth: welche Gaben er nicht von seiner gütigen Natur / sondern vielmehr von der Gnade Gottes empfangen / und durch viele Ubungen in allerhand Trübsalen befestiget hat" (A2a). Sein beispielhafter "heiliger Wandel gibt allen nicht allein Einheimischen sondern auch Auswertigen ein unvergleichliches Exempel / und das ist das Einige / wordurch Er bey allen die zu seinem hohen Ambt erforderte *Autorität* erhält" (A2a). Deshalb hat er es nicht nötig, "durch Reichthum oder durch euserlichen Pracht und viele Bedienten / oder durch hochmüthige geberden sich ein Ansehen zu machen" (A2af.). War die positive Wertung des Leidens nicht mehr als eine Andeutung, so erscheint der Minister nach dieser Betonung des vorbildlichen Wandels, der ihm allein Autorität verleiht, geradezu als praktizierender Pietist.
Wie der "Minister für das Kirchen- und Schulwesen" mit dem alttestamentlichen Propheten Nathan, dem Erzieher Salomos, verglichen

3 Wir benutzten die 7. Auflage: SECKENDORFF, VEIT LUDWIG VON: Teutscher Fürsten-Staat. Samt des sel. Herrn *Autoris* Zugabe Sonderbarer und wichtiger Materien, vor itzo aber Mit Fleiß verbessert, und mit dienlichen Anmerckungen samt dazu gehörigen Kupffern, Summarien und Register versehen, durch Hn. ANDREAS SIMSON VON BIECHLING, Hochfürstl. Sachsen-Meiningischen Geheimden Rathe. JENA, In der Meyerschen Buchhandlung, 1737. [16] + 864 + 272 + [28] S. [Im folgenden: SECKENDORFF, Fürstenstaat]. - Zu *Seckendorff* vgl. STOLLEIS, MICHAEL: Veit Ludwig von Seckendorff. In: DERS. (Hg.): Staatsdenker im 17. und 18. Jahrhundert. Reichspublizistik, Politik, Naturrecht. 2., erweiterte Auflage. Frankfurt, Metzner, 1987. S. 148-171.

4 Vgl. dazu SCHILLING, Höfe und Allianzen, S. 136-140.

wird[5], so hat auch der Justizminister im Propheten Daniel, dem hohen Regierungsbeamten in babylonischen Diensten, ein biblisches Vorbild[6]. Bei aller Kenntnis der Gesetze und Rechte der verschiedenen Völker weiß er, "daß die Weißheit von GOtt kommen müste Land und Leute zu regieren / und daß die Justitz auff keine Weise recht *administriret* werden könne / wenn nicht GOttes Wort allezeit die Grund=Regel bleibe und Maaß und Ziel setze" (A2b). Voraussetzung für die Karriere des Justizministers war "nebst einem herblickenden hohen Verstand ... eine() wahre() Gottesfurcht / Treu und Verschwiegenheit" (A3a).
Nun gehen aber nicht nur die Männer an der Spitze des Staates dem Volk in christlicher Lebensführung vorbildlich voran. Gleiches wird auch von den Pfarrern und Lehrern verlangt: "Dieweil man auch wohl sahe / daß es eine Qvelle vieles Bösen sey / wenn man böse / oder doch unerfahrne Leute in Kirchen und Schulen bestellete / unter dem Vorwand / daß die Krafft des Worts Gottes nicht von dem Prediger *dependire*; so ward nunmehr keiner weder zum Prediger noch zum Schulmeister bestellet / an den man nicht die Kennzeichen klärlich außgedrucket fand / die Paulus erfordert in der I. Tim. 3. und Tit. I. Die jenigen aber / so schon bestellet waren / musten einscharffes [sic!] *Examen* oder *Visitation* über sich nehmen: und wenn man befand / daß sie sich selbst geweydet / und nicht die Heerde[7] / und in einigen herrschenden Lastern gelebet / so wurden sie ihrer Aembter entsetzet / und zur Busse für solche schwere Sünde / daß sie die Gemeinden biß dahero verwahrloset / angemahnet" (B3a). Diejenigen, die ihr Amt zwar "äusserlich verrichtet / aber nicht mit gnugsamen Ernst und Nachdruck als zu solchem wichtigen Werck gehöret", wurden "zwar in ihren Aembtern gelassen / doch wurde ihnen ein anderer an die Seite gesetzet / von dem sie lernen könten / wie sie im Hause Gottes solten wandeln / biß man rechte Früchte von ihnen sahe" (B3a). Sollten diese guten Früchte ihres Dienstes aber ausbleiben und man feststellen, "daß sie selbst nur heuchelten und sich nicht auffrichtig zu GOtt wendeten / so musten sie dennoch ihr Ambt fahren lassen / damit nicht umb ihrent willen einige Seelen verlohren würden" (B3a). Auch diese Sorge um das Seelenheil der Pfarrkinder und der Ernst, mit dem

5 "Fürst *Palingenius* hat seinen Erb-Printzen unter dieses Mannes Hand gegeben / gleich wie David den Salomo unter die Hand Nathans" (A2b) - Vgl. 2. Samuel 12, 25.

6 "Der andere Geheimbde Rath ist ein Mann von sehr aufrichtigem und treuen Gemüth gegen Gott und Menschen / und an Weißheit und Unsträfflichkeit ein rechter Daniel" (A2b).

7 Vgl. Hesekiel 34, 8.

die Amtsführung der Pfarrer geprüft wird, deuten auf eine pietistische Provenienz des Textes. Die treuen Diener des Wortes wurden gelobt und durften Vorschläge "zum besten ihrer Gemeinden" machen (B_{3a}). In diesem Zusammenhang steht die Forderung nach einer materiellen Absicherung des Pfarrers und des Lehrers an erster Stelle. Die Umsetzung dieses in die Zukunft weisenden Vorschlags wurde begleitet von Maßnahmen, die für Erleichterungen im sozialen Bereich und für mehr Gerechtigkeit sorgten: "Da wurden nun die Beicht-Pfennige und *Accidentia* der Prediger eben so wohl als die Gerichts Sporteln abgeschaffet / und wurden die Prediger und Schul=Bedienten mit so vieler Besoldung versehen / daß sie und ihre Kinder davon leben konten. Hatte einer eine starcke *Familie* / so wurde ihm desto reichlicher gegeben: damit er nicht zur Sorge der Nahrung und Versäumung seines Ambts versuchet würde."(B_{3b}) Der Nachsatz zu dieser fortschrittlichen Forderung nach ausreichendem Gehalt für Pastoren und Lehrer wirft ein Licht auf die rauhe Wirklichkeit des Landpfarrers am Ende des 17. Jahrhunderts: "Da [in *Eubulia*, T.B.] liesse man die Bauers=Leute das Feld arbeiten / und hieß die Prediger ihres Ambts warten." (B_{3b})
Auch Seckendorff hatte die Obrigkeiten schon gemahnt, ihr Augenmerk auf das Schulwesen zu richten und "nach tüchtigen leuten zu trachten, und ihnen gnugsames auskommen bey ihrem dienst zu verschaffen"[8]. Er kritisierte, daß den Schulen und den Lehrern von hohen und niederen Obrigkeiten kaum Beachtung geschenkt werde. "Es ist auch nichts verachteter als ein schulmann, daher es denn kömmet, daß die wenigsten mit hinlänglichen besoldungen versehen, wie ich denn deren angetroffen, die denen bauern das viehe gegen ein stück brod gehütet haben."[9]
Die Reform des Staatswesens muß jedoch - will sie durchgreifen und bleibenden Erfolg versprechen - von der Staatsspitze über die "Vermittlungsinstanzen" Pfarrer und Lehrer bis zum Volk durchdringen: "Weil man auch befand / daß der Müßigang [sic!] eine Qvelle aller Laster / Sünd und Schanden sey / insonderheit der Fleisches Lust / darinnen die meisten jungen Leute gefangen sind / und von ihrer Bekehrung zu GOtt abgehalten und immer in grössere wirckliche Sünden und Ubelthaten

8 SECKENDORFF, Fürstenstaat, S. 334.

9 Ebd., S. 335. - Seckendorff fährt fort: "Daher kömmt es auch, daß keiner zu schul=diensten sich bequemet, ohne der zu andern diensten nicht tüchtig ist, da doch umgekehrt zu den schulen die tüchtigsten leute solten genommen werden, in betracht dem gemeinen wesen so viel an rechter zubereitung der jugend gelegen ist."

hinein gestürtzet werden: so wurde das Faullentzen / Müßiggehen / Prassen und alle Uppigkeit so sehr / ja härter gestraffet als andere Laster." (B3b) Der Verdacht, daß es sich bei dem unbekannten Verfasser unserer Schrift um einen Pietisten hallescher Prägung handelt, erhält hier weitere Nahrung: Nicht nur seine Sprache verrät ihn ("Bekehrung zu Gott"), auch die scharfe Ächtung einer undisziplinierten Lebensführung geht über das hinaus, was die lutherische Orthodoxie gegen Ende des 17. Jahrhunderts zu diesem Thema sagte (wiewohl es auch innerhalb der Orthodoxie an Stimmen nicht gefehlt hat, die für eine Heiligung des Lebens eintraten). - Im *Verbesserten Fürsten=Staat* wurden alle "unehrliche(n) Mittel der Nahrung" abgeschafft: "Da waren keine Kartenmacher / keine *Comoedianten* / keine Gauckler / keine Seil=Täntzer / keine Glücks=Töpfer / keine Bierfiedler noch ander dergleichen unnützes Geschmeiß / daß das Volck zum Müßiggang und zur Sünde verführet." (B4a)[10] Auch der Sonntagsheiligung wurde ein hoher Stellenwert eingeräumt: "Die Sontage wurden nicht mit Wollust / sondern mit höchster Stille und nach dem Willen Gottes zugebracht: Daß man die Ruhe GOttes in den Seelen der Menschen[11] auch an ihren eusserlichen Wandel erkennen konte." (B4a) Sittenrichter (*Censores morum*) wachten "in allen Städten und Dörfern" über den tugendhaften Wandel der Leute, "also daß kaum etwas so heimlich vorgehen kunte / daß nicht den Predigern und der Obrigkeit angezeiget würde" (B4a). Auch wenn es sich bei den *Censoribus* um "wohl angesehene / alte und verständige Leute" handelt, ist uns dieses - an das Genf Calvins erinnernde - Institut zutiefst unsympathisch, bringt es doch ein Element der Überwachung und des Denunziantentums in den kleinen Staat und wirft so einen dunklen

10 Eine ähnliche Forderung findet sich schon 1633 in Johann Michael Dilherrs (1604-1669) *Zuchtbüchlein*; vgl. SCHMIDT, MARTIN: Pietismus. Stuttgart-Berlin-Köln-Mainz, Kohlhammer, [3]1983. S. 31 = Urban-Taschenbücher 145. - Eine andere Stoßrichtung - nämlich ins Ökonomische - hat Seckendorffs sonst ähnlichlautende Formulierung: "Insgemein müssen auch durch gute ordnung allerhand schädliche leute, welche mit anderer fleißiger unterthanen schaden und überlast sich nehren, oder das ihrige ihnen, und ihren nachkommen, zu schaden, schändlich verthun, abgeschaffet oder gestraffet, und zur besserung gehalten werden, als da sind, Spitzbuben und spieler, gauckler und narren=spiel=treiber, lügenhaffte, ungeschickte marck=schreyer und storger [= Landstreicher] muthwillige borger und bancorottirer, faullentzer und müßiggänger, starcke bettler und vaganten, gard=brüder, umlauffende müßige handwercker, etc. und was des lotterbübischen gesindes [sic!] mehr ist, so wohl auch verschwender, und thörichte haußhalter, denen man vormünder und verwalter ihrer güter setzen, oder sie sonst im zaum halten muß" (SECKENDORFF, Fürstenstaat, S. 226).

11 Vgl. Hebräer 4, 9 ff.

Schatten auf das friedliche und blühende Gemeinwesen. Dagegen fällt die Armenfürsorge im Fürstentum des Palingenius positiv ins Auge (B4a)[12]. Eine für unsere obrigkeits- und autoritätsfreundliche Schrift überraschende sozialkritische Spitze erhält der Text mit der nachfolgenden, an die Sozialkritik alttestamentlicher Propheten gemahnenden[13] - fettgedruckten - Wendung: "Zu vermehrung der Cammer=Intraden [-Einkünfte] hielte man für das allersicherste Mittel / daß man erst den Fluch davon abwendete / nemlich das Seuffzen der Armen und Elenden im Lande". Der Nachsatz versucht dieser Feststellung dann wieder etwas von ihrer kritischen Schärfe zu nehmen: "Daher es auch dieser löbliche Fürst nichts achtete / daß im Anfange fast alle seine Barschafften zu besserer Einrichtung des gantzen Landes erschöpffet wurden." (B4b) Es ist bemerkenswert, wie eine Formulierung August Hermann Franckes aus seinem in den ersten Jahren des 18. Jahrhunderts konzipierten sogenannten *Großen Aufsatz* bis in den Wortlaut hinein an die Passage im *Verbesserten Fürstenstaat* anklingt: "Es ist auch kein Zweiffel, je mehr die Menschen erkennen werden, daß die Lieblosigkeit und Verschließung des Hertzens gegen die Armen und elenden eine Hauptursache des Unsegens und Fluchs ist, und sich darinnen beßern, je mehr wird auch die Beßerung in allen übrigen Stücken nach der gnädigen Verheißung Gottes Esai. LVIII.7.8[14]. wachsen."[15] Die Aufmerksamkeit, die hier der Armenfürsorge gewidmet wird, kann allerdings nicht allein auf das Konto des halleschen Pietismus gebucht werden, auch wenn dessen Leistungen gerade auf diesem Gebiet zweifellos beeindrucken, war doch auch schon Luther selbst darauf bedacht, daß den Armen ein menschenwürdiges Dasein ermöglicht wird (vgl. seine *Vorrede zu: Ordnung eines gemeinen Kastens; Ratschlag, wie die geistlichen Güter zu handeln sind* von 1523[16]). Vielleicht eher noch als Luther könnte Andreas Karlstadt bei obiger Begründung einer staatlich geregelten Armenfürsorge Pate gestanden haben. In seiner Schrift *Von abtuhung*

12 Dazu mehr im Abschnitt *Die politische und soziale Verfassung*.

13 Vgl. etwa Jeremias 22, 16 oder Amos 8, 4 ff.; vgl. auch Psalm 12, 6.

14 ". . . brich dem Hungrigen dein Brot, und die, so im Elend sind, führe ins Haus; so du einen nackt siehst, so kleide ihn, und entzieh dich nicht von deinem Fleisch. Alsdann wird dein Licht hervorbrechen wie die Morgenröte, und deine Besserung wird schnell wachsen, und deine Gerechtigkeit wird vor dir her gehen, und die Herrlichkeit des Herrn wird dich zu sich nehmen." Wenn nicht anders angegeben, wird nach der 1956 (NT)/1964 (AT) revidierten Luther-Übersetzung zitiert.

15 FRANCKE, Großer Aufsatz, S. 127.

16 WA, Bd. 12, S. 11-15.

der Bylder / Und das keyn Betdler vnther den Christen seyn soll von 1522 schreibt Karlstadt, daß "betler ein gewisse antzeig seind / das keyne Christen / oder wenig / vnd vertzachte Christen / in der statt seind / in welcher betler gesehen werden" und beruft sich dann auf das Mosaische Gesetz (wobei er die Stelle, die er anführt, 5. Mose 15, 4 f., signifikant anders übersetzt als Luther[17]): "Keyn betler sol tzwischen euch sein / auff das dich der herre / dein got / gebenedey in der erden / die er dir wurd geben / tzu eyner besitzung."[18]
Für die gesamte Prägung unserer Schrift, in der immer wieder auf Bibelstellen angespielt wird, ist charakteristisch, daß ein für den Autor gleichsam programmatischer Bibelvers den fulminanten Schlußpunkt setzt: "Psalm 81[,14-17]. Wolte mein Volck mir gehorsam seyn / und Israel auf meinem Wege gehen: So wolte ich ihre Feinde bald dämpfen und meine Hand über ihre Wiederwärtige wenden. Und die den HErrn hassen / müssen an Ihm fehlen: Ihre Zeit aber würde ewiglich währen. Und ich würde sie mit den besten Weitzen speisen / und mit Honig aus dem Felsen sättigen."

Bildung und Wissenschaft

Auch wenn dem Bildungswesen in der kleinen Herrschaft des Palingenius große Aufmerksamkeit geschenkt wird, zeigt doch das Beispiel des "Ministers für Kirchen- und Schulsachen", daß die Gelehrsamkeit nur im Zusammenhang mit rechter Frömmigkeit ihren Wert hat: "Seine Gelehrsamkeit bestehet nicht in allerley weitschweiffigen Fragen / die zu nichts dienen / als unnützliche Zänckereyen anzurichten" - eine deutliche Spitze gegen die streitlustige Orthodoxie[19] - "sondern Er ist ein rechter Gottesgelehrter Mann / der von Jugend auf in allem dem gründlich unterrichtet ist / was denen Menschen sonderlich zu ihrem

17 In Luthers Übersetzung heißt es: "ES sol aller dinge kein Bettler vnter euch sein, *Denn* der HERR wird dich segenen im lande, das dir der HERR dein Gott geben wird zum Erbe ein zu nemen" [Hervorhebung von mir, T. B.] (WA Deutsche Bibel 8, S. 607). Während bei Karlstadt durch den Konsekutivsatz mit *auf daß* der Segen als Folge der Abschaffung der Bettelei erscheint, ergibt Luthers Übersetzung mit einer kausalen Konjunktion den entgegengesetzten Sinn: *weil* Gott segnet, sollen keine Bettler mehr unter euch sein.

18 KARLSTADT, ANDREAS: Von abtuhung der Bylder / Vnd das keyn Betdler vnther den Christen seyn soll. In: Deutsche Flugschriften zur Reformation (1520-1525). Hrsg. von Karl Simon. Stuttgart, Reclam, 1980. S. 267 und 269.

19 Vgl. 1. Tim. 1, 4.

Seelen=Heyl und dann auch zu ihrer leiblichen Wohlfahrt in dieser Welt dienen kan; ja Er achtet alles / was nicht hierauf zielet / nicht einmahl wehrt des Nahmens einer Wissenschafft oder Gelehrsamkeit." (A2b)[20] Die Bildung dieses Ministers ist auch keine bloße Büchergelehrsamkeit, sondern vereint Lebenserfahrung mit von Gott erbetener Weisheit.[21] Schließlich gehört dieser Minister zu den wahrhaft Weisen, die sich etwas sagen lassen[22]: Als "demüthiger Mann" habe er "niemahls durch seine Gaben und Gelehrsamkeit alles auszurichten vermeynet / noch andere Gaben neben sich verachtet: sondern sich nicht geschämet / auch von dem Kleinesten und Geringsten zu lernen / ja er trachtet noch immer darnach / wie er eines jeden Gaben zu Hülffe nehmen / und zum gemeinen Nutz anwenden könne" (A2b). Zur Abwertung der Büchergelehrsamkeit paßt die Kritik am herkömmlichen Universitätsbetrieb, den der Wirtschafts- und Finanzminister während seiner Bildungsreise durch "frembde Länder" kennenlernt: "Die Universitäts=Gelehrten waren ihm am allerwenigsten Nutze auff solcher Reise: als welche zu guter Haußhaltung fast gantz und gar verdorben waren / selbst ihr Geld da unnütz verthan / und nichts gelernet hatten / was ihnen zum gemeinen Leben hätte nützlich seyn können. Einige unter ihnen beklagten sich selbst darüber / daß sie auff Universitäten Fechten und Tantzen gelernet / damit sie nun weder Gott noch Menschen dienen könten / hingegen hätte ihnen solches Anlaß zu schweren Sünden gegeben." (A4a) Wenn sie noch einmal studieren könnten, würden sie alles anders machen; besonders "bedauerten sie / daß sie nicht zum besten ihrer Seelen mit Ernst aufs Wort Gottes gewiesen / und zu Behuff ihrer leiblichen Nothdurfft nicht zur *Oeconomie* angeführet worden; daß sie also die Universitäten bald umb Leibes= und Seelen=Wohlfarth gebracht / wenn sie nicht GOtt nach seiner unendlichen Barmhertzigkeit noch erhalten hätte" (A4af.). Diese Universitätskritik erinnert an Speners entsprechende Passage in seinen

20 Mit dieser Definition der wahren Gelehrsamkeit schafft der anonyme Autor dieser Utopie nichts Neues. Schon Philipp Jacob Spener hatte in seinen *Pia Desideria* 1675 ganz ähnlich argumentiert und dafür weitere Kronzeugen angeführt (Vgl. PHILIPP JACOB SPENER: Pia Desideria. Hrsg. von KURT ALAND. 3., durchgesehene Aufl. Berlin, de Gruyter, 1964 [2. Nachdruck 1982]. S. 23 ff.

21 "Er hat auch seine Gelehrsamkeit nicht allein aus Büchern gefasset; sondern Er hat vielmehr durch Gebet solche grosse Weißheit von GOtt erlanget / und hat sich von Jugend auff gewehnet alles / was Er gelernet / gleich zu *appliciren* und in die Ubung zu bringen: Daher ihm die eigene Ubung und Erfahrung mehr an die Hand gegeben / als alle Bücher hetten thun können" (A2b).

22 Vgl. Jakobus 3, 17.

Pia Desideria von 1675: "Solle man aber dergleichen tüchtige Personen zu dem Kirchendienst beruffen / so muß man auch solche haben / und daher in den Schulen und auff *Universitäten* erziehen. Ach GOTT gebe gnädiglich / daß alles hierzu gehöriges auff *Universitäten* fleissig von den *Professoribus Theologiae* beobachtet werde / und sie darvor sorgen helffen / wie daß ... von ... vielen gottseligen Hertzen wehemüthig beklagtes und meistens bey aller *Facultäten Studiosis* übliche unchristliche Academische leben mit nachtrücklichen mitlen abgeschafft / und gebessert würde / daß die Academien / wie es billich seyn solte / auch recht als Pflantzgärten der Kirche in allen Ständen und Werckstätte deß Heiligen Geistes / nicht aber deß weltgeistes / ja ehrgeitz=sauff=balge=zanckteuffels zu seyn an dem äusserlichen leben der *Studiosorum* erkant möchten werden ..."[23].
Als eine "Qvelle der Sünden und aller Laster" wird "die böse Aufferziehung" der Jugend erkannt (B2b)[24]. Deshalb muß, um das Übel an der Wurzel zu packen, die Staatsreform mit einer Reform der Erziehung und des Bildungswesens beginnen. Eine zu diesem Behufe gebildete und mit weitreichenden Vollmachten ausgestattete Kommission aus "Gottfürchtige(n) / verständige(n) und geschickte(n) Männer(n)" soll auf Vorschlag der Minister die Herrschaft bereisen, um "die Aufferziehung der Jugend auff einen solchen Fuß zusetzen / daß man daraus getreuere und bessere Unterthanen erwarten könte"; mit dieser Perspektive ist es verständlich, daß Fürst Palingenius diesen "getreuen Rath ... unsäumig zu Werck richtete" (B2b). Schon nach einem Jahr zeigt sich der Erfolg, dergestalt, "daß in allen seinen Städten und Dörffern die Jugend mit grösserer Sorgfältigkeit erzogen zu werden angefangen wurde. Da wurden einige Häuser dazu theils eingeräumet / theils neu erbauet / in welchen die Kinder unter stetiger Auffsicht getreuer Vorsteher und Lehrer erzogen / und in allen guten und nützlichen Künsten und Wissenschafften unterrichtet wurden" (B2b). Ob es sich bei diesen Schulen um Ganztagesschulen oder regelrechte Internate handelt, geht aus diesen allgemein gehaltenen Bemerkungen nicht hervor. Vielleicht war die Tagesschule die Regel, denn mit Blick auf "böse und unverständige Leute / die ihre Kinder zu erziehen selbst nicht tüchtig waren", wird

23 SPENER, Pia Desideria, S. 67 f.

24 Auch Francke bezeichnet später in seinem *Großen Aufsatz* "die böse Aufferziehung der Jugend" als eine Quelle des Verderbens; FRANCKE, Großer Aufsatz, S. 76.

ausdrücklich erwähnt, daß deren "Kinder von ihnen genommen / und in der Furcht und Vermahnung zum Herrn[25] gezogen" wurden (B2b). Bemerkenswert ist, daß hier "kein Ansehen der Person" galt und "auch den Reichen und Vornehmen ... nicht vergönnet [war,] ihre Kinder nach eigenem Gefallen zuverzärteln" (B2bf.). In den Schulen wurden die Kinder nach ihren Begabungen gefördert[26], unabhängig von ihrer Herkunft. Auf die Frage eines gegliederten Schulsystems, also Volksschulen als primäre Bildungseinrichtungen möglichst in jedem Ort der Herrschaft und Lateinschulen für die begabteren Schüler in den Hauptorten und Städten, wie es Seckendorff im *Teutschen Fürsten-Staat* beschreibt[27], geht der Verfasser in seinen allgemein gehaltenen Äußerungen nicht ein.

Auch im Fall der Erziehung tritt ein leitendes Prinzip der gesamten Schrift - der Gedanke des Vorbildes - hervor, gibt doch "der Fürst selber mit seinem Erb=Printzen das beste Exempel einer recht Christlichen Erziehung" (B3a).

Die Reform des Erziehungs- und Bildungswesens zeitigt einen wahrhaft durchschlagenden Erfolg. Man sah "in kurtzer Zeit / daß die Kinder besser in ihrem Christenthum gegründet waren als die Alten: und wenn die Alten Böses redeten oder thaten / so wurden sie von ihren Kindern bescheidentlich erinnert. Die Kinder so vorhin auff den Strassen allen Muthwillen und Boßheit verübeten / hörete man nun von Göttlichen Dingen reden / und sahe sie mit Lust und Freuden das Wort Gottes lesen." (B3a) Drückt sich in dieser Hoffnung ein naiver Zug unseres unbekannten Utopisten aus, so beweist er hinsichtlich der praktischen Voraussetzungen für eine gute Ausbildung der Jugend Klarsicht und Realitätssinn: Es sind fähige (und fromme) Lehrer zu berufen, und diese müssen ausreichend bezahlt werden (B3af.).

Die Frage nach dem theologischen Standort des anonymen Verfassers ist eindeutig dahingehend zu beantworten, daß wir es mit einem Menschen zu tun haben, der von einem ethisch orientierten und sozial verantwortungsbewußten Pietismus geprägt ist.

25 Vgl. Epheser 6, 4.

26 "Da [d. h. in den Schulen] wurde ein sonderlicher *Selectus ingeniorum* gehalten / und an einem jedem Kinde mit Fleiß *observi*ret / was GOtt und die Natur in ihme geleget; damit solches *excoli*ret [veredelt, gefördert] / und zum gemeinen Nutzen angewendet werden könte" (B2b).

27 SECKENDORFF, Fürstenstaat, S. 331 ff.

Die Frage der Toleranz

Die Frage der Toleranz stellt sich für den Utopisten nicht. Allenfalls kann die Ablehnung derjenigen Gelehrsamkeit, die nur "in allerley weitschweiffigen Fragen" besteht, "die zu nichts dienen / als unnützliche Zänckereyen anzurichten" (A_{2b}), - ebenso wie die Betonung der praktischen Frömmigkeit - darauf hindeuten, daß zumindest eine gewisse Meinungsfreiheit gewährleistet ist, auch wenn man sich den Rahmen dafür sicherlich nicht zu weit gesteckt denken darf.

Die politische und soziale Verfassung

In der Frage der Herrschaft bewegt sich unser Utopist ganz auf der Linie der christlich-patriarchalischen Fürstenherrschaft, wie sie Ernst der Fromme (1601-1675) in Sachsen-Gotha praktizierte und wie sie von seinem Geheimrat Veit Ludwig von Seckendorff (1626-1692) im *Teutschen Fürstenstaat* 1656 theoretisch formuliert worden war[28].
Fürst Palingenius ist ein wahrer Patriarch, ein fürsorglicher und verantwortungsbewußter Landesvater[29], der bedenkt, "daß ihm GOtt das Ambt eines Fürsten anvertrauet / dafür Er desto schwerer und schrecklicher Urtheil würde zuerwarten haben / wenn Er sich dessen nicht mit allem Ernst annähme / ja wenn Er muthwillig nur das geringste versäumete / da er einem einigen von seinen Unterthanen besser auffhelffen konte" (B_{1b}). Deshalb läßt er auch nicht nur "seine Bedienten schalten und walten", um ihnen bloß blind zu folgen, "wie es bey manchen Fürsten also pfleget zu gehen", sondern besucht vielmehr in höchsteigener Person sämtliche *Collegia*, um selbst "des Landes Nothdurfft" zu *ponderiren*, also recht einzuschätzen und zu beurteilen (B_{1b}). Das ganze Streben des Fürsten und seiner drei getreuen Räte war darauf gerichtet, "das Land in ein besseres Auffnehmen zu bringen" (B_{2a}). Der Tagesablauf des Fürsten war dreigeteilt: 8 Stunden waren der "Sorge für seine

28 Vgl. dazu SCHILLING, Höfe und Allianzen, S. 136-140 und FERTIG, LUDWIG: Obrigkeit und Schule. Die Schulreform unter Herzog Ernst dem Frommen (1601-1675) und die Erziehung zur Brauchbarkeit im Zeitalter des Absolutismus. Neuburgweier/Karlsruhe, G. Schindele, 1971. S. 18 ff.; zu Ernst dem Frommen auch SCHMIDT, Pietismus S. 29 f.

29 Da Palingenius "nicht allein Recht und Gerechtigkeit liebete / sondern auch fürnehmlich ein rechtes Vater=Hertz gegen die Unterthanen blicken liesse", freute sich "das Land / daß ihnen GOtt einen rechten Landes-Vater gegeben" (B_{1a}).

Seele" gewidmet, 8 Stunden pflog er der "nöthige(n) Erqvickung und Ruhe seines Leibes"; die übrigen 8 Stunden oblag er der "Sorge für seine Unterthanen" (B2a). Obwohl er durch seine tägliche Anwesenheit im "Geheimbden Raths *Collegio*, der Regierung und *Consistorio* und der Cammer" sehr in Beschlag genommen wurde, setzte er doch "auch täglich 2. Stunden aus / da ein jeder von seinen Unterthanen seine Noth Ihm selbst vorbringen möchte" (B2a). Auf diese Weise wurden "auch alle Unter=Bedienten in einer Furcht gehalten ... / niemanden Unrecht zu thun", da möglicherweise noch nicht alle "so beschaffen waren / daß sie aus Liebe zu GOtt / und umb ihres guten Gewissens Willen ihre Aembter treulich verwaltet hätten. Denn die Unterthanen hielten ihren Fürsten anders nicht als ihren Vater / und konten ohne alle Unkosten mit gar leichter Mühe zu ihrem Recht kommen" (B2a). Hier wird ein weiterer Grundzug des fürsorglichen Regiments dieses frommen Fürsten angesprochen, nämlich die Rechtsgleichheit. Rechtsgleichheit wird dadurch gewährleistet, daß das Recht wohlfeil gemacht wird: "Die Armen konten so leicht als die Reichen zu ihrem Recht gelangen / und an statt / daß in andern Ländern die *Advoca*ten umb ihres eigenen Gewinsts willen die Sachen auffhalten / daß des *Processi*rens kein Ende ist: so wurden da alle Sachen in der kürtze abgethan" (B2a). Die Gerichtsgebühren wurden abgeschafft (B3b). Da der Müßiggang als eine Wurzel allen Übels angesehen wurde, richtete man auf Anordnung des "Wirtschaftsministers" hin Arbeitshäuser ein, "darinnen Kleine und Grosse / Alte und Junge eine Arbeit finden konten / die sich für sie schickte" (B3b). Die Justizreform wurde flankiert von einer "Humanisierung des Strafvollzugs", die sowohl von christlichen Vorstellungen, als auch - und das vor allem - von ökonomischen Erwägungen motiviert war: "Auch wurden Zucht=Häuser zubereitet / in welchen nicht allein die Diebe verwahrlich gehalten und zur Arbeit angestrenget wurden: sondern es musten auch die jenigen wenigstens eine Zeitlang da hinein / die auff andere Weise von ihrem Müßiggang und Faulheit nicht abzubringen waren. Mann hielte es vor unverständig / daß man die bösen Leute aus einem Lande hinaus weisen / und einem andern Herrn in sein Land zuschicken / oder durch den Staupen=Schlag sie gar zu Strassen=Räubern machen wolte. Auch hielte man die *Constitutionem Carolinam* von Auffhängung der Diebe dem Worte Gottes nicht gemäß / sondern zu wieder zu seyn; Alle dergleichen Ubelthäter wurden ins Zucht=Hauß *condemni*ret / da sie nicht allein ferner keinen Schaden thun konten / sondern auch zum gemeinen Nutzen theils biß an ihr Ende / theils auff etliche Jahre nach dem Unterscheid ihres Verbrechens arbeiten musten." (B3b-4a) Zu den Delikten, die mit empfindlichen Zuchthausstrafen geahndet wurden, gehörten übrigens auch das "Vollsauffen" sowie "Geitz und Wucher", weil sowohl durch Verschwendung als auch durch "Geitzen der Mangel in einem Lande entstehet" (B4b). Die Einrichtung einer geregelten Armenfürsorge rundete das Reformwerk der "getreuen Minister" ab: "Keine Bettler wurden geduldet: Was noch gesunde Glieder hatte / muste arbeiten zum gemeinen Nutz. Für die übrigen Armen / Krancke / Gebrechliche und unvermögende Leute war auch hinlängliche Anstalt gemachet / und konte diese füglich von den Gesunden und Starcken mit ernehret werden. Die frembden gesunden Bettler musten entweder von ihren Grentzen bleiben / oder sich zur Arbeit beqvemen / dabey sie ihren Unterhalt finden kunten. In Summa / es durffte in der gantzen Herrschafft dieses löblichen Fürsten niemand über Armuth klagen / sondern ein jeder konte seine Nothdurfft haben / entweder von der Arbeit / oder von den Allmosen / die ihm gereichet wurden." (B4a)

Die politische Verfassung dieses utopischen Gemeinwesens ist also gekennzeichnet durch einen ausgeprägten patriarchalischen Absolutismus, der lediglich durch die aus christlicher Gesinnung herrührende Fürsorgepflicht des Fürsten gemildert wird. Fürst Palingenius ist allein Gott verantwortlich, nicht den Ständen, die es im kleinen Staat ohnehin nicht gibt, und schon gar nicht den "Untertanen". Ganz im Sinne des Absolutismus sind lediglich die vom Fürsten ausgesuchten und nur ihm verpflichteten Beamten, insbesondere die drei Minister, aus der Masse der Untertanen herausgehoben. Die Parallelen zu Seckendorffs *Teutschem Fürsten-Staat* und den Reformen Ernsts des Frommen in Sachsen-Gotha sind frappant. Sowohl die Justizreform als auch die Reform der Erziehung hat ihre realhistorische Entsprechung, ja die Ähnlichkeit erstreckt sich im Fall der exemplarischen Erziehung der Herzogssöhne bis ins Detail[30]. Vor allem den im Kern konservativen Reformansatz finden wir sowohl in unserer Utopie als auch bei Ernst dem Frommen: "Kernstück der ernestinischen Reformen war die Wiederherstellung einer staatlich-kirchlichen Sittenzucht, die das im [Dreißigjährigen, T.B.] Krieg zerrissene Band christlich-brüderlicher Verantwortlichkeit wieder knüpfen sollte, sowie eine allgemeine Reorganisation des Kirchen- und Schulwesens."[31]

30 SCHILLING, Höfe und Allianzen, S. 137 f.
31 Ebd., S. 136.

Die Wirtschaft

Wie die zwei anderen Geheimräte, die Minister für das Kirchen- und Erziehungswesen und für "Justitz=Sachen", kam auch der dritte Geheimrat durch seine beispielhafte Lebensführung und vorbildliche Ausübung seines Berufs zu seinem hohen Amt. Nachdem er "von seinen eigenen zeitlichen Güthern / die ihm Gott verliehen / das Lob von jederman davon getragen / daß er dieselben mit sonderbahrer Klugheit *administri*ret / und zwar also / daß seine Güther von Jahren zu Jahren mercklich *meliori*ret [vermehrt] worden / ohne daß sich jemand über einiges Unrecht oder unbillich=zugemutheten Bürde hätte beschwehren können", war der Fürst auf diesen Mann aufmerksam geworden, der, obwohl fachlich hochkompetent und erfolgreich, doch bescheiden geblieben war und die "Verbesserung seiner Güther keines weges seinem Witze und Verstande / daran es ihm doch nicht ermangelte / zuschriebe / sondern bloß und allein dem Seegen Gottes / den Er von Hertzen fürchtete" (A3b). Seine Gottesfurcht bewahrte ihn nicht nur vor Hochmut, sondern auch davor, seine Untergebenen auszubeuten: "Daher auch seine kluge Haußhaltung keines weges in Geitzen und Zusammenscharren (denn Er auch niemanden auf seine Güther Mangel leiden / geschweige gar Betteln gehen liesse) sondern vielmehr im rechten Gebrauch und kluger Anwendung der mancherley Güter und Gaben Gottes bestunde." (A3b) Palingenius hatte ein ganz besonderes "Gefallen an dieses damahls noch jungen Mannes kluger und von Gott gesegneter *Oeconomie*" gefunden und bewog ihn zu einer Studienreise in "frembde Länder", "damit Er auffs genaueste untersuchen möchte / wie das / was er in seinen Güthern so wohl *practici*ret / auch in gantzen Herrschafften angehen könte; nehmlich / daß ein Fürst so viel Vorrath an zeitlichen Gütern erlangen könte / als ihm zur Regierung / Erhaltung und Verbesserung des gemeinen Wesens nöthig wäre / ohne daß die Unterthanen die allergeringste Ursach hätten sich über einige *Onera* [Lasten] zu beklagen." (A3b) In den Ländern, die er bereiste, war gerade dies nur zu häufig der Fall: "... sonderlich aber dieses die gemeine Klage gewesen / daß wenn nur einer käme / der neue *invention* hätte Geld zu machen / er sich damit gleich bey dem Landes=Herrn *insinui*rete / so doch immer darauff hinaus lieffe / daß die Unterthanen nur mehr beschweret und gedrucket würden" (A4a). Dennoch besuchte er kein Land vergeblich, "sondern Er fand allenthalben etwas / daß ihm zu seinem Zweck dienlich war / wenigstens / wofür man sich zu hüten habe / wenn ein Land nicht

soll *ruini*ret noch zum Seufzen über Tyranney und Gewalt erwecket werden" (A4a). Geschickt verstand er es, sich mit den wirklichen Verhältnissen seines jeweiligen Aufenthaltsortes vertraut zu machen. Er ging dabei nach einer bestimmten, wohldurchdachten Strategie vor: "Er fuhre nicht gleichsam mit der Post nur durch die Länder durch: sondern er hielte sich an einem *Principal*=Ort / da man den *nervum rerum gerendarum* durch kluge *Consilia* zu *acquiri*ren und zuvermehren suchte / so lange auff / biß er seinen Zweck daselbst vermeynte ziemlich erreichet zu haben." (A4a) Seine Informanten suchte er unter "alten und verständigen Leuten / die ihm von vielen Veränderungen Nachricht geben kunten" (A4a). Erfahrung schätzte er weit höher ein als theoretisches Wissen. "Bey verständigen und Gottfürchtigen Kauffleuten / Handwerckern und Bauren fand er vielmehr zu seinem Zweck / als bey den allerberühmtesten Gelehrten: und weil ihm GOtt ein verständiges und demüthiges Hertz gegeben / so machte Er keinen Unterscheid mit wem er umgienge / und wuste einem jeden so geschicklich beyzukommen durch einfältige Fragen / daß er nach und nach alles erfuhr / was ihm von ihrem Wesen nützlich war; ja er schämete sich nicht zuweilen selbst die Hand mit ihnen anzulegen / u. sich ihnen behülffsam zuerzeigen / um seinen Zweck desto völliger zu erreichen." (A4b)
Was brachte der künftige Wirtschaftsminister mit, als ihn sein Fürst nach drei Jahren im Ausland wieder in die kleine Herrschaft im Land Eubulia zurückrief?
Er hatte die Grundlagen des Handels ("die Ordnung und richtige Bücher [, die] nechst dem Göttlichen Seegen bey dem Kauff=Handel das meiste *importi*ren") so gründlich studiert, daß er sie auch andere lehren konnte (A4b). Außerdem hatte er "alle vortheilhaffte *Machinen*, davon das gemeine Wesen einen Zugang hatte", besichtigt und "allerley Arth von Handwercksleuten" besucht; da er in seiner Jugend selbst "einen schönen Grund in der *Mathesi* und in der *Mechanie* nicht weniger als in andern nützlichen Wissenschafften" gelegt hatte, fiel es ihm nicht schwer, "das *fundament* von einem jeden bald zubegreiffen / und zu erkennen / ob durch dieses oder jenes des Fürsten *Palingenii* einiger Vortheil geschaffet werden könte" (A4b). Als besonders schädlich für das ganze "gemeine() Wesen" erkannte er "die *Monopolia*, Zünffte und Innungen"; dagegen fand er, "daß diejenigen *Republiquen* am besten *floriret*en / da man dem Recht der Natur und der Christlichen Liebe den Lauff liesse / daß ein jeder sich nähren möchte so gut er könte" (A4b-B1a). Mit dieser fortschrittlichen wirtschaftspolitischen Forderung bewegt sich unser

Utopist wieder im Fahrwasser Veit Ludwig von Seckendorffs, der nach seiner Reise in die Niederlande (1657) seine ursprüngliche Position eines Festhaltens an der statischen Stände- und Zunftordnung aufgegeben und in den Zusätzen zur 3. Auflage des *Teutschen Fürsten-Staats* 1664 für eine Abschaffung der Zünfte plädiert hatte[32]. Seckendorff führte die Anziehungskraft der Niederlande auf viele Bewohner angrenzender "und sonderlich auch teutsche(r) Landschafften" in erster Linie auf die Möglichkeit der freien Berufswahl, dann auf die vorbildliche Armenfürsorge und erst an dritter Stelle auf die Religionsfreiheit zurück: "Die vornehmste ursach, daß die leute hauffen=weise dahin kommen, achte ich diese, daß daselbst iedermänniglich, der gesund ist, jung und alt, täglich etwas verdienen kan, so wohl mit handwercken und künsten, als auch mit blosser hand=arbeit und tagelohn, und denn, daß warhafftig arme und kranke wohl versorgt werden ..."[33].
Wie auf anderen Gebieten zeigt sich der Autor unserer Schrift somit auch in seinen wirtschaftspolitischen Vorstellungen von Seckendorff abhängig. Der Einfluß erstreckt sich bis in die Wortwahl; so findet sich der Ausdruck *nervus rerum gerendarum* (s.o.) gleichermaßen im *Teutschen Fürsten-Staat*[34].
Mit der Rückkehr des Weitgereisten nach Eubulia, wo er gleich zum "Kammer= und *Comercien*-Rath" des Fürsten, nach kurzer Zeit dann zum Finanz- und Wirtschaftsminister avancierte, enden auch die Informationen zur Wirtschaftsauffassung unseres unbekannten Utopisten; er schließt seine Bemerkungen zu diesem Thema mit der lapidaren Feststellung ab, daß der Minister "vieles in ordentlichern und bessern Zustand setzete" (B_{1a}).

Das Verhältnis zur Aufklärung

Auch wenn sich partielle Übereinstimmungen mit aufklärerischen Forderungen ergeben, etwa im Fall der Volksbildung oder bei der Wirtschaftsauffassung, so überwiegt im Gesamteindruck doch deutlich die christliche Komponente in ihrer pietistischen Variante. Diese tritt etwa in der schroffen Ablehnung der Büchergelehrsamkeit hervor. Die "christlich-biblisch legitimierte, patriarchalisch-persönliche Herrschaft

33 SECKENDORFF, Fürstenstaat, Additiones, S. 215.

34 Ebd., Additiones, S. 182: "Denn der *nervus rerum gerendarum* ist und bleibet geld, und das geld kan ein Teutscher Fürst und Stand nicht beständiger erlangen, als aus vielen händen."

des Fürsten"[35], die auch Seckendorff propagiert, ist hier besonders ausgeprägt und gleichsam auf die Spitze getrieben.

Zusammenfassung

Ein Vergleich der *Beschreibung eines verbesserten Fürstenstaats* mit Johann Valentin Andreaes *Christianopolis* scheint nicht angemessen, zu groß ist der Unterschied zwischen beiden Schriften, allein schon was den Umfang, vor allem aber was die inhaltliche Substanz und die Fülle der behandelten Probleme angeht. Unser Text mutet eher wie eine nur notdürftig mit dem Gewand der Utopie bedeckte Reformschrift im Gefolge des *Teutschen Fürsten-Staats* Veit Ludwig von Seckendorffs an. Eine pietistisch modifizierte Kurzfassung dieses *Fürsten-Staats*[36], eine Utopie ohne echte utopische Substanz, kein Entwurf einer Gegenwelt, die bestehende Institutionen auch nur spielerisch in Frage stellte; zu nahe bleibt der anonyme Verfasser an den Gegebenheiten und Forderungen seiner Zeit, die am Ausgang des 17. Jahrhunderts offenbar immer noch ganz im Zeichen des Landesausbaus und der Wiederherstellung geordneter Verhältnisse - unter Wahrung der gegebenen politischen und sozialen Strukturen selbstverständlich - standen.

Es ist sicherlich kein Zufall (und illustriert den Unterschied zwischen *Christianopolis* und *Verbessertem Fürstenstaat*), daß Andreae die Polis zur sozio-politischen Grundlage seines Gegenentwurfs macht: die Stadt sowohl als Modell der idealen Gesellschaft als auch als Keimzelle für eine weiterreichende Reformbewegung; hingegen reicht die Vorstellungskraft des anonymen Verfassers nicht über den fürstlich regierten Territorialstaat hinaus, der lediglich durch Reformen *verbessert* werden kann.

An gedanklichen Übereinstimmungen mit Andreaes Utopie lassen sich festhalten: erstens das große Engagement für eine Bildung, zu der alle Zugang haben; zweitens die Bedeutung, die einem geheiligten Leben beigemessen wird, und, damit verbunden, die Vorbildlichkeit, die von Pfarrern und Lehrern verlangt wird.

35 SCHILLING, Höfe und Allianzen, S. 136.

36 Veit Ludwig von Seckendorff selbst war seit 1681 Spener freundschaftlich verbunden und wurde zu einem wichtigen Fürsprecher und Förderer des Pietismus in Brandenburg-Preußen: DEPPERMANN, Der hallische Pietismus, S. 67; 74 ff.

2. Die *Stadt Gottes* (1700): ein handschriftliches Dokument pietistischen Reformbemühens

a) Zur Enstehung der Schrift

Gab uns die *Beschreibung eines verbesserten Fürstenstaats durch drei getreue Ministros* schon Rätsel auf hinsichtlich des Verfassers und des Herkunftsorts, so haben wir es im folgenden mit einer geradezu geheimnisumwitterten Utopie zu tun: In der Handschriftensammlung der Forschungsbibliothek Gotha findet sich ein Schriftstück, das auf elf Seiten die Beschreibung einer idealen Gemeinschaft enthält, der "Stadt Gottes", die der verderbten Welt Mahnung zur Umkehr und Vorbild der Reform sein soll[37]. Titel und Verfassername fehlen. Nun befindet sich im gleichen Band unter der Überschrift *Registratura* eine Notiz von gleicher Hand[38], die zwar eine Anekdote zur Entstehung der Utopie erzählt, deren Informationen aber alles andere als erschöpfend sind, was die Person des Verfassers (oder der Verfasserin?[39]) betrifft. In Ermangelung anderer Aussagen zum Hintergrund des Autors und zur Entstehungsgeschichte bleibt uns jedoch nichts anderes übrig, als mit dem zu arbeiten, was wir haben, im Bewußtsein seiner ganzen Unzulänglichkeit und Fragwürdigkeit.

Nach dieser Aktennotiz begab sich in einer lauen Sommernacht (zwischen zwölf und ein Uhr) im August 1700 in Leipzig "mit einer gewißen Persohn ... in einer Wittwen Hauß" folgendes: "Da gedachte Persohn an ihren gewöhnlichen Schreib-Orth gestanden umb erwehnte Zeit und ihre damahls ihr beygefallene gute gedancken zu Papier gebracht", war plötzlich eine Biene "geflogen kommen und hat sich auff das Pappier gesetzet,... eine lange weile stille geseßen, und sich mit denen Beinlein hinterwerts über die Flügelgen gebutzet" und war schließlich wieder genauso spurlos verschwunden, wie sie gekommen war. Dieses unerwartete nächtliche Ereignis habe die Person, deren Namen wir nicht

37 Forschungsbibliothek Gotha, Chart. A 307, S. 93-103.

38 Ebd., S. 133-135.

39 Im Findbuch wird eine Witwe Vorsohn als Verfasserin angegeben. Dies geht jedoch auf einen Lesefehler zurück: Im ersten Satz unter der Überschrift "Registratura" ist von "einer gewißen Porsohn in Leipzig in einer Wittwen Hauß" die Rede (ebd., S. 133). Daraus ist nun offenbar die Witwe *Vorsohn* geworden. Ein Buchstabenvergleich (V-P) ergibt aber eindeutig, daß statt dessen *Persohn* (für *Porsohn*) gelesen werden muß. Es wird also lediglich geschlechtsneutral von einer Person gesprochen.

erfahren, auf den Gedanken gebracht, "daß dieses was sonderliches möchte zubedeuten haben": Ob sie nicht - wie die Biene "aus denen Blumen und *oleribus* das beste pflegte auszusaugen und damit einen lieblichen Honig zu *formi*ren" - "aus allen ihren Gedanken das beste herausnehmen solte"? Da sie gerade darüber nachgedacht habe, "wie es möglich wäre, daß noch die meiste lebendige Menschen Seelig werden könten", sei ihr die Idee mit der "Stadt Gottes" als einer Keimzelle dieses Unternehmens gekommen.

b) Analyse der Stadt Gottes

Wie beim *Verbesserten Fürstenstaat* fehlt auch bei dieser Utopie jede Rahmenhandlung. Die Schrift setzt ein, indem sie auf eine pauschale Diagnose der Zeitumstände ohne Umschweife das Mittel zur Abhilfe nennt: "... wird also niemand in Abrede seyn sondern frey bekennen müssen, daß denen bißherigen bösen Zeiten und unordentlichen Leben durch kein beßer Mittel abzuhelffen, als wenn man den ietzigen mit dem von Gott geordneten Stande wieder verwechselte" (S. 93). Der Anfang zu diesem gewaltigen Reformwerk soll "mit Anbauung einer Neuen Stadt" geschehen; die Beschreibung des Lebens in dieser Stadt nimmt fast den gesamten Raum ein (S. 93-98); daran schließt sich eine Zusammenstellung passender Bibelstellen aus dem Alten und Neuen Testament an (S. 99 f.); ans Ende seiner Schrift stellt der Autor eine Liste mit zwanzig Punkten, in der er zusammenfassend die Vorteile einer Rückkehr zum "ursprünglichen Zustand der Gesellschaft" nennt.
Die Stadt "hieße Gottes Stadt"[40] und "würde an einen beqvemen Orth, wo gute Felder, schöne Wälder, wo schöne Wiesen und gut Waßer anzutreffen", erbaut - nicht zu nahe "an andern Städten, damit die Inwohner von andern nicht leichtlich *incommodi*ret und verführet werden könten" (S. 93). Der Grundriß dieser Stadt bildete ein längliches, "nicht gar groß(es)" Oval (S. 93). Die Straßen sollten kreuzförmig angelegt werden, "die Kirche in dem Mittel des Kreutzes, rings herumb Pferde, Viehe und andre Ställe, Scheunen, Keller, Küchen" (S. 93). Die betont schlicht gebauten Häuser böten lediglich Raum für zwei "Stuben" und einen "Boden" (S. 93).

40 Vermutlich nach Psalm 46, 5.

Die - höchstens dreihundert - Einwohner dieser Stadt "wären von denen frömmesten Christen, sie möchten seyn reich oder arm außerlesen" (S. 95). Ihr Leben und ihre "Verrichtung" bestünde "in Gottgefälligen beten, in gottgefälligen arbeiten und in gottgefälligen liebhaben", wobei unter "gottgefälligem liebhaben" nach Exodus 22, 22 eine tätige Liebe gegenüber den Schwachen verstanden wird. (Die betreffende Stelle lautet in der Version des Verfassers: "Ihr solt die Wittben und Waysen und Frembdlinge liebhaben, ihnen Speiß und Kleider geben und euch fürchten für den Hern euren Gott.") (S. 95)

Die Religion der *Stadt Gottes*

"Die Religion in dieser Stadt wäre die reine *Evangeli*sche Lehre *quoad cultum internum et externum* auff das allerbeste eingerichtet" (S. 94). Zweimal täglich - morgens und nachmittags - wird "ordentlicher Gottesdienst" abgehalten (S. 94). Läßt diese hohe "Gottesdienstfrequenz" aus der historischen Distanz einer weitgehend säkularisierten Gesellschaft (in der schon der zweimal jährliche Gottesdienstbesuch längst keine Selbstverständlichkeit mehr ist) eine geistliche Überfütterung der Gemeinde befürchten, muß daran erinnert werden, daß Andreae in der Christianopolis dreimal (!) am Tag - morgens, mittags und abends - eine öffentliche "Betstunde" vorgesehen hatte.
Die gesamte Schrift durchweht ein Geist des Pragmatismus und der Disziplin: "Alles würde in dieser Stadt in bester Ordnung gehalten, ordentlich der Gottesdienst verrichtet, ordentlich gearbeitet und ordentlich geruhet."[41] Ganz in diesem Sinne sind auch die Predigten zu halten, in denen der Gemeinde die biblischen Wahrheiten gleichsam eingehämmert werden: "Die Predigten würden so verrichtet, daß der *Text* kürtzlich, klar und deutlich ausgeleget, der Nutzen und Vermahnung daraus gezogen, die Predigten kurtz wiederhohlet und die Zuhörer so dann *examini*ret würden, was sie aus dem gehörten Wort Gottes behalten" (S. 94). Dieses "Examen" der Gläubigen im Anschluß an die Predigt erinnert an ein ähnliches Vorgehen August Hermann Franckes in Glaucha, wo er im "Anschluß an die Sonntagnachmittagpredigt ... mit den Kindern ein Examen über das soeben Gehörte" abhielt, während die

41 Die Dreiheit Gottesdienst, Arbeit und Ruhe prägte auch den Tageslauf des Fürsten Palingenius.

Erwachsenen dieser Prüfung stumm beizuwohnen hatten[42]. Das Abendmahl sollte würdiger gefeiert werden, "und musten alle Zuhörer zu solcher Zeit, wie auch bey wehrenden Kirchengebeth auff den Knien liegen, es dürffte auch keiner, außer aus Noth vor gäntzlicher Schließung des Gottesdiensts aus der Kirchen gehen" (S. 94).
Das auffallendste Merkmal der *Stadt Gottes* ist die Allgegenwart der Religion: Die Einwohner sind aus den "frömmesten Christen" ausgewählt; die Stadt wird von der geistlichen Obrigkeit regiert, "welche Niemand als Gott den Allmächtigen *pro Superiore agnosci*rte" (S. 94); von den täglich zwei Gottesdiensten war eben die Rede (zu den Vorteilen der Einrichtung einer solchen "Stadt Gottes" wird ausdrücklich gezählt, daß man "weit mehr Zeit zum Gottes=Dienst anwenden [könnte] und weniger Zeit zu verrichtung nöthiger Arbeit" aufzuwenden hätte (14., S. 102)); selbst beim Essen "würde in der Bibel gelesen und in höchster Stille mit gehöriger *attention* gespeiset, nach Tische aber würde ein Dancklied angestimmet" (S. 95).

Bildung und Erziehung

Zur "gottgefälligen Arbeit" als einer der drei Säulen, auf denen das Leben in der *Stadt Gottes* gründet, zählt bemerkenswerterweise auch "Kinder zeugen, Kinder wartten" und "Kinder *informi*ren" (S. 95). Schon mit einem Jahr kämen die Kinder ins "Kinderhauß zur Aufferziehung", wobei "denen Eltern noch die Auffsicht vergönnet" wird (S. 97). Wie in Andreaes *Christianopolis* wird hier der Ordnung der Familie die Gemeinschaft aller übergeordnet, die die Erziehung der Kinder ab einer bestimmten Altersstufe übernimmt. (Allerdings ist in der *Stadt Gottes* das Alter der Kinder, die ins Kinderhaus gegeben werden, mit einem Jahr überraschend niedrig - in der *Christianopolis* kommen die Kinder mit sechs Jahren ins Internat.) Wenn die Kinder dann "recht reden könten, würden sie zur Schule gehalten und in absonderlichen Häußern aufferzogen, iede absonderlich, Knaben und Mägdlein" (S. 97). Die Schüler würden in kleinen Gruppen - "allezeit 12 Kinder hätten einen *Praeceptoren*" - von Lehrern unterrichtet, die "hierzu am tüchtigsten" (S. 97). Das Engagement für eine gute Erziehung werde sich auszahlen: Zu den Vorteilen der *Stadt Gottes* rechnet der Verfasser, daß die Jugend hier "beßer erzogen" würde, "daher auch ein beßer Alter zu hoffen"

42 DEPPERMANN, Der hallesche Pietismus, S. 76.

(S. 101). Wie alles in dieser Stadt ist auch die Bildung ganz auf das Praktische, unmittelbar Nützliche ausgerichtet, so daß es der Verfasser wenig weitblickend unter die Vorteile zählt, daß man die "Erlernung frembder Sprachen ... wie auch anderer *subtil*er Wißenschafften" entbehren könnte (13., S. 102).

Stellen wir uns nun die Frage nach dem theologischen Standort des Verfassers, so weisen verschiedene Indizien in den Umkreis des halleschen Pietismus. Da sind zunächst einige markante Züge der *Stadt Gottes* selbst, wie die Bedeutung, die der Fürsorge der Schwachen der Gesellschaft beigemessen wird, oder die lapidare Feststellung, daß die Geistlichen allen "Inwohnern mit einem unsträfflichen Leben und Wandel für[leuchten]" (S. 94). Noch aufschlußreicher sind jedoch die an die eigentliche Utopie angehängten Bibelstellen: Aus dem ersten Brief an die Korinther wird bezeichnenderweise die Stelle zitiert, wo Paulus vom Bauen auf den Grund, "der gelegt ist, welcher ist *Jesus Christus*", spricht (1. Kor. 3, 10-12). Natürlich fehlt auch hier nicht - ebensowenig wie im *Verbesserten Fürstenstaat* - der Hinweis auf den Segen, der den Gehorsam dem Gebot Gottes gegenüber belohnt[43]. Alle Zweifel an einer pietistischen Provenienz des Textes werden schließlich beseitigt, betrachtet man die Liste am Ende der *Stadt Gottes*, in der in zwanzig Punkten die Vorteile einer solchen Einrichtung zusammengefaßt werden. Besonders die Punkte 15-18 machen dies deutlich, indem sie eine Verbesserung der gegenwärtigen Zustände für möglich halten und damit der pietistischen Hoffnung besserer Zeiten (freilich etwas naiven) Ausdruck geben:

"15. Es würde die Zuerstangebaute Stadt Gottes denen Kindern Gottes als ein irdisches Paradieß vorkommen.

16. Es würde die gantze Welt endlich beystimmen und mit gleichen *Exempel* nachfolgen." (S. 102)

In Punkt 18 schließlich bricht sich eine radikale Weltfeindschaft Bahn, die so in der lutherischen Orthodoxie nicht gängig war: "Es würde alsdenn einem Einwohner der Stadt Gottes die ietzige Welt als ein Abgrund aller Laster, ja gar als die Hölle selbst vorkommen." (S. 102 f.)

43 Wird im *Verbesserten Fürstenstaat* auf ein Psalmwort verwiesen (Ps. 81, 14-17), so zitiert der Verfasser der *Stadt Gottes* das 5. Buch Moses (28, 1 ff.).

Die Frage der Toleranz

Die Frage der Toleranz stellt sich nicht in dieser Utopie, weil alle Einwohner der "Stadt Gottes" überzeugte Anhänger der "reinen Evangelischen Lehre" sind. Läßt dies einerseits darauf schließen, daß dem Verfasser das Problembewußtsein für das Thema Glaubens- und Gewissensfreiheit fehlt, so spricht andererseits die Tatsache, daß die Lebensführung der Einwohner durch *Inspectores* überwacht wird und die Bürger zur Denunziation regelrecht verpflichtet sind ("müste ein Nachtbar [sic!] des andern *Excese* anzeigen" (S. 98)), nicht für ein Klima der Toleranz und Freiheit in der Stadt.

Die soziale und politische Verfassung

Bei der politischen Verfassung der "Stadt Gottes" handelt es sich um eine - gleichsam hierokratisch vermittelte - Theokratie: "An diesen Orth erkennte man keine andre als die geistliche Obrigkeit, welche Niemand als Gott den Allmächtigen *pro Superiore agnosci*rte" (S. 94). Diese geistliche Obrigkeit repräsentiert "gleichsam Gottes Persohn" (S. 98). Wie die Regierung funktioniert, wird nicht gesagt. Bis auf die durch ihre Funktion herausgehobene geistliche Obrigkeit gibt es in der "Stadt Gottes" keinen "Unterscheid der Persohnen" (S. 98).
Obwohl die Einwohner sich aus den "frömmesten Christen" rekrutieren, "würde auch an dieser Stadt ein Zuchthauß erbauet, welches vor die Ungehorsamen, Gottlosen und Faulen diente, wenn sich welche unter denen Inwohnern finden solten und hielte dieses Hauß alle Inwohner in der Furcht" (S. 97). Selbstverständlich ist in der "Stadt Gottes" "alles schlagen, balgen und zancken" verboten; deutlich pietistischen Einschlag hat die auf neutestamentliche Stellen (Matthäus 12, 36; Epheser 4, 29 und 5, 4) zurückgehende Forderung, sich alles überflüssigen oder gar schlechten Redens zu enthalten: In dieser Stadt würde "nichts mehr geredet, als was zur Nothdurfft und Erbauung diente" (S. 98)[44]. Ansonsten herrscht auch im Bereich der Justiz das allem Überflüssigen weh-

44 WOLFGANG MARTENS weist im Zusammenhang mit der Ablehnung der schönen Literatur durch den halleschen Pietismus auf das Argument des Zeitauskaufens und des Vermeidens unnützer Worte hin: MARTENS, WOLFGANG: Hallescher Pietismus und schöne Literatur. In: DERS.: Literatur und Frömmigkeit in der Zeit der frühen Aufklärung. Tübingen, Niemeyer, 1989. S. 87. - Vgl. zum "rechte(n) Gebrauch der Zeit" auch: DEPPERMANN, Der hallesche Pietismus, S. 93 f.

rende Prinzip der Nützlichkeit: "Was sonst vor *Leges* und *Statuta* in dieser Stadt nöthig, wurden solche auff das kürtzeste und deutlichste abgefaßet." (S. 98) Von der Institution der *Inspektoren* war schon die Rede: "In dieser Stadt gäbe es auch allerhand *Inspectores*, welche alles in guter Ordnung halten musten, unter selbigen auch Gaßen *Inspectores*" (S. 98). Die Inspektoren bilden jedoch keinen eigenen Stand innerhalb der Stadt. Ihre Ämter sind übertragbar und würden überhaupt "mehr vor *onera* als *dignitaten* gehalten" (S. 98).

Das Gesundheitswesen hat in der *Stadt Gottes* einen hohen Stellenwert, gehört doch die Krankenpflege zu den Gott wohlgefälligen Arbeiten. Zu dem Gebäudekomplex, der die Schulen beherbergt, gehört auch ein Krankenhaus, "darinnen die Krancken rechte nöthige Verpflegung hätten, worbey ein sonderlicher Arzt und Wundarzt bestellet" (S. 97). Wöchnerinnen hätten "durch gewiße darzu bestelte Persohnen ihre Warttung" und würden von der Gemeinschaft mit allem Notwendigen versorgt (S. 96).

Wirtschaft

Unsere Utopie ist eine reine Agrargesellschaft. Viehzucht und Ackerbau bestimmen das Wirtschaftsleben; sie werden ergänzt durch die notwendigen Handwerke: "Felder, Wiesen, Gärtten und Wälder bestellen, Vieh ziehen, treschen, brauen, packen [= bakken], nöthige Kleidung verfertigen und was sonst zur Leibes Nahrung und Nothdurfft gehörte" zählt neben den schon erwähnten Tätigkeiten zur "gottgefälligen Arbeit" (S. 95). Das entscheidende Charakteristikum der Wirtschaft der *Stadt Gottes* ist das Fehlen von Privateigentum: "Was die *Sustentation* [Versorgung] anlangte, würden alle Inwohner *ex Communione* erhalten, man hätte auch alles Vermögen in *Communione*." (S. 95) Geld - das dem Autor als *Mater rixarum*, als Quelle allen Zanks gilt (S. 101) - ist als Zahlungsmittel aus der "Stadt Gottes" ebenso verbannt wie Gold- und Silberschätze: "Das Vermögen bestünde nicht in Gold und Silber, sondern in von Gott bescherten Früchten, was die Inwohner zu ihren Unterhalt nicht brauchten, gäben sie dem auswärtigen Armuth, was sie nicht Nothhalber auff Miß-Jahre *reservi*ren musten. Speiß und Tranck würde denen Inwohnern *ad mensuram* [abgemessen] dargereichet und würde alles überflüßige Eßen und Trincken abgeschaffet" (S. 95 f.).

Wie wir schon im Fall der Kindererziehung feststellen konnten, wird in dieser Utopie die Gemeinschaft aller Einwohner auf Kosten der Familie enorm aufgewertet. Von der Ehe ist nur im Zusammenhang mit dem Heiratsalter die Rede (es "würde einem ieden freygegeben sich nach dem 18ten. Jahre zuverehlichen", S. 95); die Erziehung der Kinder wird ab dem zweiten Lebensjahr von der Gemeinschaft übernommen; aber auch im Alltag spielt der Familienzusammenhang keine Rolle: Die Mahlzeiten würden von allen gemeinsam eingenommen, und zwar in Speiseräumen, "da die Manns Persohnen, Weibs Persohnen und Jugend absonderlich gespeiset würden" (S. 96). Zur Aufbewahrung und Verwaltung der Güter diente ein sogenanntes "*Communications*=Hauß"[45]. Die "Stadt Gottes" wäre frei von allen Abgaben "und würde vor ein Stifft geachtet" (S. 98). Sie sollte Ausgangspunkt sein für die Anlage verschiedener Kolonien, "welche besetzet würden so wohl von frembden frommen Persohnen, als auch aus der Stadt Gottes, so sich selbige vermehrte" (S. 98)[46].

Das Verhältnis zur Aufklärung

Es sind weniger einzelne Züge dieser Utopie - wie etwa der Stellenwert, der der "Sozialfürsorge" eingeräumt wird oder der Erziehung und Schulbildung -, die eine gewisse Nähe zur Aufklärung signalisieren; es ist vor allem der Geist des Pragmatismus, der die ganze Schrift durchzieht, der deutlich macht, daß hallescher Pietismus und Aufklärung partiell durchaus verwandte Züge tragen konnten[47].

Zusammenfassung

Wir haben als den hervorstechendsten Zug unseres Textes den Geist der Nützlichkeit namhaft gemacht. Der Utopist bringt es in der Schlüsselstelle seiner Schrift selbst auf den Punkt: "Alles würde in dieser Stadt in

45 "Das *Communications*-Hauß wäre darzu [da], daß alle Früchte und Einkommen darinnen *colligi*ret und die Inwohner der Stadt daraus nach Nothdurfft erhalten und versorget würden" (S. 96 f.).

46 Die Einwohnerzahl der "Stadt Gottes" ist auf 300 begrenzt (S. 95).

47 WOLFGANG MARTENS weist in seiner Studie "Hallescher Pietismus und schöne Literatur" auf die in beiden Geistesbewegungen zu findende "Zuwendung zu den Realien" hin, auf "Realitätsnähe und Wirklichkeitsbezug", wie sie sowohl im halleschen Pietismus als auch bei Männern wie Campe und Nicolai zu finden seien: "Der gesellschaftliche Nutzen, das Nüchtern-Ökonomisch-Praktische hat bei Nicolai Vorrang, das Zweckmäßige geht vor dem Leichten, Anmutigen, Spielerischen." - MARTENS, Hallescher Pietismus und schöne Literatur, S. 135 ff. (Zitat S. 138).

bester Ordnung gehalten, ordentlich der Gottesdienst verrichtet, ordentlich gearbeitet und geruhet." (S. 96) Ein geradezu "preußischer" Sachse, dieser Leipziger Verfasser!

Der pragmatische Zug weist zusammen mit der Forderung nach Einfachheit und Schlichtheit (Hausbau, Lebensführung) und dem Ausmaß, in dem die Religion das Leben in der *Stadt Gottes* prägt, auf eine Herkunft der Schrift aus dem Umkreis des halleschen Pietismus hin.

Die utopische Substanz dieser kurzen Schrift ist beachtlich. Anders als der Verfasser des *Verbesserten Fürstenstaats* spekuliert der anonyme Autor der *Stadt Gottes* weit über die Wirklichkeit des zeitgenössischen Territorialstaates hinaus und entwirft ein Gemeinwesen, in dem das Gleichheitsprinzip sehr weitgehend durchgeführt ist. Mit der Durchbrechung der alten Ständeordnung und der Abschaffung des Privateigentums - zwei klassischen utopischen Forderungen - hebt sich die *Stadt Gottes* deutlich vom *Verbesserten Fürstenstaat* ab; sie steht hierin der *Christianopolis* Andreaes inhaltlich weit näher.

Zum Schluß allerdings muß den Verfasser doch noch die Angst vor der eigenen Courage, sprich: vor dem kühnen utopischen Entwurf gepackt haben. In seiner Liste am Ende der Schrift, in der er zwanzig Vorteile der "Rückkehr zum ursprünglichen, von Gott geschaffenen Zustand" - nichts anderes stellt für ihn die "Stadt Gottes" dar - aufzählt, taucht unvermutet die Gestalt des sich bisher völlig außerhalb des Horizonts befindenden Landesherrn auf, als sei der Utopist plötzlich selbst erschrocken über seinen egalitären Gesellschaftsentwurf, in der ein weltlicher Landesfürst keinen Platz hatte. Der Versuch, den kühnen Ausgriff mit der Realität zu versöhnen, fällt jedoch reichlich widersprüchlich und alles andere als überzeugend aus (S. 101):

"6. Es möchte ... der Landes Herr von Landes Güthern zu seiner Verpflegung ausziehen, so viel nöthig und so viel er wolte.

7. Es würde derselbige dennoch als ein Landes Herr geehret und geliebet -

8. Könte so dann in gröster Vergnügung leben und Gott rechtschaffen dienen" - als Privatier?

Ungeachtet dieser Ungereimtheiten setzt diese handschriftliche Utopie einen reizvollen Akzent in unserer Utopiensammlung aus dem Umkreis des halleschen Pietismus.

3. Ein hallescher Pietist auf dem Meer der Phantasie: Philipp Balthasar Sinold von Schütz findet *Die glückseeligste Insul auf der gantzen Welt* (1723)

a) Zum Verfasser[1]

Philipp Balthasar Sinold genannt von Schütz entstammte einem zwar alten und angesehenen[2], aber offenbar nicht sehr mächtigen Adelsgeschlecht. Als Philipp 1657 auf Schloß Königsberg bei Gießen in der Landgrafschaft Hessen-Darmstadt zur Welt kam, war sein Vater hessischer Oberamtmann. Auch der junge Sinold sollte sich später in fürstliche Dienste begeben. Zuvor jedoch besuchte er das Gymnasium in Weißenfels, an dem der gleichermaßen als Literat und als Schulmann bedeutende Christian Weise seit 1670 als Professor für Poesie und Beredsamkeit wirkte[3], und anschließend die Universität zu Jena, wo er die Rechte studierte[4]. Schon in der Ausbildung wurde Sinold somit nicht nur auf seine spätere berufliche Tätigkeit im Fürstendienst vorbereitet (Jurastudium), sondern machte auch die Bekanntschaft mit berühmten Literaten und erfuhr auf diese Weise Anregungen für seine spätere schriftstellerische Tätigkeit (Weißenfels).

Nach einem Aufenthalt in Italien, wo er u.a. fast zwei Jahre im Heer des Herzogs von Toskana diente, betätigte sich Sinold zunächst in Leipzig und anderen mitteldeutschen Städten als Publizist[5]. Die Zeitschrift *Die europäische Fama* (1704), "in der er die Politik vom christlichen Standpunkte aus beleuchtete"[6], und das *Reale Staatszeitungs- und Conversationslexikon* (1704), "das die Begriffe erläuterte, die in politisch informierenden Zeitschriften verwendet wurden"[7], sind Früchte dieser Tätigkeit.

Das Jahr 1704, in dem diese beiden Werke erschienen, markiert in Sinolds Leben einen wichtigen Einschnitt: Er gibt seine Freiheit als

1 Das Folgende fußt im wesentlichen auf: BRÜMMER, FRANZ [Artikel] Sinold: Philipp Balthasar S. gen. v. Schütz. In: ADB, Bd. 34 (1982), S. 400 f. und STOCKINGER, Ficta Respublica, S. 186-193.

2 BRÜMMER, Sinold, S. 400.

3 NEWALD, RICHARD: Die deutsche Literatur vom Späthumanismus zur Empfindsamkeit 1570-1750. Unveränderter Nachdruck der 6., verb. Aufl. München, Beck, 1975. S. 394. = Geschichte der deutschen Literatur von den Anfängen bis zur Gegenwart 5.

4 BRÜMMER, Sinold, S. 400.

5 Ebd. und STOCKINGER, Ficta Respublica, S. 187.

6 BRÜMMER, Sinold, S. 400.

7 STOCKINGER, Ficta Respublica, S. 190 f.

"Privatgelehrter" (BRÜMMER) auf und tritt in fürstliche Dienste. War er zunächst "mit dem Titel eines Raths nach Köstritz berufen worden", wo er "als Haushofmeister des jungen Grafen von Reuß-Köstritz und als Lehendirector für sämmtliche reußische Lande" amtete, so trat er schon ein Jahr später, 1705, "als Hofmeister in die Dienste der verwittweten Herzogin von Sachsen-Merseburg zu Forst in der Lausitz"[8]. Weitere Stationen in Sinolds Beamtenkarriere waren die "Stelle als Regierungsrath bei dem Herzoge Karl von Württemberg-Oels zu Bernstadt in Schlesien", die er von 1711 bis 1718 bekleidete, Geheimrat des Grafen von Hohenlohe-Pfedelbach und Präsident "aller seiner Collegien" (1718-1727), schließlich "gräflich Solms'scher Geheimrath" in Laubach von 1727 bis zu seinem Tode 1742[9].
Die berufliche Neuorientierung seit 1704 bedeutete jedoch nicht, daß Sinold nun seinen schriftstellerischen Neigungen nicht mehr nachgegangen wäre. Im Gegenteil: In seiner zweiten Lebenshälfte erschienen seine wichtigsten Werke. Dabei bediente sich Sinold der verschiedensten Pseudonyme: Als *Irenicus Ehrencron* veröffentlichte er 1715 eine *Schlesische Kirchenhistorie*; seine zahlreichen erbaulichen Schriften publizierte er unter dem Namen *Amadeus Creutzberg*[10]; schließlich schrieb er als *Ludwig Ernst von Faramund* Satiren, in denen er "die zeitgenössischen Verhältnisse in den kirchlichen Gemeinden, im gesellschaftlichen Leben und in der Politik der absolutistischen Staaten einer scharfen Kritik" unterzog[11]. Auch seine Utopie *Die glückseeligste Insul auf der ganzen Welt* erschien in der zweiten Auflage (1728) unter diesem Namen (die Erstausgabe 1723 trug den Verfassernamen *Constantin von Wahrenberg*[12]). *Faramund* war im übrigen auch Sinolds Bundesname als Mitglied der "Fruchtbringenden Gesellschaft"[13].
Person und Werk Sinolds sind geprägt von seiner Begegnung mit dem halleschen Pietismus. Nicht zuletzt durch seine Tätigkeit an Fürstenhöfen, die unter starkem pietistischen Einfluß standen - wie etwa der

8 BRÜMMER, Sinold, S. 400.
9 Ebd.
10 Ebd. - Unter den Schriften erbaulichen Charakters ragen die *Gottseligen Betrachtungen auf alle Tage des ganzen Jahrs* (1729) heraus, ein Werk, das Preußenkönig Friedrich Wilhelm I., dem "Pietisten auf dem Throne", als Andachtsbuch diente (ebd.).
11 STOCKINGER, Ficta Respublica, S. 193.
12 Ebd., S. 185.
13 BRÜMMER, Sinold, S. 400.
14 STOCKINGER, Ficta Respublica, S. 189.

Heinrichs XXIV. von Reuß-Köstritz -, war Sinold speziell mit Franckes Gedanken und Zielen eng vertraut[14].

b) Inhalt der Schrift[15]

Der Titel gibt einen ziemlich präzisen Eindruck davon, was Sinold in seiner Staatsutopie abhandelt:
Die glückseeligste Insul auf der gantzen Welt, oder Das Land der Zufriedenheit, Dessen Regierungs-Art / Beschaffenheit / Fruchtbarkeit / Sitten derer Einwohner, Religion, Kirchen-Verfassung und dergleichen, Samt der Gelegenheit, wie solches Land entdecket worden, ausführlich erzehlet wird ...
Der Verfasser schickt seiner Schrift eine Vorrede voraus, in der er sein Vorhaben rechtfertigt und ironisch mit dem Wahrheitsanspruch seiner Geschichte spielt[16]: "Ob du schon das **Land der Zufriedenheit**, in allen deinen sogenannten *Atlantibus* und Land=Charten=Büchern vergeblich suchen wirst, so folget doch keineswegs daraus, daß solches auch nirgends auf dem gantzen Erden=Creyse zu finden sey. Wir wissen genugsam was vor Mängel und Fehler in denen Land=Charten angetroffen werden, was noch bis auf gegenwärtige Stunde vor eine grosse Unwissenheit in der geographischen Wissenschafft regiere ... So mag denn nun obgedachtes Land bey denen jenigen, welche nicht darinnen gewesen seynd, so lange unter die ungewissen Dinge des in sehr enge Grentzen eingeschrenckten menschlichen Wissens gerechnet werden, bis man dermahleins, wenn es anders möglich, eine genaue *Revision* in allen vier Theilen der Welt angestellet, und folglich auch erforschet hat, ob das **Land der Zufriedenheit** unter der grossen Menge derer Insuln anzutreffen sey" (Vorrede, unpaginiert). - "Inzwischen hoffe ich nicht, daß es dich gereuen werde, diese wenige Bogen durchlesen zu haben, und woferne dir einige Dinge darinnen zweiffelhafftig oder unglaublich vorkommen, so laß dir dieses zu deinem Troste dienen, daß dich niemand zum Beyfall nöthiget, oder deinen hierüber gefasseten Zweiffel vor eine

14 STOCKINGER, Ficta Respublica, S. 189.

15 Textgrundlage ist der 1970 in Frankfurt publizierte Reprint der 1728 erschienenen Ausgabe. Diese zweite Auflage ist inhaltlich mit der 1723 veröffentlichten Erstausgabe identisch (STOCKINGER, Ficta Respublica, S. 185).

16 STOCKINGER hat schon darauf hingewiesen, daß Sinold hier einer gattungstypischen, auf Morus zurückgehenden Konvention folgt; freilich ist sein Spiel mit dem Leser wesentlich einfacher und durchsichtiger als das des Morus (STOKKINGER, Ficta Respublica, S. 197 ff.).

Ketzerey bey der jetzigen Ketzermacherischen Welt ausschreyen wird, so wenig als man es dir verargen kan, wenn du nicht alles gläubest was in denen gedruckten und geschriebenen Zeitungen stehet." (Ebd.)

Sinold hat die zwei Teile seines Werkes in Abschnitte von sehr unterschiedlicher Länge eingeteilt; der erste Teil umfaßt 84 Paragraphen, der zweite 63.

Bevor er mit der eigentlichen Geschichte beginnt, holt der Verfasser in einem historischen Exkurs weit aus und fängt an mit der Entdeckung und Eroberung Amerikas durch die Spanier, deren Vorgehen er mit scharfen Worten geißelt (§§ 1 und 2, S. 1-5): "Also giengen die Spanier unter Segel, mit dem herrlichen Vorwand, die Götzen in der neuen Welt zu zerstöhren, da doch besorglich ihr vornehmstes Absehen darinnen bestunde, wie sie ihren eigenen Abgott, als ihren grösten Favoriten, nemlich den Mammon, in den Americanischen Gold=Minen finden, und denselben mit sich nach Europa führen mögten." (§ 1, S. 2 f.) Bei einer solchen Einstellung habe natürlich auch jeder Bekehrungsversuch unglaubwürdig bleiben müssen: "Die Bekehrungs=Art in West=Indien ist so beschaffen gewesen, daß man sich derselben billich noch biß auf den heutigen Tag schämen muß. Man that gerade das Gegentheil desjenigen, was **Christus** gethan hatte. Dieser predigte von der Busse, ermahnete mit Sanfftmuth und Demuth zur Bekehrung und Veränderung des Sinnes, als worinnen die Busse eigentlich bestehet ... Die Spanier aber, welche doch vermeinen die Christlichste Christen zu seyn, kamen zu den armen nackenden Americanern mit Feuer und Schwerdt, und frageten wenig darnach, wie es um ihre Seelen, desto fleißiger aber, wie es um ihre Schätze stünde." (§ 2, S. 3 f.)

Nach diesem geschichtlichen Auftakt kommt der Erzähler auf sein eigentliches Thema zu sprechen: "Es seynd noch nicht viel Jahre verflossen, als eine gewisse Gesellschafft in Engelland sich vereinigte, ein Schiff auf ihre Kosten zu dem Ende auszurüsten, daß dasselbe seinen Lauff gegen West=Indien richten, und nicht ehe zuruck kommen solte, biß es etwas merckwürdiges endecket habe, welches allen bißherigen Schifffahrten [sic!] annoch verborgen blieben wäre." (§ 3, S. 5 f.) Zum Kapitän des wohlausgerüsteten Schiffes erwählte die Gesellschaft einen erfahrenen Seemann, "welcher nicht allein allbereit unterschiedliche Reisen nach Ost= und West=Indien gethan, sondern welcher auch mit sonderbarer Geschicklichkeit in allerhand Wissenschafften gezieret, und der wahren Gottesfurcht ergeben war" (§ 3, S. 6). Der Kapitän wird von seinen zwei besten Freunden begleitet, "welche GOtt, die Welt und sich selbsten wohl kenneten, und welche dannenhero wegen ihrer Klugheit, Gelehrsamkeit und Erfahrung fähig gewesen wären, als Staats=Minister einem gantzen Königreich die heilsamste Rathschläge zu geben, und dasselbe zu der grösten Glückseeligkeit befördern zu helffen" (§ 3, S. 6). Ein weiteres kleines Spiel mit dem Wahrheitsanspruch seiner Geschichte treibt der Erzähler, als er auf die Namen seiner drei Hauptpersonen zu sprechen kommt: "Ich habe sehr wichtige Ursachen, warum ich diese drey nicht mit ihren rechten Nahmen andeute; derowegen mag der Schiff=Capitain so lange *Nettuno*, die übrigen beiden aber *Rosalves* und *Clorimenes* heissen, biß sie nicht mehr *incognito* seyn wollen" (§ 3, S. 6).

Das erste Ziel, das die Reisegesellschaft auf seiner Entdeckungsfahrt ansteuerte, war jedoch nicht die Karibik, sondern die Salomoninsel *Santa Isabel* im West-Pazifik[17]. Hier ankerte man, "um sowol sich mit frischem Wasser zu versehen, als auch die Beschaffenheit dieser Eyländer zu erforschen" (§ 4, S. 8). Ein Gespräch, das der Kapitän mit einem alten weisen Insulaner führt, greift das eingangs angeschlagene Thema der Kritik an den Bekehrungsbemühungen der spanischen Schatzsucher noch einmal auf. Der Melanesier will von Christen und Europäern nichts wissen, ist sein Bild von ihnen doch ganz durch die Erfahrung seines Volkes mit spanischen Seefahrern bestimmt, "welche sich ... Christen genennet, auf diesen Insuln eingefunden [hatten], und welche die Einwohner, die ihnen doch die Zeit ihres Lebens nichts zu Leide gethan, grausamlich geschlagen, gemartert, getödtet, und ihnen alles das ihrige genommen" (§ 5, S. 8). Der Einwand, daß man das, was die Spanier damals verbrochen hätten, "nicht alle Europäer und Christen entgelten lassen" dürfe, denn schließlich würde ja unter "so vielen Millionen derselben ... verhoffentlich noch zum wenigsten ein kleines Häufflein guter und tugendhaffter Leute zu finden seyn", beeindruckt den Alten nicht sonderlich: "Woferne man eine Handvoll Gold=Körner unter allen Sand am Meer vermischete, wie woltet ihr es machen, denselben wiederum heraus zu bekommen, wenn man euch solches zumuthete?" (§ 5, S. 9)

Nach dieser deprimierenden Begegnung verließ Nettuno mit seiner Reisegesellschaft die Salomonen und segelte gen Norden, passierte den

17 Die geographischen Kenntnisse waren in der ersten Hälfte des 18. Jahrhunderts noch sehr lückenhaft, was den Pazifik betrifft (vgl. STOCKINGER, Ficta Respublica, S. 195 f.); offenbar konnte man die Salomonen zu Westindien schlagen, ohne Protest zu erregen.

Äquator und "wagete ... sich so weit gegen den *Polum Arcticum* (!), so weit es das Eys zulassen wolte" (§ 7, S. 11). In diesen nördlichen Breiten entdeckte er eine von hohen weißen Felsen umgebene Insel, auf die das Schiff von einem kräftigen Ost-Süd zugetrieben wurde, "wiewohl nicht ohne Sorge einer augenscheinlichen Gefahr, weil man eben dergleichen Felsen auch in der Tiefe des Meeres vermuthen muste, und solches um so viel destomehr, indem man merckete, daß die Tiefe immer weniger Faden austrug, bis das Schiff glücklicher Weise zwischen etzliche Felsen, zwischen welchen die Natur gleichsam einen Haven formiret hatte, und zwar mit einem sanfften Winde einlief, also daß er die Ancker um so viel desto bequemer werffen konte" (§ 8, S. 11 f.). Daraufhin ließ Nettuno ein Beiboot zu Wasser, um mit seinen beiden Freunden an das Ufer zu rudern. Sie sind überrascht, ein liebliches und sehr fruchtbares Land vorzufinden: "Die gantze Fläche sahe dem schönsten Lust=Garten gleich. Die Beete, darauf der beste Waitzen wuchs, waren alle einerley Breite und Länge, und überall so gerade, als ob sie mit der Schnur abgemessen worden wären. Zwischen jedem Beete stunden fruchtbare Bäume, nebst sehr hohen Weinstöcken: Oben und unten aber waren die Aecker mit einem Zaune verwahret, welcher aus figuren=weise und weitläufftig zusammen gebundenen Pfälen bestund; also daß man überall bequem durchsehen konte." (§ 9, S. 12) Die Berge, die die Insel umgeben, hielten nicht nur "die rauhen und schädlichen Winde" vom Innern der Insel ab, sie "verursachen auch in den heissesten Monaten eine sehr nützliche Kühlung, wodurch die hitzige Sonnen=Strahlen gemäsiget werden" (§ 9, S. 13). "Mit wenig Worten: Diese so sehr nördlich gelegene Insul" von der Größe Irlands "ist ein Wunderwerck der Natur, und man muß sie billig unter die glückseeligsten Gegenden des gantzen Erdencreyses rechnen" (§ 9, S. 13). "Die drey Reisegefehrten waren kaum einen Canonen-Schuß weit" ins Inselinnere gegangen, als sie auf einen ganz in Blau gewandeten Herrn trafen, der nach einem Augenblick der Überraschung gleich "munter und freudig auf sie los" ging (§ 10, S. 13 f.). Bei der Begrüßung bemerken sie, daß der Mann hebräisch spricht (denn auch sie sind dieser Sprache mächtig). Als er erfährt, daß die Fremden Christen sind, lädt er sie mit der ganzen Schiffsbesatzung ein, sich in der nahegelegenen Stadt, deren "Stadthalter" er ist, einzuquartieren. Nettuno, Rosalves und Clorimenes nimmt er zu sich in sein Haus, und hier erfahren sie, daß die Insel nach der Sintflut "von einigen derer Nachkommen Noä besetzet worden sey" (§ 14, S. 18 f.), die Hebräisch gesprochen hätten; danach habe es keinen

Kontakt mehr mit anderen Völkern gegeben. Wie das Evangelium die Insel erreicht habe, sei bei den Historikern umstritten. Die einen behaupteten, der Apostel Thomas, "als der Indianer Apostel", habe die Insulaner missioniert, andere meinten, es seien zwei von den siebzig Jüngern gewesen, die Christus ausgesandt habe[18].
In Gesprächen mit dem Statthalter, mit einem Pfarrer und schließlich sogar mit dem König, den sie in seiner Residenzstadt aufsuchen, lernen die drei Reisenden immer mehr vom Leben im *Lande der Zufriedenheit* kennen. Der größte Teil der Schrift besteht aus der Wiedergabe dieser Gespräche, von Gesprächen der Reisenden untereinander und von Reflexionen des Schiffskapitäns, in denen Bezüge zu den Zuständen in Europa hergestellt werden. Dazwischen geschoben finden sich immer wieder Kommentare des Erzählers.
Auf eine Eigentümlichkeit der Erzähltechnik Sinolds soll hier noch hingewiesen werden: LUDWIG STOCKINGER hat sehr schön herausgearbeitet, wie Sinold nicht nur die utopische Fiktion benutzt, um die Verhältnisse in Europa kritisch zu beleuchten, sondern daß er umgekehrt die Verhältnisse im *Lande der Zufriedenheit* dadurch beschreibt, daß er erzählt, was hier - im Unterschied zu Europa - alles n i c h t ist[19]. Zum Beispiel wird von den Handwerkern auf der "Glückseeligsten Insul" berichtet, daß es hier nicht vorkomme, daß "die Schneider zu einer Kleidung viel gefordert und genommen, wenig aber darzu angewendet, und nichts wieder gegeben; daß die Schuster geringes Leder zu den Schuen genommen, und dieselben liederlich genehet, damit sie desto geschwinder reissen, und man desto ehe wiederum neue nöthig haben mögte" usw. (S. 108)[20].

c) Analyse der Utopie Sinolds

Einflüsse

Das *Land der Zufriedenheit* steht in der durch die *Utopia* begründeten Tradition der neuzeitlichen Sozialutopien. Anklänge an das große gat-

18. Vgl. Lukas 10, 1.
19 STOCKINGER, Ficta Respublica, S. 212-217; STOCKINGER zeigt auf, wie Sinold sich bei der Anwendung der Methode der negativen Beschreibung gelegentlich auch in Widersprüche verwickelt (STOCKINGER, Ficta Respublica, S. 215 f.).
20 STOCKINGER, Ficta Respublica, S. 214.

tungskonstituierende Vorbild aus der Feder des englischen Humanisten finden sich in der Vorrede mit ihren Verschleierungsversuchen, aber auch in Einzelheiten des Aufbaus. Hatte Morus seinen Gewährsmann Raphael Hythlodeus den Entdeckungsreisenden Amerigo Vespucci begleiten lassen, so konzipiert Sinold die Seefahrt Nettunos und seiner Gefährten selbst als Entdeckungsreise[21].

Inhaltlich erweist sich das Werk als ganz vom halleschen Pietismus bestimmt, mit dem Sinold, wie sein Lebenslauf gezeigt hat, eng vertraut war.

Schon im historischen Exkurs über die spanischen Entdeckungs- und Eroberungsfahrten, den er seiner eigentlichen Geschichte vorausschickt, verrät die Sprache den Galiläer. In der Kritik an den vorgeblichen Bekehrungsversuchen der Spanier entwickelt er seinen Bekehrungsbegriff, der mit entsprechender pietistischer Terminologie korrespondiert: "Man that gerade das Gegentheil desjenigen, was **Christus** gethan hatte. Dieser predigte von der Busse, ermahnete mit Sanfftmuth und Demuth zur Bekehrung und Veränderung des Sinnes, als worinnen die Busse eigentlich bestehet ..." (§ 2, S. 3 f.).

Wir werden den theologischen Standort Sinolds genauer bestimmen können, wenn wir die Religion der Insulaner betrachten.

Der Glaube der "glückseeligsten Insulaner"

Nachdem gleich die erste Begegnung mit einem Inselbewohner zur nicht geringen Überraschung der drei Europäer gezeigt hat, daß sich die Insulaner zum Christentum bekennen, erhalten sie näheren Aufschluß über deren Glauben in einem längeren Gespräch mit dem ersten Geistlichen der Stadt, in der sie aufgenommen worden waren. Sie treffen den Geistlichen, der wie alle Pfarrer auf der Insel "Kirchen=Lehrer" genannt wird, mit dem Spaten in der Hand bei der Gartenarbeit an. Der Empfang ist sehr herzlich. Die "Ansprache" des Pfarrers "bestunde in keinen weitläufftigen, *affecti*rten und nach dem Mas=Stabe der weltlichen Rede=Kunst abgemessenen complimenten, sondern in einer Apostolischen Treuhertzigkeit und Einfalt; dergestallt daß es unsern Europäern nicht anders vorkam, als ob sie mit jemand aus der ersten Christlichen Kirche unter den heydnischen Kayser redeten" (S. 32). Als der Kirchenlehrer die drei Gefährten in seine Studierstube führt, staunen sie erst

21 Vgl. ebd., S. 274 f.

einmal über die Bibliothek: Sie besteht aus zwei (!) Büchern, "nemlich die Bibel altes und neues Testaments und eine Chronicke, welche von den Geschichten dieser Insul handelte" (S. 32 f.). Als sie verdutzt fragen, ob er noch ein separates Zimmer mit Büchern habe oder ob er "sich in seinem wichtigen Amte nur mit diesen wenigen behelffen könte" (S. 33), ist das Staunen auf der Seite des Pfarrers: "Wie ist es möglich, daß ihr als Christen dieses vor wenig halten könnet, was den Schatz der Weisheit GOttes und den völligen Rath von unserer Seligkeit in sich fasset?" (S. 33) Die Bibel ist die Grundlage des Glaubens und aller Theologie der Insulaner. Die Kirchenlehrer haben kein Monopol der Bibelauslegung, sondern sie sagen ihren "Kirchen=Kindern", "daß jedermann fähig sey, GOtt und seinen Willen aus seinem heiligen Worte zu erkennen, und daß [die] Kirchen=Lehrer nur allein Handleiter seynd, damit sie [d.h. die "Kirchen=Kinder", T.B.] desto leichter und bequemer auf dem Wege des Lebens wandeln können" (S. 34). Voraussetzung für eine fruchtbare Exegese ist allerdings, daß sich die Menschen "mit einfältigen und bußfertigen Hertzen vor GOtt demüthigen", denn dann "fallen die Schuppen von ihren Augen hinweg, und sie schauen das Licht der himmlischen Klarheit, wie Saulus[22], als er von dem Throne seiner Pharisäischen verkehrten Weisheit herunter gestürtzet, und zu der seeligen Einfalt des Evangelii, die ihm zuvor eine Thorheit gewesen war, bekehrt wurde" (S. 35). Die "fleischliche und thörichte Vernunfft" taugt nicht zum Werkzeug der Erkenntnis des Willens Gottes (S. 35). Sinold legt hier seinem Kirchenlehrer schon eine vernunftkritische Argumentation in den Mund, die sich dann später in der Aufklärungskritik Jung-Stillings wiederholt und verstärkt.

Am Glaubensbekenntnis der glückseligsten Insulaner fällt folgendes auf:

1) Unverhältnismäßig viel Raum nimmt die Schilderung des Sündenfalls ein. Der Zustand des Menschen vor und nach dem Fall, die Folgen des Sündenfalls, die Rolle des Teufels dabei - all das wird ausführlich abgehandelt. Es sieht ganz so aus, als nutzte Sinold die Gelegenheit, Stellung zu beziehen gegen den aufgeklärten Zeitgeist, dem das Dogma der Erbsünde und die orthodoxe Satisfaktionslehre nicht mehr in sein Programm einer vernünftigen Theologie paßt[23].

2) Allerdings kann sich auch Sinold dem zeitgenössischen Trend, auch

22 Vgl. Apostelgeschichte 9, 18.

23 Vgl. allgemein zum geistigen Hintergrund: SAINE, Von der Kopernikanischen zur Französischen Revolution (vgl. Literaturverzeichnis).

in Glaubensdingen mit der Vernunft zu argumentieren, nicht völlig entziehen, wie die Begründung seiner Ablehnung einer doppelten Prädestination zeigt: "Wir gläuben, daß GOtt alle Menschen ohne Unterschied seelig haben wolle, indem sonsten folgen müste, daß GOtt einige Menschen nur zu dem Ende erschaffen, damit er sich an ihrer Verdammnüß belustige, welches zu gläuben eben so viel wäre, als zu gläuben, daß gar kein GOtt sey: Denn wenn GOtt keine solche Liebe hätte, welche sich über das gantze Geschlecht der Menschen erstreckete, so wäre er nicht mehr GOtt, indem GOtt die Liebe ist." (S. 37 f.)

3) Das Glaubensbekenntnis mutet insgesamt sehr orthodox an; das zeigt sich am Festhalten am Erbsündendogma und an der orthodoxen Satisfaktionslehre ebenso wie an der Lehre von den Höllenstrafen[24].

4) Anklänge an pietistische Gedanken finden sich im Artikel über den wahren Glauben. Dieser bestehe nicht in bloßen Worten, "sondern in der Uberzeugung des Hertzens ..., daß die Busse der Weg zum Glauben ist, und daß der Glaube kein wahrer Glaube, wenn er nicht lebendig ist, würcket, und gute Wercke, als seine Früchte, hervor bringet" (S. 38). Ein Satz kann geradezu als Spitze gegen die lutherische Orthodoxie verstanden werden: "Wir gläuben, daß GOtt mehr von uns fordert, gehorsam zu seyn, als vieles zu wissen." Er erinnert an eine Forderung Speners in seinen *Pia Desideria*: Man müsse den Menschen klarmachen, "daß es mit dem wissen in dem Christenthum durchauß nicht genug seye / sondern es vielmehr in der *praxi* bestehe"[25]. Auch ein anderer Artikel gemahnt an Spener: "Wir gläuben, daß wir schuldig seynd, alle Menschen und also auch unsere Feinde zu lieben, weil wir allesamt Brüder seynd." (S. 39) Spener spricht, wo er den Umgang mit Andersgläubigen behandelt, davon, "daß wir zwar ihnen zu ihrem un= und irrglauben oder dessen so übung als fortpflantzung nichts zu willen werden / vielmehr mit eiffer uns demselben widersetzen / aber in andern dingen / welche zu menschlichem leben gehören / zeigen / daß wir sie vor unsere nechsten ... ja auch auß **recht der allgemeinen schöpffung und gegen**

24 Durch Christus "und durch seine Genugthuung vor das gantze menschliche Geschlecht" sei "allen Menschen der Weg zum himmlischen Paradis eröffnet worden, wenn sie an ihn gläuben, und sich mit festem Vertrauen an sein allerheiligstes Verdienst halten" (S. 37). - (Vgl. dazu: *Bekenntnisschriften der evangelisch-lutherischen Kirche,* S. 934 f. [= Konkordienformel, Solida Declaratio, III. Von der Gerechtigkeit des Glaubens]).

25 SPENER, Pia Desideria, S. 60 f. - In diesen Zusammenhang gehört der ebenfalls pietistisch beeinflußte Artikel von der *imitatio Christi:* "Wir gläuben, daß wir unser gantzes Leben nach den Regeln Christi anstellen sollen" (S. 39).

alle sich erstreckenden Göttlichen Liebe (obschon nicht der wiedergeburt) **brüder** erkennen / und also auch mit solchem hertzen gegen sie gesinnet seyen / wie wir den befehl haben / alle als uns selbs zu lieben" [Hervorhebung von mir, T.B.][26].

Der "Glaubens=Lehre" entspricht eine "Sitten=Lehre", die in vier Regeln zusammengefaßt ist: "**Glaube an GOtt. Liebe GOtt. Liebe deinen Nechsten. Erkenne dich selbst**." ([Hervorhebung in der Vorlage] S. 40) Die Kirche ist im *Lande der Zufriedenheit* nur bedingt hierarchisch organisiert. Jedes Dorf hat seinen Pfarrer, die Städte scheinen reichlich mit Geistlichen versehen zu sein; die Gaststadt der Europäer etwa hat dreißig (!) "Kirchenlehrer" aufzuweisen (S. 43 f.). Den Geistlichen einer Stadt präsidiert ein sogenannter "Ober=Kirchen=Lehrer", der sein Amt jedoch nach einem Jahr an den nächstältesten weitergibt; dies geschieht so lange, "bis sie alle nacheinander den Vorsitz gehabt haben, und alsdenn fänget man wiederum von forne an. Dies dienet darzu, daß sich keiner höher zu seyn düncken darff, als der andere, und daß sie allesamt von den Angelegenheiten der Kirchen vollkommene Wissenschafft und Erfahrung bekommen" (S. 44). Allerdings steht an der Spitze der Gesamtkirche der sogenannte "hohe() Kirchen=Rath", "welcher aus dem Könige selbsten samt einigen Königlichen Räthen und Kirchen=Lehrern bestehet" (S. 54). Der Kirchenrat ist oberste Instanz in Lehrfragen: "Wenn nun bey jemanden ein Zweiffel über etwas entstehet, das die Christliche Religion betrifft, so bringet er denselben an den hohen Kirchen=Rath, und erwartet dessen Erklärung." (Ebd.) Er regelt die Armenfürsorge und ist zuständig für das Schulwesen und die "Ehe=Sachen" (ebd.). Darüber hinaus kontrolliert er die "Kirchen=Lehrer" (S. 56): Jedes Vierteljahr bereisen einige Mitglieder des Kirchenrats das ganze Land, um "sowohl in den Kirchen, als auch in den Schulen genaue *Visitation*" anzustellen (S. 73 f.). Dabei wird untersucht, wie die Geistlichen ihr Amt versehen, "wie weit die Kirchen=Kinder in dem Christenthum zugenommen,... wie weit sich die Christliche Liebe gegen die Armen und Dürfftigen erstrecket, und dergleichen mehr" (ebd.)[27]. Die Pfarrer ihrerseits müssen einen jährlichen Bericht abliefern, "auf was

26 Ebd., S. 63.

27 "Diese *Visitationes* halten wir vor eines derer nöthigsten Verrichtungen bey der Christlichen Kirche, damit die Kirchen-Lehrer weder ihrer geistlichen Gewalt mißbrauchen, noch auch in ihrem Amte nachläßig werden, oder ihrer Gemeinde durch ihren Wandel einen Anstoß geben; dargegen aber damit die Kirchen-Kinder ihren Lehrern den gebührenden Gehorsam leisten, und sich nicht nur mit dem Munde, sondern auch in der That als wahre Christen bezeigen" (S. 74).

Weise seine anvertraute Gemeinde beschaffen, ob sich die Zahl der Frommen vermehret, oder vermindert; ob die göttliche Gütigkeit etwas sonderliches in Bekehrung der Menschen bey seiner anvertrauten Gemeinde erwiesen, was sich sonsten vor Wolthaten GOttes ereignet, was sich vor Mängel in Ausübung der Gottesfurcht hervorthun, und wie selbige, nach des Kirchen=Lehrers Gutachten zu verbessern" (S. 55).
Die Ausbildung der Kirchenlehrer geschieht ganz im Geiste des Pietismus. Die Kandidaten werden in eigenen Lehranstalten "unter der Anführung frommer Lehrmeister nicht allein, was die Lehre, sondern auch was das Leben anlanget, zu denjenigen schweren Aemtern zubereitet ..., welche sie nach erfolgtem ordentlichem Beruff künfftig verwalten sollen" (S. 45). Sowohl die Forderung nach vorbildlichen frommen Lehrern als auch nach einer Verknüpfung von Lehre und Leben finden sich schon in den *Pia Desideria* Philipp Jakob Speners[28]. Während der Ausbildung werden die Kandidaten "sorgfältig geprüfet, ob man auch Hoffnung haben könne, daß sie dermahleins tüchtige Werckzeuge der Kirche GOttes werden mögten" (S. 45). Ist dies nicht der Fall, muß der zu leicht befundene Kandidat das Stift verlassen und ein Handwerk erlernen "oder Taglöhner werden"; "Müßiggänger" werden auf der Insel nicht geduldet (ebd.) - hier muß Sinold an die Scharen arbeitsloser protestantischer Theologen in seiner Heimat gedacht haben.
Im Mittelpunkt der theoretischen Ausbildung steht ein gründliches philologisches Studium der Bibel. Dies soll "in der **Furcht des HErrn**" geschehen, die Kandidaten sollen sich dabei "vor allen Dingen hüten ..., mit keinem fleischlichen Sinn oder Vorurtheil in die heilige Schrift zu gehen, sondern den Sinn des heiligen Geistes darinnen zu suchen, und sich denselben lehren zu lassen" [Hervorhebung in der Vorlage] (S. 46).
Die Autorität der Bibel steht über der der Lehrer: "Es werden ihnen zwar die wenigen Articul unsers Christlichen Glaubens beygebracht, sie aber darbey fleißig ermahnet, denselben nicht deswegen Glauben zuzustellen, weil sie selbige von ihren Lehrern gehöret, sondern es wird ihnen wie auch allen andern Einwohnern dieser Insul gezeiget, wie höchstgefährlich es sey, sich in solchen Dingen, welche die Seeligkeit und den Glauben angehen, blos allein auf das Ansehen sterblicher und unvollkommener Menschen zu grunden; dahero es nöthig sey, daß sie in Einfalt und Gehorsam des Herzens die Wahrheit selbst untersucheten, und von derselben überzeuget würden" (S. 46 f.). Zweifellos steckt in dieser

28 SPENER, Pia Desideria, S. 68.

Aufforderung, jede menschliche Autorität zu hinterfragen, ein emanzipatorischer Ansatz, auch wenn die Prüfungsinstanz nicht die Vernunft ist, wie es die Aufklärung fordert, sondern die Bibel, deren Autorität im *Land der Zufriedenheit* allerdings unantastbar ist.

Zur Ausbildung der angehenden Pfarrer gehört eine Schulung in gesellschaftlichem Umgang. Leitende Werte sind dabei die uns aus der *Stadt Gottes* bekannten Prinzipien der Einfachheit und Schlichtheit im Auftreten und vor allem in der Rede. Hier sind "alle weitläufftige und nach dem Welt=Geist schmeckende Glückwünsche und Complimenten zu meiden", die entweder der Schmeichelei und Falschheit entsprängen oder "eine unnützliche Verderbung der Zeit zu seyn" pflegten (S. 48) und damit gleich gegen zwei zentrale pietistische Prinzipien verstießen, nämlich gegen das Gebot der Wahrhaftigkeit und gegen die Forderung nach dem "Auskaufen der Zeit"[29].

Zur Ausbildung der Kandidaten gehört auch, daß sie erfahrene Kirchenlehrer bei deren Hausbesuchen begleiten, damit sie lernen, "wie sie die Angefochtenen aufrichten, die Bußfertigen trösten, und die Sünder schrecken sollen" (S. 48). Natürlich wird auch das eigene geistliche Leben der Kandidaten nicht vergessen. Sie werden dazu angehalten, jeden Abend, "ehe sie zu Bette gehen, ihre Gewissen genau zu erforschen, wie sie alle Stunden des Tages zugebracht: entweder in Begehung des Bösen, oder Unterlassung des Guten, damit sie also in stetswährender Busse mögen erfunden werden" (S. 48), denn wie sollen sie später zur Buße rufen können, "wenn sie den Buß=Kampff selbsten noch nicht empfunden hätten?" (S. 49)

Ist nun irgendwo das Amt eines Kirchenlehrers neu zu besetzen, werden mindestens sechs Bewerber von den Kandidaten, die noch das theologische Stift besuchen oder die "mit Unterrichtung der Jugend beschäfftiget seynd, auf die Probe gestellet, und der Gemeinde gezeiget" (S. 50). Jeder Bewerber hat drei oder vier Probepredigten zu halten, aber auch "einige in Frage und Antwort bestehende öffentliche Ubungen in der Kirche über die Lehre des Christlichen Glaubens und der wahren Gottesfurcht" anzustellen (ebd.), denn auch dies wird später zu seinen Aufgaben gehören, wie wir gleich sehen werden. Die Gemeinde trifft sich unter-

29 Nach Epheser 5, 16. - Vgl. DEPPERMANN, Der hallesche Pietismus, S. 93 f. sowie den über sein eigentliches Thema hinaus wichtigen Aufsatz des Germanisten WOLFGANG MARTENS: Hallescher Pietismus und schöne Literatur. In: DERS.: Literatur und Frömmigkeit in der Zeit der frühen Aufklärung. Tübingen, Niemeyer, 1989. S. 76-181.

dessen in öffentlichen Gebetsversammlungen, "darinnen die gantze Gemeinde den allmächtigen GOtt um die Erwehlung eines gottsfürchtigen, weisen und rechtschaffenen Kirchen=Lehrers inbrünstig anruffet, wohl wissend, daß dieses eine derer wichtigsten Sachen sey, und auf welcher so vieler Menschen Heil beruhet" (S. 51). Der Pfarrer wird dann von der Gemeinde gewählt, und zwar nach einem komplizierten Verfahren. Vor der Wahl gehen die Ältesten von Haus zu Haus "und fragen einen jeden Haus=Vater samt den Seinigen", wen er für den geeignetsten Bewerber halte. Die Stimmen werden gesammelt und, das ist ein wichtiger Punkt, "die Bewegungs=Ursachen hinzu gesetzet, warum ein jeder seine Stimme solchergestallt ertheilet habe" (S. 51). Am Wahltag versammelt sich die ganze Gemeinde in der Kirche, wo sie "nach vorher gegangenem andächtigem Gebet" gefragt wird, "ob ein jeder seine Stimme nach seinem guten Gewissen ohne fleischliche Absichten eingerichtet, und ob er noch dabey beharre, oder ob er etwa zu andern Gedancken gekommen sey?" Schließlich werden die Stimmen zusammengezählt, und in der Regel wird der Bewerber mit den meisten Stimmen berufen (S. 51). In Ausnahmefällen, d.h. wenn "sehr wichtige Ursachen vorhanden" sind, richtet man sich "nicht nach der Vielheit, sondern nach der Wichtigkeit der Stimmen" (S. 52)[30].

Den dreißig Kirchenlehrern der Stadt stehen pro Stadtviertel fünf, also insgesamt zwanzig Älteste zur Seite. "Diese bestehen aus solchen Einwohnern, welche wegen ihrer Gottesfurcht, Wissenschafft in göttlichen Dingen und Christlichen Liebe in gutem Ansehen seynd. Sie werden ebenfalls, wie die Kirchen=Lehrer, von der gantzen Gemeinde erwehlet" (S. 53). Ihr Amt ist es, "in den Häusern ihres Viertels fleißig" nachzuforschen, "wie das Christenthum darinnen ausgeübet werde, ob die Männer mit ihren Weibern, die Eltern mit ihren Kindern, und die Nachbarn mit ihren Nachbarn also umgehen, wie es ihre Pflicht erheischet." (Ebd.) In Gesprächen mit den "Kirchen=Kindern" versuchen sie deren geistlichen Zustand herauszufinden. "Finden nun diese Aeltesten in einem oder dem andern einigen Mangel, so bringen sie es mit gebührender Bescheidenheit an die Obrigkeit und an die Kirchen=Lehrer, damit dieselben auf bequem Mittel bedacht seyn mögten, dem Ubel bey zeiten abzuhelffen." (Ebd.) Dieses für uns heute so unsympathische Überwachungsinstitut erinnert an die *Censores morum* des *Verbesserten*

30 Wer allerdings entscheidet, wann ein solcher Ausnahmefall vorliegt, wird nicht gesagt.

Fürstenstaates, nur daß hier im *Lande der Zufriedenheit* das Augenmerk nicht so sehr auf die Bewahrung der Sitten, sondern vielmehr auf das Wachstum des innern Menschen gerichtet ist. Auch auf den Dörfern stehen den Pfarrern übrigens einige Älteste "in seiner Seelen=Sorge" bei und geben "auf der Gemeinde Leben und Wandel Achtung" (S. 57). Daß sich die Ältesten durch ihr Amt bei den Gemeindegliedern unbeliebt machen könnten, muß auch Sinold bewußt geworden sein, denn obwohl er die Bewohner seiner *Glückseeligsten Insul* als wahre Christen beschreibt, entschlüpft ihm folgender - dem europäischen Durchschnittsleser Sinolds durchaus einleuchtende - Passus: "Wer sich nun unterstehet, [die Ältesten] wegen ihrer Verrichtung zu verfolgen, zu lästern oder anzufeinden, der wird mit harter Strafe angesehen, weil man wohl weiß, wie nöthig dergleichen Aeltesten oder Aufsehern der obrigkeitliche Schutz sey" (S. 57). Die Ältesten erhalten für "ihre Mühe ... einige Vortheile, und seynd von allen herrschafftlichen Beschwerungen frey" (ebd.). Die Besoldung der Geistlichen ist ebenfalls gering, "weil sie sich eines mäsigen und sparsamen Lebens ohne einige Pracht befleissigen, und weil die Ihrigen ihnen durch ämsige Haushaltung und Arbeit zu Hülff zu kommen, bemühet seynd; inmasen denn auch die Kirchen=Lehrer selbsten, so viel es ohne Versäumnüß ihrer Amts=Verrichtungen geschehen kan, nach dem Exempel Pauli[31] mit ihren Händen einige nutzliche Arbeit zu verrichten pflegen" (S. 58). Deshalb könnten auch so viele Pfarrer angestellt werden (ebd.). Dieser Passus steht der entsprechenden Passage im *Verbesserten Fürstenstaat* diametral entgegen (s.o.). Dort wird gerade die Entlastung des Pfarrers (und des Lehrers) von aller Sorge um den Lebensunterhalt durch eine ausreichende Besoldung als die entscheidende Voraussetzung für eine ordentliche Amtsführung angesehen.

Bei einem halleschen Pietisten wie Sinold verwundert es nicht, daß er die Pfarrer im *Land der Zufriedenheit* eine strenge Kirchenzucht üben läßt[32], hatte doch schon Francke versucht, seine Glauchaer Gemeinde

31 Apostelgeschichte 18, 3; 20, 34; 1. Korinther 4, 12.

32 "Wenn ein Mensch in offenbaren Sünden lebet, und dessen ordentlich überwisen worden ist, sich aber zur der wahren Busse nicht bequemen will, sondern seine Missethaten zu rechtfertigen unterstehet, und darinnen fortfähret, so wird er öffentlich von der Cantzel vor ein abgesondertes und todtes Glied der Gemeinde erkläret" (S. 55). Zwar darf er "zur Anhörung göttliches Wortes in die Christliche Versammlung kommen, weil man ihm die Mittel der Bekehrung nicht abstricken will; er muß aber gantz allein an einem vor dergleichen Unbußfertige bestimmeten Orte und in einem abgesonderten Winckel der Kirche sitzen, und es wird

durch entsprechende Maßnahmen zu disziplinieren[33]. - Zu den wichtigsten Aufgaben des Geistlichen zählt natürlich die Predigt. Am Sonntag findet vormittags und nachmittags ein Gottesdienst statt. Den Predigten liegen Bibeltexte zugrunde; sie dauern nie länger als eine halbe Stunde "und werden auf die einfältigste Weise eingerichtet, eben also, wie wir sonsten im gemeinen Leben zu reden pflegen, damit sie jederman leichtlich verstehen könne: Denn wir predigen nicht, unsere Geschicklichkeit hören zu lassen, sondern von jederman auch von den Einfältigsten verstanden zu werden" (S. 58 f.).

Im Anschluß an die Predigt werden die Gläubigen - wie in der *Stadt Gottes* (s.o.) - über das Gehörte befragt; sowohl Sinold als auch der unbekannte Schreiber der *Stadt Gottes* gehen in diesem Punkt noch über das Vorbild Franckes hinaus, der in Glaucha nur die Kinder examiniert hatte, während die Erwachsenen stumm an der Prüfung teilzunehmen hatten[34]. Die Gemeinde wird jedoch auch ermuntert, selbst Betrachtungen über den Predigttext beizusteuern (S. 60). Dieses "*Examen*" dauert vormittags ungefähr eine Stunde, nachmittags länger (S. 61). Bis zum Abendessen bleiben dann immer zwei Geistliche als Ansprechpartner in der Kirche. Wie in der *Stadt Gottes* wird auch im *Land der Zufriedenheit* besonderer Wert darauf gelegt, daß "unter währender Predigt alles in der grösten Stille zugehet, und sich niemand ohne Noth reget, damit also kein eintziger Zuhörer von dem andern verstöhret werden möge"; insbesondere gilt dies für die Feier des Abendmahls, die "des Sonntags Vormittages vor der Predigt geschiehet" (S. 62) sowie "alle Tage in der Woche vor der öffentlichen Kirchen=Andacht in den Frühe=Stunden" (S. 70).

Die Kirchen stehen den Gläubigen im *Land der Zufriedenheit* nicht nur

allemahl bey dem Gottesdienst mit Benennung seines Nahmens öffentlich um seine Bekehrung" gebetet (S. 55 f.). Geht er in sich, dann wird er von den Ältesten und vom Pfarrer genau beobachtet, "ob es mit seiner vorgegebenen Busse ein rechter Ernst, oder ob es nur Heucheley sey" (S. 56). "Befindet man ihn bußfertig, . . . so wird er in der Kirche öffentlich um den Zustand seiner Seelen befraget, und wenn er durch deutliche Antwort die Reue seines Herzens bezeuget, anbey auch durch die Gnade GOttes die Aenderung seines Lebens verspricht, so wird er durch den Mund des Kirchen-Lehrers von seinen Sünden los- und den Segen des HErrn über ihn gesprochen, worauf man diese gantze Handlung mit einem Danck-Gebet und Lob-Gesange beschliesset" (ebd.).

33 DEPPERMANN, Der hallesche Pietismus, S. 75 f.

34 So DEPPERMANN, Der hallesche Pietismus, S. 76; bei STOCKINGER findet sich diese Differenzierung nicht; er läßt Francke die ganze Glauchaer Gemeinde examinieren: STOCKINGER, Ficta Respublica, S. 248 und 252.

am Sonntag und an einigen Stunden in der Woche offen, sondern sind "zum stets währenden Gebrauch der Gläubigen" gedacht (S. 64). Jeden Wochentag bringen zwei Kirchenlehrer vor- und nachmittags jeweils zwei Stunden darin zu "mit Singen, Beten und Lehren"; über diese regelmäßigen Stunden hinaus sind immer zwei Kirchenlehrer in der Kirche anwesend und stehen zu erbaulichen Gesprächen zur Verfügung (S. 63). "Jedoch darinnen bestehet das Amt der Kirchen=Lehrer nicht allein, daß sie ihre Pflicht in der Kirche, und in der öffentlichen Versammlung verrichten, sondern sie halten davor, daß dieses noch lange nicht die Helffte ihrer Schuldigkeit sey" (S.64)! (Man fragt sich, wo die Pfarrer die Zeit hernehmen sollen, um noch mit ihrer Hände Arbeit zu ihrem und ihrer Familie Lebensunterhalt beizutragen ...) Als treue Hirten suchen sie "ihre anvertraute Schaf nicht allein in dem Schaf=Stalle, nemlich in der Kirche, sondern überall" (S. 64 f.). Zu diesen "normalen" Hausbesuchen kommen dann natürlich noch die Krankenbesuche (S. 65 f.).
Die Kirchenlehrer stehen im *Land der Zufriedenheit* in hohem Ansehen; im gesellschaftlichen Rang - wenn man hier davon sprechen kann - haben sie die Stelle nach dem König inne (S. 74 f.).

Kindererziehung und Bildungswesen

Die Kindererziehung erfolgt ganz nach pietistischen - insbesondere Franckeschen - Grundsätzen[35]: "Ihre Kinder weden alsobald in der zarten Jugend zum Gebet und zur Arbeit angehalten, und die Eltern hüten sich mit allem Fleiß, daß sie ihnen kein Aergernüß geben. Sie gewöhnen dieselben bey guter Zeit zu einem ernsthafften Wesen, so viel es ihre jungen Jahre verstatten wollen. Sie zeigen ihnen durch erbauliche Exempel, wie sie sich in ihren Worten behutsam erweisen sollen"; vor allem jedoch: "Sie bemühen sich, ihnen den schädlichen Eigenwillen zu brechen, weil sie wohl wissen, daß der Eigenwille diejenige Leiter ist, auf welcher man nach und nach in den Abgrund hinunter steiget ..." (S. 237 f.).
Bei der Auswahl der Lehrer lassen die Insulaner die gleiche Sorgfalt walten wie bei der Pfarrerwahl (S. 75). Die Lehrer "seynd gleichsam die Gärtner, aus deren Baum=Schule die jungen Bäume in den Garten der Kirche versetzet und fortgepflantzet werden" (ebd.). Die Lehrer sollten

35 Vgl. DEPPERMANN, Der hallesche Pietismus, S. 92 ff.

"gottseelige und geschickte Männer" sein, "welche genugsame Geduld haben, mit der Jugend umzugehen, und sich also zu bezeigen, als wenn sie ihrer untergebenen Schüler leibliche Väter wären" (ebd.).
Das erste Erziehungsziel ist es, die Schüler im "wahren Christenthum wohl und gründlich" zu unterrichten, "ihnen die Allgegenwart GOttes fleissig" vorzustellen "und sie zu einem gottseeligen Leben und stillen Wandel" anzuleiten (S. 75 f.). Es wird darauf geachtet, daß es bei den Schülern zum Herzensglauben kommt und es nicht beim bloßen Kopfwissen bleibt (S. 77). Nach der Christenlehre steht der Sprachunterricht an zweiter Stelle. Die Schüler werden tiefer in ihre Muttersprache, das Hebräische, eingeführt und lernen dazu zumindest soviel Griechisch, daß sie das Neue Testament "in solcher Sprache verstehen" (S. 77 f.). An diese für jeden Schüler gleiche grundlegende Ausbildung schließt sich ein nach den Interessen und Begabungen der Schüler differenzierter Unterricht in folgenden "Wissenschafften" an: Jura ("genaue Erkenntnüß unserer Gesetze"), "Artzeney=Kunst", "Sitten-Lehre" ("welche sich eintzig und allein auf die heilige Schrifft gründet"), Geometrie, Mathematik und Astronomie, die zur Zeitmessung gebraucht wird und dazu, daß die Insulaner "die wunderbare Allmacht GOttes daraus erkennen" (S. 78). Diesem an die Physikotheologie[36] erinnernden Ziel dient "auch die Erforschung der Natur der Natur und wie der gütige Schöpffer nach seiner unendlichen Weisheit alles in der Lufft, im Wasser, auf der Erden und unter der Erden, so gar auch in den verborgensten Klüfften, so ordentlich geschaffen habe" (S. 78 f.).
Der Unterricht in der "Rede=Kunst" verrät wieder die pietistische Provenienz des Textes: "Unsere Rede=Kunst bestehet nicht in hochtrabenden, *affecti*rten und schmeichelhafften Worten, sondern bey derselben ist unser Zweck nur dieser, daß wir unsere Schüler lernen, eine Sache **deutlich, verständlich, kurtz** und **ordentlich** vorzubringen, worvon wir die schönsten Exempel in der heiligen Schrifft finden" ([Hervorhebung von mir, T.B.] S. 79).
Bei einem halleschen Pietisten wie Sinold, der ja nun in den Franckeschen Anstalten zu Halle vorbildliches Anschauungsmaterial genug gehabt hätte, erstaunt es etwas, daß die Beschreibung des Bildungswesens so dürftig ausfällt; die Unterrichtsinhalte werden nur angedeutet, über die Dauer der Schulzeit z. B. erfahren wir gar nichts.

36 Vgl. SAINE, Von der Kopernikanischen bis zur Französischen Revolution, passim.

(Eigene Erfahrungen aus der Weißenfelser Zeit scheinen nicht - zumindest nicht positiv - in das Bildungsprogramm der *Glückseeligsten Insul* eingeflossen zu sein, von Dichtung ist hier nirgendwo die Rede.) Das Prinzip der Praxisbezogenheit der Ausbildung, wie es sich bei der Ausbildung der Pfarrer und vor allem der Ärzte zeigt, könnte allenfalls Franckes pädagogischem Konzept entstammen[37]. Die Ärzte kommen nach einer theoretischen Grundausbildung (die allerdings weniger in medizinischen Fächern als vielmehr "in der Religion und in der Sittenlehre" erfolgt[38]) zu "alten und erfahrnen Aertzten, mit welchen sie fleissig zu denen Krancken gehen, und hiernechst auch mit inbrünstiger Anruffung des Göttlichen Beystandes in dem Buch der Natur studiren" (S. 197).

Auf den Bericht des Kirchenlehrers läßt Sinold ein Gespräch der drei Europäer folgen, in dem sie das Gehörte reflektieren (S. 79-106, §§ 55-69). Die Verhältnisse im *Land der Zufriedenheit* werden mit den Zuständen in Europa verglichen und diese entsprechend kritisiert. Das gibt Sinold die Gelegenheit, ihm wichtige theologische Themen noch einmal aufzugreifen: aufrichtige - von einer "Änderung des Herzens" gekennzeichnete - Frömmigkeit des einzelnen Christen[39], ein Leben in der Nachfolge Christi, allgemeines Priestertum aller Gläubigen, Disziplinierung der Gemeinde durch konsequente Kirchenzucht, Unterstützung der Pfarrer durch Älteste, Heiligung des Sonntags.

37 Vgl. zu Franckes Pädagogik: DEPPERMANN, Der hallesche Pietismus, S. 91-96.

38 In der nun allerdings durchaus modernen Erkenntnis, daß die Beruhigung der Seele die Genesung des Körpers fördert: Ärztliche Pflicht erfordere es, "sowohl vor die Gesundheit des Leibes als der Seelen bey denen Krancken zu sorgen, weil solches nicht allein einen jeden Christen vermöge seines geistlichen Priesterthums bey gegebener Gelegenheit oblieget; sondern weil es auch zur Wiedererlangung der leiblichen Gesundheit dienet, wenn ein Artzt die Krancken fleissig ermahnet und unterrichtet, wie sie ihr Gemüthe in GOtt beruhigen, und ihren Affecten widerstehen sollen, indem nach solcher Beruhigung die Artzeneyen besser anschlagen, und zur Vertreibung derer Kranckheiten helffen werden" (S. 196 f.).

39 Die Frömmigkeit der Insulaner hat einen mystisch-quietistischen Einschlag: "Sie üben sich offtmahls in der Züchtigung des Fleisches, indem sie sich, nachdem sie einen innerlichen Trieb darzu haben, manchen Tag des Essens und Trinckens gäntzlich enthalten, insgemein aber und täglich ein mäsiges Leben führen . . . Sie brechen sich vielfaltig am Schlafe ab, um, nach dem Exempel der ersten Christen, desto fleissiger und inbrünstiger zu beten. Vornemlich aber seynd sie bemühet, ihr Fleisch dadurch zu creutzigen, daß sie ihren Begierden widerstehen . . . " (S. 118).

Das eigentlich charakteristische dieser Utopie ist die Allgegenwart der Religion, die Durchdringung aller Lebensbereiche von einer bestimmten - nämlich der pietistischen - Form des christlichen Glaubens, der Siegeszug des Erbaulichen: es gibt im *Land der Zufriedenheit* keine Gesellschaft, die nicht mit Gebet beginnt und die nicht auf die "Erbauung [der Teilnehmer] im Christenthum" angelegt ist (S. 117): "Sie reden zwar, wenn sie zusammen kommen, auch von Beruffs=Geschäfften und andern nützlichen Sachen; jedoch dergestallt daß sie die *Application* allemahl auf das eintzige Nothwendige derer wahren Christen machen" (ebd.). Natürlich gibt es auch Zusammenkünfte, "in welchen man von zeitlichen Dingen gar nicht redet, sondern nur allein geistliche Ubungen mit Lesung des Wortes GOttes, dessen andächtiger Betrachtung und inbrünstigem Gebet vornimmt" (ebd.). Eine solche erbauliche Gesellschaft unterscheidet sich vom *Collegium Pietatis*, wie es Spener in seinen *Pia Desideria* beschreibt[40], erstens darin, daß dem Gedankenaustausch kein Bibeltext zugrundeliegt, zweitens, daß sie für alle offen ist und drittens, daß sie demokratisch ist, d.h. nicht von einem Professor oder Pfarrer geleitet wird: "Sie reden von der wunderbaren Gütigkeit, Barmhertzigkeit, Allmacht, Gerechtigkeit, Weisheit, samt andern allerheiligsten Eigenschafften GOttes, und wie er alle seine Geschöpffe so weislich erhält und regieret. Sie erzehlen einander, was ihnen GOtt seit ihrer letzteren Zusammenkunfft vor Wohlthaten im leiblichen und geistlichen erwiesen. Sie erzehlen weiter, was sie vor Arbeiten und Geschäffte vollbracht, und auf was Weise sie selbige zur Göttlichen Ehre und zum Nutzen des Nechsten gerichtet. Sie rathschlagen, wie denen Krancken, Armen und Nothleidenden am besten und füglichsten geholffen werden mögte. Sie eröfnen einander den Zustand ihrer Seelen, ihre Anfechtungen, wie auch, ob sie mehr geistliche Traurigkeit als innerliche Freude empfinden, und was dergleichen zum innern Menschen gehörige Beschaffenheiten mehr seynd. Sie discurriren aber auch von ihren häuslichen Angelegenheiten, und ertheilen einander ihr Christliches Gutachten so wohl in geistlichen als auch in leiblichen Dingen, damit ihr Leben und Wandel gottseelig und weislich geführet werden möge. Endlich beschliessen sie wiederum mit inbrünstigem Gebet ..." (S. 204 f.).

Aber auch der Alltag wird vom Erbaulichen beherrscht. Die Jahrmärkte beginnen mit einer Andacht und werden mit einer Predigt beschlossen,

40 SPENER, Pia Desideria, S. 77 f.

in der die Zuhörer eindringlich ermahnt werden, "eine genaue Gewissens=Prüfung anzustellen, ob sie auch bey dieser Gelegenheit jemanden im Handel und Wandel vervortheilet oder betrogen, damit sie wahre Busse thun, und das unrechtmäsiger Weise an sich gebrachte Gut wieder erstatten mögten" (S. 116 f.). Selbst die Gastwirte sind im *Land der Zufriedenheit* fromm (S. 121). Sollte ein Gast einen über den Durst trinken wollen, "so weigert sich der Wirth, ihm etwas weiters zu geben, und befleissiget sich im übrigen, seiner Gäste mit erbaulichen Discursen zu unterhalten" (ebd.). Es gebe genug Beispiele, "daß diejenigen, welche unbekehrt in ein Wirthshaus gegangen, hernach bekehrt wiederum heraus gekommen seynd" (!) (S. 124). Kein Wunder, wird "in Bestellung einer verledigten Gast=Wirthschafft fast eben so viel Vorsichtigkeit" angewendet, "als wenn man einen Kirchen=Lehrer ein geistliches Amt anzuvertrauen hätte" (S. 123)[41].

Zur weiteren Veranschaulichung dieser Allgegenwart der Religion soll der Tagesablauf eines Insulaners geschildert werden. Zunächst: "Gleichwie nun die Eigenschafft derer wahren Christen mit sich bringet, daß alles ordentlich bey ihnen zugehet: Also verspüret man auch bei denen Einwohnern des **Landes der Zufriedenheit** vornehmlich eine schöne Ordnung in ihren Häusern, darinnen fast alle Stunden zum Gebet und zu der Arbeit auf das genaueste und sorgfältigste eingetheilet seynd." (S. 222 f.)

Nachdem der Insulaner sehr früh aufgestanden ist und sich angekleidet hat, versammelt er - es handelt sich um einen Hausvater - die Seinen ins "Bet=Kämmerlein"[42] zur Morgenandacht "mit Beten und Singen, worauf er ein Capitel aus dem alten Testamente laut lieset, und nicht allein einige erbauliche Betrachtungen darüber anstellet", sondern - das gehört im *Land der Zufriedenheit* zum Prinzip - "auch denen Anwesenden allerhand Fragen aus dem verlesenen Capitel vorleget, um zu erforschen, ob sie auch von der Anhörung des Göttlichen Wortes einen Nutzen

41 Denn die Insulaner stehen in der Meinung, daß ein Gast=Wirth die beste Gelegenheit habe, denen bey ihm einkehrenden Personen mit gottseeligen Gesprächen und einem untadelhafften Leben und Wandel zu sonderbarer Erbauung zu dienen" (S. 123 f.).

42 "Die meisten haben in ihren Häusern ein absonderliches Gemach, darinnen alle diejenige, welche in das Haus gehören, zu gewissen Stunden zusammen kommen, ihr Gebet und andere geistliche Ubungen zu verrichten; wie denn auch ausser solchen Stunden sich ein jeder, wenn ihm seine Andacht darzu beweget, und wenn es seine Beruffs=Geschäffte zulassen, in diesem Bet=Kämmerlein einfindet" (S. 120).

gehabt haben" (S. 223). Er ermahnt sie abschließend, so zu leben, "als ob der heutige Tag [ihr] Todestag seyn würde" (S. 224). Darauf geht man an die Arbeit. Da die "meiste Verrichtungen derer Einwohner in der Hand=Arbeit bestehen, so können sie immerfort mit gottseeligen Gedancken umgehen; wie man denn auch fast ein stetswährendes Beten und Singen in denselben höret" (S. 236). Nach dem Mittagessen, das "mehr in Erd=Gewächsen, als in vielem Fleisch und Fischen bestehet", wird weitergearbeitet bis zum Abendbrot (S. 226 f.). Vor dem Schlafengehen versammeln sich noch einmal alle Hausbewohner zur "Abend=Andacht oder Vorbereitung zu einer gottseligen Nachtruhe", deren Kernstück die "Gewissens=Prüfung" ist (S. 227). Der Hausvater fragt die Seinen, "wie sie den zurück gelegten Tag zugebracht"; obschon er sie nicht zum Bekenntnis auffordert, "werden doch viele unter ihnen aus bußfertiger Demuth angetrieben, öffentlich zu bekennen, worinnen sie wider ihre Christliche Pflicht gehandelt haben" (ebd.). Die "Gewissens=Erforschung erstrecket sich nicht allein über die Wercke und Worte, sondern auch über die Gedancken" (S. 228). An dieser Stelle schaltet sich der Autor ein, um den Nutzen dieser "gottseeligen Ubung" mit einem Bild zu verdeutlichen: Ein Christ, der sich immer wieder dieser Gewissensprüfung stelle, sei "mit einem vorsichtigen Kauffmann zu vergleichen, welcher alle Abend in sein Handels-Buch siehet, damit er gewahr werden möge, wie es mit seiner Handelschafft stehe, und ob sein Vermögen zu= oder abnehme" (ebd.).

Die Frage der Toleranz

Wie in allen von uns behandelten Utopien aus dem Umkreis des halleschen Pietismus wird das Thema der Toleranz auch in Sinolds *Land der Zufriedenheit* nicht ausdrücklich angesprochen. Toleranz im engeren Sinne als "geistige Anerkennung fremder Konfessionen"[43] kommt schon deshalb gar nicht in den Blick, weil die Insulaner nur die pietistische Variante des lutherischen Bekenntnisses kennen. Allerdings sind einige Ansätze zu erkennen, die in Richtung eines weiter gefaßten Toleranzbegriffs - der auch die Gewissensfreiheit umfaßt[44] - weisen. Dazu zählt die Aufwertung des frommen Lebens gegenüber der reinen

43 DEPPERMANN, Der hallesche Pietismus, S. 42.
44 Gewissensfreiheit verstanden als "Freiheit von äußerem Zwang in Glaubensdingen"; DEPPERMANN, Der hallesche Pietismus, S. 42.

Lehre. Die Echtheit des Glaubens erweist sich im Leben des Gläubigen und nicht im (Lippen-)Bekenntnis. In einem Kommentar Nettunos zum Glaubensbekenntnis der Insulaner wird dessen Kürze gelobt, weil dadurch weniger Ansatzpunkte für Streitigkeiten gegeben seien. Besser nur wenige Glaubensartikel, "als daß aus den Streitigkeiten der Gelehrten über die Glaubens-Articul wiederum neue Glaubens=Articul entstehen, welche die Einfältigen verwirren, zu vielen Trennungen Anlaß geben, und durch allerhand fleischliche Subtilitäten die Seelen von dem wahrem Wesen, das aus GOtt ist, und von der lauteren Christlichen Einfalt abführen." (S. 83) Wäre man bei Bibel und Apostolicum geblieben, so stünde es "noch gut um die Christenheit. Je mehr hernach *concilia* und dergleichen Zusammenkünffte der Clerisey gehalten worden, je mehrere Glaubens=Articul, Trennungen und Streitigkeiten haben sich hervor gethan, und je weniger haben die sogenante Layen gewust, woran sie sich halten solten." (Ebd.)
Und Rosalves ergänzt: "Durch die vielen Religions=Streitigkeiten hat sich die Liebe in der Christenheit fast gäntzlich verlohren, und ein jeder bildet sich ein, er sey der beste Christe, wenn er andere, die nicht in allen Stücken seiner Meinung seynd, aufs ärgste verfolgete. Also haben wir viele schnaubende Nachfolger Sauli, aber wenig bekehrte Nachfolger Pauli." (S. 83 f.) Dazu paßt, daß die Insulaner im Umgang mit in Glaubensdingen Andersdenkenden eine vergleichsweise "weiche" Linie verfolgen: Wer an einem Glaubenssatz zweifelt oder überhaupt kritische Fragen hat, die "die Christliche Religion" betreffen, wendet sich an den Kirchenrat und darf von diesem eine Erklärung erwarten, wird also nicht einfach zum blinden Glauben vergattert. "Ist er hierauf in seinem Hertzen wegen der Wahrheit, welche ihm aus der heiligen Schrifft erwiesen wird, sattsam überzeuget, so wird er vermahnet, beständig darbey zu verbleiben; befindet er sich aber noch nicht gäntzlich befriediget, so wird er deswegen nicht alsobald verketzert, noch von der Christlichen Gemeinschafft ausgeschlossen, sondern man erinnert ihn, der Sache ohne fleischliche Vernunfft in kindlicher Einfalt unter inbrünstigem Gebet fleißig nachzudencken, und weiter in der heiligen Schrifft zu forschen." (S. 54) Es bleibt offen, wie es weitergeht, wenn sich der Zweifler als renitent erweist. Die Möglichkeit von Differenzen in Glaubensdingen wird ohnehin heruntergespielt: "Es geschiehet aber selten, daß jemand unter unsern Insulanern in dergleichen Religions-Scrupel geräth, weil sie allesamt von Jugend auf angewiesen werden, einfältig zu gläuben, und Christlich zu leben."

Aber selbst diese bescheidene "Toleranz" beschränkt sich auf Glaubensdinge und Lehrfragen. Keine Toleranz gibt es hinsichtlich des Lebens(-stils) im *Land der Zufriedenheit.*

Das Verhältnis zur Aufklärung

Sinold geht im *Land der Zufriedenheit* von einem biblisch-christlichen Weltverständnis aus, das in wichtigen Punkten im Widerspruch steht zum Weltbild der Aufklärung[45], die zur Zeit der Abfassung der Utopie (1723) auch in Deutschland Fuß gefaßt und mit Christian Wolff einen herausragenden Vertreter gefunden hatte. Sinold war sich dieser Diskrepanz durchaus bewußt, und es finden sich einige Stellen, wo er eindeutig Stellung bezieht gegen den aufklärerischen Zeitgeist. So im Glaubensbekenntnis der Insulaner, wo er sich breit zur Schöpfungsgeschichte äußert und unpopuläre Dogmen wie die orthodoxe Erbsündenlehre und die Lehre von ewiger Verdammnis und Hölle vertritt.
Die Diskrepanz zeigt sich auch an seiner Einschätzung der Rolle der Vernunft. Im Anschluß an die Darstellung der Abendmahlsauffassung der Insulaner (die die orthodox lutherische ist) übt er Vernunftkritik: "Wenn wir in göttlichen Dingen nichts weiters gläuben wollen, als was unsere Vernunfft begreiffet, so können wir nichts gläuben: Denn unsere Vernunfft begreiffet gar nichts in göttlichen Dingen, wie es sich gebühret, da wir ja nicht einmahl unsere eigene Seele begreiffen können, sondern nur aus ihren Würckungen empfinden, daß sie in uns ist, gleichwie wir aus der Vernunfft von GOtt nichts weiters wissen, als daß ein GOtt oder ein ewiges und und unerschaffnes Wesen seyn müsse, welches alles regieret" (S. 73)[46]. An anderer Stelle heißt es ganz ähnlich: "Allen Menschen, sowohl gelehrten als ungelehrten, ist es schwer, ja unmöglich die Geheimnüsse und den Willen GOttes zu erkennen, wenn

45 Vgl. dazu SAINE, Von der Kopernikanischen zur Französischen Revolution (s. Literaturverzeichnis).

46 Die Begründung, die für diese Aussage geliefert wird, versucht allerdings gerade mit der Vernunft zu arbeiten: " . . . weil sonsten ein jedes Wesen, daß wir uns vorstellen können, und das von etwas anderm hergekommen ist, nicht das höchste, und also auch nicht GOTT seyn kan: Denn wenn wir immer Stufenweise von einem Geschöpffe zu dem andern steigen, so müssen wir doch zuletzt bey etwas stille stehen, welches nicht geschaffen worden, und dieses ist GOtt" (S. 73).sie ihre fleischliche und thörichte Vernunfft zum Werckzeuge dieser Erkenntnüß gebrauchen wollen." (S. 35) (Schon die Epitheta, die der Vernunft beigegeben werden, sind vielsagend.) Nicht die Vernunft, sondern die Bibel ist für die Insulaner die letzte Autorität.

sie ihre fleischliche und thörichte Vernunfft zum Werckzeuge dieser Erkenntnüß gebrauchen wollen." (S. 35) (Schon die Epipheta, die der Vernunft beigegeben werden, sind vielsagend.) Nicht die Vernunft, sondern die Bibel ist für die Insulaner die letzte Autorität. Ganz im Gegensatz zu Francke, der den Wissenschaften und der Technik gegenüber aufgeschlossen war, hat Sinold offensichtlich kein Verhältnis zu den (Natur-)Wissenschaften. Sein Bekenntnis zur Erforschung der Natur fällt sehr matt und knapp aus. An einer Stelle wendet er sich gar ausdrücklich gegen das kopernikanische Weltbild[47]. In dieser Hinsicht ist Sinold weit hinter Andreae zurückgefallen.

Die politische und soziale Verfassung

Das erste, was den drei Europäern an ihren Gastgebern auffällt, ist ihre einheitliche blaue Kleidung. Zwar geben die Insulaner auf die entsprechende Frage einen pragmatischen Grund an - ungefärbt sei die Baumwollkleidung zu schmutzempfindlich und Indigo sei auf der Insel die häufigste Farbe -, aber ein Kommentar Nettunos legt eine tiefere Bedeutung der Einheitskleidung nahe: Wie sich liebende Geschwister sich gerne ähnlich kleideten, so "halte ich die gleichförmige Tracht dieser Insulaner vor ein Merckmahl der brüderlichen und schwesterlichen Liebe, vermöge welcher sich ein Glied der Christlichen Gemeine nicht bässer zu seyn düncket, als andere: Denn ob sich schon bey einigen wegen der Crone, des Creutzes und dergleichen, ein kleiner Unterschied zeiget; so hat doch derselbe kein ander Absehen, als nur die Personen kenntlich zu machen, weil der Zeug im übrigen von einerley Güte ist." (S. 27)
Damit ist die Bedeutung der kleinen Unterscheidungsmerkmale relativiert, die denn doch auch auf der *Glückseeligsten Insul* geistliche und weltliche Würdenträger von den übrigen Bürgern unterscheiden - der König trägt "eine von gelber Seyde gestickete **Crone** [auf der linken Brust], die Geistlichen ein dergleichen **Creutz**, und die obrigkeitlichen Personen den **Stab Mosis**, an denen vom häuslichen Stande aber ist kein Zeichen auf ihren Kleidern zu sehen" ([Hervorhebungen in der Vorlage] S. 26).
Mit diesem ersten Eindruck wird *eine* Linie deutlich, die die ganze

47 "Es ist ihnen noch niemahls in den Sinne gekommen, daß sie glauben solten, die Sonne stehe stille, und die Erde drehe sich herum; sondern weil sei das Gegentheil in der heiligen Bibel bey dem Stillestehen der Sonne zur Zeit Josuä und anderswo in diesem heiligen Buche von der Bewegung der Sonne unterschiedliches aufgezeichnet finden, so glauben sie in Einfalt des Hertzens, daß solche Schrifft=Stellen nach dem Buchstaben zu verstehen, und daß der göttlichen

politisch-soziale Verfassung der *Glückseeligsten Insul* prägt: Die Standesunterschiede sind hier weitgehend eingeebnet[48]. Es gibt keinen Geburtsadel im *Land der Zufriedenheit*; bei der Besetzung hoher Ämter gilt vielmehr das Leistungsprinzip: "Es werden demnach alle Aemter des Reichs mit solchen Personen besetzet, welche man wegen ihrer Verdienste am tüchtigsten darzu erachtet, sie mögen gleich herstammen, von wem sie wollen, und haben die Kinder kein Recht zu der Ehre und Würde ihrer Väter." (S. 207)[49]

Die "brüderliche Einigkeit und Gleichheit" der Insulaner ist christlich motiviert: "Sie erkennen in Bußfertigkeit des Hertzens, daß alle Menschen den wahren Adel durch den Hochmuth des ersten Menschen im Paradis verlohren haben, und daß dieses ihre gröste Ehre ist, wenn sie Kinder des **Allerhöchsten** seynd, welches aber nicht durch die leibliche Geburt, sondern durch die Wiedergeburt erlanget werden kan, als wodurch die Gläubigen **allzumahl einer in Christo JEsu seynd. Gal.** 3, 28" ([Hervorhebungen in der Vorlage] S. 208).

Ausgehend vom Prinzip des Ausnutzens der Zeit wird an vielen Stellen der Müßiggang des "arbeitslosen" Adels in Europa kritisiert. Ebenso verurteilt wird die Verschwendung, die der Autor am Beispiel der Speisenvielfalt bei Festessen an europäischen Höfen in geradezu sozialkritischer Zuspitzung anprangert. Die Kritik wird dem König der Insel in den Mund gelegt: "Wenn ich so viele Speisen, als Pyramiden der Fleisches=Lust, auf einmahl von [sic!] mir erblickete, so würde ich einen solchen Eckel davor bekommen, daß ich mich des Brechens nicht enthalten könte, und ich würde darbey bedencken, daß indem ich zu viel zu essen hätte, meine Unterthanen besorglich nichts oder doch sehr wenig zu essen haben würden; dergestallt daß sie in Gefahr wären, endlich gar darüber zu verhungern. Ich finde in der That, daß die

Allmacht gar wohl möglich sey, die Sonne innerhalb vier und zwantzig Stunden um das gantze Gewölbe des Himmels herum lauffen zu lassen" (S. 234 f.).

48 "Von dem Unterschiede des Standes weiß man auf dieser Insul nichts weiters, als daß die königliche Kinder und Anverwandten, welche von dem Königlichen Stamm entsprossen seynd, einigen Vorzug, wiewohl derselbe doch nicht gar groß ist, vor denen übrigen Einwohnern des Landes haben; jedoch also, daß sie sich ohne einiges Bedencken an andere ehrliche Personen verheyrathen" (S. 206 f.).

49 Wenn WINTER die Ersetzung des Geburtsadels durch einen "Tugendadel" als den "klassenspezifische(n) utopische(n) Traum des Bürgertums nicht nur in Deutschland" von Anfang an bezeichnet (WINTER, Compendium Utopiarum, S. 164), sollte in diesem Zusammenhang nicht vergessen werden, daß die Motivation für diese Position des adligen Amtsinhabers Sinold sein Christentum war.

Mäsigkeiten [sic!] niemanden in der gantzen Welt nöthiger ist, und besser anstehet, als denen Regenten." (S. 171)
Ein anderes sozialkritisches Argument tastet die Grundlagen der Feudalgesellschaft an und erinnert in seiner Formulierung verblüffend an Thomas Müntzer[50]: "Die Arbeit ist bey den Einwohnern freylich nicht so häuffig, als an den meisten Orten in Europa, allwo viele Menschen kaum fünff bis sechs Stunden zum Schlafe und etwa zwey Stunden zur Mahlzeit anwenden dörffen; dergestallt daß sie unter den übermäsigen Geschäften der Nahrung sich das Werck ihrer Seeligkeit nicht genugsam angelegen seyn lassen können: Denn obschon das gantze Leben der Christen ein immerwährendes Gebet seyn soll; so kan man doch auch nicht leugnen, daß die unablässige zeitliche Geschäffte die ohnedem von Natur zu dem Irrdischen geneigte Seele leichtlich beschweren, und zu dem Geistlichen je mehr und mehr ungeschickt und schläfrig machen können; dahero es sehr nöthig, daß ein Christe täglich einige Zeit übrig habe, in welcher er seine von allen zeitlichen Geschäfften befreyete geistliche Ubung entweder in Gesellschafft anderer Christen, oder vor sich allein und in der Stille anstelle. Alldieweil nun die Einwohner des **Landes der Zufriedenheit** weder mit grossen herrschafftlichen Gaben beschweret werden, noch auch zu ihrem Unterhalt viele Nahrungs=Mittel gebrauchen ... so können sie bey leidlicher Arbeit ihre reichliche Nahrung finden und die übrige Zeit desto füglicher und geruhiger zum Dienste GOttes anwenden" (S. 107 f.)[51].
Das Land der Zufriedenheit ist zwar formal eine Monarchie, hat aber mit den zeitgenössischen absolutistischen (und selbst den pietistischen) Monarchien wenig gemein. Auch die politisch-soziale Verfassung ist ganz von biblisch-christlichen Prinzipien durchdrungen. An den König

50 Bei Müntzer heißt es in seiner *Ausgetrückten Emplößung des falschen Glaubens* Man einer Stelle: "Mit allen Worten und Werken machen sie es ja also, das der arme Man nicht lesen lerne vorm Bekümernus der Narung, und sie predigen unverschempt, der arm Man soll sich von den Tyrannen lassen schinden und schaben. Wenn wil er denn lernen, die Schrift lesen?" (MÜNTZER, THOMAS: Die Fürstenpredigt. Theologisch-politische Schriften, Hrsg. von GÜNTHER FRANZ. Stuttgart, Reclam, 1983. S. 83).

51 Sinold ist dieses Argument so wichtig, daß er es mehrmals gebraucht, so auch S. 232: Die Insulaner können mehr Zeit dem Glauben widmen, weil "sie nicht mit so vielen weltlichen Geschäfften überhäuffet seynd, als die Europäer, und [weil] sie gar nichts von Frohn=Diensten wissen, wormit die Unterthanen in manchen Ländern dermasen geplaget werden, daß ihnen nicht so viel Zeit übrig gelassen wird, sich in demjenigen, was das Heil ihrer Seelen angehet, unterrichten zu lassen; dahero man das Heydenthum nicht weit suchen darff, weil man dasselbe mitten in der Christenheit ohne grossen Mühe antreffen kan".

werden die gleichen moralischen Anforderungen gestellt wie an jeden Bürger; wenn er sich des Ehebruchs schuldig machte oder sich eine Mätresse hielte, würde er abgesetzt werden (S. 200). Sowohl die Absetzbarkeit des Königs an sich als auch der Grund - Verstoß gegen christliche Moralvorstellungen - sind in zeitgenössischen Monarchien nicht vorstellbar. Der König ginge auch des Thrones verlustig, wenn er sich von einem treusorgenden Landesvater in einen "feindseelige(n) StiefVater, oder wohl gar" einen Tyrannen verwandeln würde (S. 218). Wie sich der König für sein Regentenamt durch ein christliches Leben und eine effiziente Regierung zu legitimieren hat, so muß sich sein Nachfolger aus dem Kreis der männlichen Nachkommen des Königs bzw. aus weiteren Mitgliedern des Königshauses gleichsam erst qualifizieren[52]; derjenige, der die Qualitäten, die von einem Regenten verlangt werden, am vollkommensten aufweist, wird zum Nachfolger gewählt. Sollte das Königshaus keinen entsprechenden Kandidaten präsentieren können, "so würde man vermittelst der Wahl zu einem andern Geschlecht im Lande schreiten, bey welchem die königliche Würde inskünfftige wäre" (S. 218): "Es ist demnach das **Land der Zufriedenheit** ein Erb=Königreich, welches durch die Wahl einigermasen eingeschräncket wird" (S. 219)[53].

Der König weiß, daß er Gott Rechenschaft ablegen muß von seiner Regierung[54], und er wird durch ein in seinem Zimmer aufgestelltes Skelett auch immer nachdrücklich an die Vergänglichkeit des irdischen Lebens erinnert, was ihn einerseits vor dem Hochmut bewahrt und andererseits davor warnt, die Untertanen auszubeuten, um selbst im Luxus leben zu können: "Wäre es nicht die allergrösseste Thorheit, wenn ich vermitelst der Unterdrückung meiner lieben Unterthanen etzliche Jahre in Wollust, Pracht und Uppigkeit lebete, da unterdessen ihre Seuffzer gleichsam die Flammen der Höllen anblisen, damit ich mit Leib

52 Vgl. STOCKINGER, Ficta Respublica, S. 240 f.

53 " . . . dergestallt daß die Königliche Printzen und Anverwandten nicht davon ausgeschlossen werden, wenn sie sich durch ihre Untugend und Ungeschicklichkeit nicht selbst ausschliessen, oder woferne es ihnen nicht selbst an genugsamen Gemüths=Gaben zu einer so wichtigen Würde mangelt, auf welcher die Wohlfahrt der Kirche und des Staates beruhet" (S. 219).

54 "Ich weiß, daß mir von GOtt nicht mehr erlaubet ist, als meinen Unterthanen; ja daß ich eine genauere Rechnung werde ablegen müssen, als sie, weil ich ihnen zum Regierer vorgesetzet bin, und weil ich ein grösser Aergernüß geben würde, wenn ich nur im geringsten unordentlich lebete, als sie nimmermehr geben könten, ob sie auch schon die gröbsten Missethaten begiengen" (S. 156).

und Seele desto hefftiger bis in alle Ewigkeit brennen, und doch nicht verbrennen müste?" (S. 160)
Der König waltet seines Amtes in hohem Verantwortungsbewußtsein: "Ich befleissige mich aufs alleräusserste, meinen Unterthanen nicht mehr abzufordern, als es die höchste Nothdurfft mit sich bringet, und ich suche meinen Reichthum darin, daß sie reich seynd, nemlich daß ihnen die zur Unterhaltung des Leibes erforderliche Mittel nicht mangeln." (S. 157)
In seinem politischen Credo bekennt er sich ausdrücklich zur Beseitigung der Mißstände, die an anderer Stelle die an Müntzer erinnernde Sozialkritik provoziert hatte: "Ich beschwere sie keinesweges mit vielen und unnöthigen Diensten, damit sie wegen übermäsiger Arbeit des Leibes die Arbeit ihrer Seelen, nemlich die Sorge vor ihr ewiges Heil nicht zurücke setzen dörffen" (ebd.).
Bei allen hohen Ansprüchen an den König bleibt das *Land der Zufriedenheit* aber eine Monarchie und der fromme Patriarch ein Alleinherrscher, dem "GOtt das Regieren" und dessen Untertanen er "das Gehorchen anbefohlen" hat (ebd.)[55].
Die äußere Erscheinung des Hofes ähnelt so gar nicht den Barockhöfen Europas: Die Königin strickt Strümpfe (S. 162), der Hofstaat arbeitet, die Mahlzeiten sind schlicht, "und man schmeckete gar wohl, daß an ihrer Zubereitung keine Kunst gebrauchet worden war" (S. 169); es gibt kein Hofzeremoniell (S. 178 f.), Hofball, Schauspiel und Oper sind auf der *Glückseeligsten Insul* unbekannt (S. 147 ff.). Der Hof ist im *Land der Zufriedenheit* "kein Organ der Repräsentation, in dem Herrschaft dargestellt, sondern ein Zentrum der Verwaltung, in dem die Regierung organisiert wird"[56].
Bei ihrem Empfang beim König wird den drei Europäern auch die königliche Kanzlei gezeigt. Sie sind überrascht, keine Akten zu sehen. Es stellt sich heraus, daß die Insulaner das Papier nicht kennen und "mit Griffeln auf Blätter derer Palm=Bäume" schreiben (S. 183)[57]. Sie "fassen ihre Rechts=Sachen dermasen kurtz, daß auf zwey oder drey der-

55 Daran ändert auch die christliche Verbrämung nichts. "Ich halte mich nicht höher, als meine Unterthanen, ob mir schon GOtt das Regieren, ihnen aber das Gehorchen anbefohlen hat. Ich und sie seynd Knechte GOttes, und ist kein anderer Unterschied zwischen mir und ihnen, als daß mir GOtt mehrere Pfunde anvertrauet hat, als ihnen insgesamt" (S. 157).
56 STOCKINGER, Ficta Respublica, S. 239.
57 An anderer Stelle ist jedoch davon die Rede, daß jeder Insulaner eine Bibel hat (S. 35 f.); STOCKINGER weist auf diesen Widerspruch hin: STOCKINGER, Ficta Respublica, S. 215.

gleichen Blätter ein gantzer Proceß aufgezeichnet werden kan" (ebd.). Die wenigen Gesetze der Insulaner sind klar formuliert, meist "aus dem Rechte des Israelitischen Volckes genommen", und ihre "Billigkeit" wird von "jederman leichtlich aus dem Lichte der Natur" begriffen (ebd.). Aus diesem Grund kann man im *Land der Zufriedenheit* auf solche Rechtsbeistände verzichten, "welche die kläreste Sachen künstlich verwirren, und das gerade krumm zu machen geschickt seynd" (ebd.)[58].

Auch die Finanzverwaltung der *Glückseeligsten Insul* hebt sich wohltuend von zeitgenössischen europäischen Verhältnissen ab. Da man hier auf eine kostspielige Hofhaltung verzichtet und auch sonst sich beim Geldausgeben in "Christliche(r) Mäsigkeit" übt, brauchen die Untertanen auch nicht über "herrschafftliche() Beschwerungen" zu klagen (S. 187).

Wirtschaft

Die Informationen zur Wirtschaft auf der Insel sind nicht sehr detailliert. Immerhin erfahren wir, daß die Insulaner Ackerbau betreiben (S. 12) und daß die wichtigen Handwerkssparten vertreten sind (S. 108 f.), ohne daß im einzelnen über sie berichtet würde[59]. Dagegen werden einige allgemeine Aussagen über die Handwerker im *Land der Zufriedenheit* gemacht; vor allem sind sie ehrlich und gottesfürchtig: "Bey den Handwercken gehet alles ordentlich und gottesfürchtig zu, und die Lehrlinge werden fleissig angeführet, nicht allein tüchtige Arbeit machen zu lernen, sondern auch niemanden des allergeringsten von denen zu der Arbeit anvertrauten Sachen zu veruntrauen ..." (S. 108).

Der Tauschhandel spielt auf der *Glückseeligsten Insul* eine große Rolle: "Der Handel unserer Insulaner bestehet auch mehr in Vertauschung einer Waare gegen die andere, als im Kauff und Verkauff; dahero man in

58 In diesem Zusammenhang setzt Sinold zu einer Philippika gegen das korrupte Justizwesen in Europa an: "Die zweybeinichte Sug-Egel, die auszehrende Schwindsucht des gemeinen Wesens, das verdammte Geschlechte, das Schlangen und Ottern-Gezüchte, ich will sagen, die Geschenk-Schlucker, oder noch deutlicher zu reden, diejenige gottlose Richter und andere Obrigkeitliche Personen, welche nicht ehe den Mund aufthun, noch die Feder anrühren, bis ihnen die Hände mit Geschencken gefüllet werden, findet man eben so wenig in dem Land der Zufriedenheit, als die Wölffe in Engelland . . . " (S. 185).

59 Allerdings wird die Einschränkung gemacht: "Es seynd auf dieser Insul nur solche Arten der Handwercker gebräuchlich, welche nicht zur Wollust und Uppigkeit, sondern zur Nothdurfft erfordert werden" (S. 107).

diesem gesegneten Lande wenig Geld siehet." (S. 113) Nennwert und Materialwert der Münzen sind identisch (ebd.). Geldverleih ist im *Land der Zufriedenheit* unbekannt (S. 114). Die Jahrmärkte sind "von den Europäischen sehr weit unterschieden" (S. 115). Marktaufseher untersuchen die Ware und setzen einen angemessenen Preis fest, so daß "Verkäuffer und Käuffer des Handels leichtlich eins werden können, weil sie den Werth der Waaren, welcher an jedem Kram=Laden angeschrieben stehet, beyderseits wissen" (S. 115 f.). Kein "Fressen, Sauffen, Spielen, Dantzen, Schreyen und dergleichen" stört den Martkbetrieb; vielmehr wird allmorgendlich, so lang der Jahrmarkt dauert, eine Andacht gehalten (S. 116).

Die Städte der Insel sind regelmäßig angelegt: quadratischer Grundriß, breite Straßen, vier Stadttore, ein weiter Marktplatz im Zentrum, in zwei einander diagonal entgegengesetzten "Winckeln an den Stadt=Mauern" zwei Kirchen, in den andern zwei Ecken die Schulen, "weil so wohl diese, als auch jene sich nirgends besser schicken, als an solchen Orten, wo es am stillesten ist" (S. 17). Es ist interessant, wie hier bei Sinold pragmatische Erwägungen im Vordergrund stehen, während bei Andreaes Architektur der *Christianopolis* das Symbolische dominierte: Andreae setzte den Tempel (gleichzeitig der Regierungssitz) ins Zentrum der Stadt, um den theokratischen Charakter ihrer Verfassung zu illustrieren.

Die Häuser sind einstöckig und einheitlich im Baustil, jedoch unterschiedlich in der Größe ("je nachdem es der Stand und die Beschaffenheit derer Einwohner erfordert") gebaut (ebd.).

Das auffallendste am Wirtschaftsleben der *Glückseeligsten Insul* ist das Arbeitsethos der Bürger oder, negativ ausgedrückt, die Ächtung des Müßiggangs. Die ausgesprochen positive Bewertung der Arbeit wird aus zwei Quellen gespeist:

Erstens von der biblischen Forderung des Ausnutzens der von Gott geschenkten, kostbaren Zeit (Epheser 5, 16), von der wir einmal vor Gott Rechenschaft ablegen müssen[60].

Zweitens, in Ergänzung dazu, von dem Gedanken, daß die Arbeit eine Gabe Gottes ist, um dem Müßiggang, "als dem Ursprunge vieler Sünden und Laster", entfliehen zu können (S. 225)[61].

60 Jeder sei schuldig, "den Müssiggang eben so sehr, wie die Pestilentz zu fliehen, und niemand sey darvon ausgeschlossen, daß er nicht dermahleins von den Jahren, Tagen und Stunden seines Lebens Rechenschafft geben müsse" (S. 226).

61 Der Fluch in 1. Mose 1, 17–19 erhält somit eine positive Bedeutung.

"Kampf dem Müßiggang" lautet die Losung, die über Wirtschaft und Gesellschaft der *Glückseeligsten Insul* steht. Auch die Armenfürsorge ist davon beherrscht: Wer arbeiten kann, "dem wird so viel zu thun gegeben, daß er nicht müssig gehen darff"; die Arbeit wird von Statthaltern und Beamten so geschickt eingeteilt, "daß ein jeder gesunder Mensch sein Brodt nach Northdurfft erwerben kan" (S. 180)[62]. "Was nun die alten, gebrechlichen und krancken Leute betrifft, so wird genau untersuchet, ob sie gantz und gar oder nur auf gewisse Mase zur Arbeit untüchtig seynd. Ist das erste, so werden sie in denen wohleingerichteten Hospitälern völlig versorget, und kommen zur Ruhe: Ist aber das letztere, so müssen sie ihren Unterhalt durch die Arbeit einigermasen verdienen, und wird ihnen dasjenige, was daran mangelt, von der Gemeinde, unter welche sie gehören, nothdürfftiglich zugeleget." (S. 181) Allerdings darf man sich das "Zur-Ruhe-kommen" im Hospital nicht zu beschaulich vorstellen, denn auch hier "wird der Müssiggang nicht geduldet, sondern es bekömmt ein jeder etwas darinnen zu thun, so viel es die Beschaffenheit seines Leibes zulässet, und wird im übrigen eine scharffe Zucht darinnen beobachtet, indem man fast den gantzen Tag und einen grossen Theil der Nacht mit geistlichen Ubungen zubringet" (ebd.)[63].

Zusammenfassung

Der alles beherrschende Zug der Utopie Sinolds ist das Durchdringen sämtlicher Lebensbereiche mit seiner spezifischen Form des Glaubens, dem halleschen Pietismus. Die Schrift muß von der biblisch-christlichen Weltsicht des Autors her verstanden werden, um Verzerrungen und Fehlbeurteilungen in der Interpretation zu vermeiden. Dieser Ausgangspunkt führt Sinold zu seiner geistesgeschichtlich überholten Position - er setzt nicht auf die Vernunft wie die Aufklärung, sondern auf die Bibel als letzte Autorität -, aber auch zu seiner Kritik an der Feudalgesellschaft im allgemeinen und am barocken Absolutismus im besonderen.
Die politische und soziale Verfassung des Landes der Zufriedenheit ist gekennzeichnet von einer Spannung zwischen zwei sich widersprechenden Konzepten. Zunächst spiegelt sie den Versuch Sinolds, die

62 Im geschickten Verteilen der Arbeit bestehe "eine derer vornehmsten Eigenschafften der Regier=Kunst" (S. 180).

63 " . . . dergestallt daß diese **GOtt** geheiligte Häuser ein rechtes Muster derer Clöster in denen ersten Christlichen Zeiten vorstellen" (S. 181) [Hervorhebung im Original].

zeitgenössische Gesellschaft unter Beibehaltung ihrer politischen und sozialen Strukturen gleichsam christlich zu überhöhen, d. h. von den Schlacken menschlicher Mißbräuche zu reinigen, "ein Idealbild der pietistischen Monarchie, wie sie ihm in ihren Ansätzen während seiner politischen Laufbahn begegnete"[64], zu zeichnen: Das Land ist formal eine Monarchie, es ist von Herren und Knechten die Rede (S. 236 f.), was auf eine ständisch strukturierte Gesellschaft schließen lassen könnte, das landesherrliche Kirchenregiment hat eine große Bedeutung (S. 180).

Seine pietistischen Prinzipien führen ihn nun aber an vielen Stellen über diese Gesellschaftsform hinaus, ohne daß er das Verfassungsmodell, das sich aus seinen Ansätzen ergeben würde, konsequent ausarbeitet: Er führt - mit betont christlicher Begründung - das Prinzip der Gleichheit aller Bürger ein[65] und greift die auf Geburtsprivilegien beruhende Feudalgesellschaft an[66], er propagiert die Absetzbarkeit des Königs, wenn der gegen den christlichen Verhaltenskodex der Insulaner verstieße oder sich des Mißbrauchs der Regierung schuldig machte; "er führt als Kriterium sozialer Differenzierung die individuelle Leistung ein ... und er legitimiert die staatliche Gesetzgebung durch ihre Übereinstimmung mit dem Naturrecht und den moralischen Überzeugungen der Staatsbürger"[67].

Seine Kritik an der höfischen Gesellschaft mit ihrer Sondermoral, ihrer Prachtentfaltung, ihrem Vertändeln von Zeit und Arbeitskraft[68] entspricht zwar bürgerlichen Vorstellungen (genauso wie die Einführung des Leistungsprinzips bei Ämterbesetzungen), sie ist jedoch primär von seiner pietistischen Haltung her motiviert und wird biblisch begründet[69].

64 WINTER, Compendium Utopiarum, S. 163.

65 Die Gleichheit der Bürger ist bei Sinold in der Gleichheit der Menschen vor Gott begründet.

66 STOCKINGER, Ficta Respublica, S. 238 ff.

67 Ebd., S. 242 f.

68 Vgl. ebd., S. 235.

69 Wenn WINTER z. B. urteilt, daß "Sinolds deutliche Anspielung auf die Maitressenwirtschaft, nicht nur am württembergischen Hof, . . . den radikalen bürgerlichen Moralstandpunkt des aus dem niederen Beamtenadel stammenden Autors" zeigte (WINTER, Compendium Utopiarum, S. 164), so erfaßt er Sinolds Position nicht angemessen. Seine Kritik der "Vielweiberey" hat eine spezifisch pietistische Note, insofern sie von einer Eheauffassung ausgeht, in der "eine eintzige Ehefrau einem Ehemanne zum Beystand in diesem müheseligen Leben genug sey, und dannenhero derjenige, welcher ihrer noch mehrere verlanget, seine unbändige Fleisches-Lust offenbarlich zu erkennen gebe"; es gelte im übrigen, auch im Ehestand "keusch und züchtig zu leben" (S. 199).

Wenn WINTER das *Land der Zufriedenheit* als "bürgerliche Utopie" bezeichnet[70], so führt diese plakative Charakterisierung zu falschen Assoziationen und erfaßt das Wesentliche dieser Utopie nicht, das in der pietistischen Ausrichtung zu suchen ist. Sinolds Gesellschaftsmodell, sofern davon überhaupt die Rede sein kann, entspricht aufs Ganze gesehen nicht dem Bild einer bürgerlichen Gesellschaft. Schon die Schwerpunkte, die Sinold in der Beschreibung der *Glückseeligsten Insul* setzt, sprechen dagegen. Die Bereiche der Wirtschaft und der Politik und Verwaltung spielen eine völlig marginale Rolle gegenüber denen des Glaubens und der Frömmigkeit, obwohl Sinold über reiche Erfahrung in politischer Praxis verfügte. Im Bereich der Wirtschaft dominiert die Landwirtschaft und das einfache Handwerk. Geldverleih gibt es nicht, ja das Geld spielt insgesamt kaum eine Rolle, der Tauschhandel steht im Vordergrund. Im politischen Bereich ist von einer Beteiligung der Bürger an der Verwaltung des Landes, etwa am Stadtregiment, nicht die Rede. Was nun allerdings unter dem Schlagwort "bürgerlich" gebucht werden kann, ist die Einführung des Leistungsprinzips bei der Ämterbesetzung und die Verurteilung des Müßiggangs. In seinem Arbeitsbegriff dringt Sinold jedoch nicht zu modernen bürgerlichen Vorstellungen vor: Er stellt Arbeit nicht "als Produktion von Werten und als Veränderung der Welt" dar; sie ist ihm vielmehr vorrangig "ein Mittel zur Bekämpfung der Sünde"[71].
Mit Blick auf die Konzentration Sinolds auf das fromme Leben des Einzelnen könnte man das *Land der Zufriedenheit* eher als "Individualutopie" denn als Sozialutopie bezeichnen.

4. Die Utopie aus dem Geist des halleschen Pietismus - gemeinsame Züge und Unterschiede

Wir haben mit dem *Verbesserten Fürstenstaat* (1699) und der *Stadt Gottes* (1700) aus der Feder unbekannter Verfasser und Sinolds *Land der Zufriedenheit* (1723) drei zum Teil sehr unterschiedliche Utopien aus dem Geist des halleschen Pietismus betrachtet. Handelt es sich bei dem *Verbesserten Fürstenstaat* um eine von Veit Ludwigs von Seckendorff *Teutschem Fürstenstaat* abhängige Reformschrift, die sehr nahe an

70 WINTER, Compendium Utopiarum, S. 164 f.
71 STOCKINGER, Ficta Respublica, S. 267 f.

den realen Verhältnissen bleibt[72], so stellt die *Stadt Gottes* den spielerischen Versuch dar, ein ideales christliches Gemeinwesen ohne Bezüge zur politischen und sozialen Realität zu entwerfen. Im *Land der Zufriedenheit* schließlich sind sowohl Strukturen aus der zeitgenössischen Wirklichkeit auszumachen als auch Ansätze, die - konsequent durchgeführt - eine harmonische Gesellschaft[73] ohne Standesschranken, in "brüderlicher Einigkeit und Gleichheit", herbeiführen würden.
Ungeachtet aller Unterschiede gibt es bemerkenswerte Gemeinsamkeiten der drei Schriften:
1) Der Müßiggang wird als Ursache bzw. Verlockung zur Sünde verurteilt.
2) Großer Wert wird darauf gelegt, daß alles "ordentlich zugehet"; jegliche "excese" müssen sorgfältig vermieden werden.
3) Es regiert das Prinzip der Effizienz. Alles, was nicht unmittelbar von Nutzen ist, wird auch nicht betrieben.
Besonders die beiden letzten Punkte erweisen die Schriften auch als Produkte ihrer Zeit, deren Geist mit Leitwerten wie "Ordnung"[74], "Rationalität" und "Utilität" charakterisiert worden ist[75].
Im Bereich des Glaubens sind die Übereinstimmungen besonders zwischen der *Stadt Gottes* und dem *Land der Zufriedenheit* auffällig. Das reicht von der Allgegenwart der Religion bis zu den Ausführungen zum Gottesdienst, mit der Predigt, die in beiden Utopien vor allem ein "Einhämmern" biblischer Wahrheiten ist, mit dem sich daran anschließenden "Examen" der Gemeinde, mit der Forderung nach Andacht und Feierlichkeit. Hier ist der Einfluß Franckes besonders stark zu spüren.

72 Auf diese Schrift trifft WINTERs pauschale Feststellung zu, "daß im deutschen Bereich die Utopie des beginnenden 18. Jahrhunderts nicht über den historisch absehbaren politischen Horizont hinaustastet, zwar reformerische Elemente aufweist, keinesfalls aber in der Kritik an der Gegenwart weitreichende Antizipationen entwickelt wie im benachbarten Ausland" (WINTER, Compedium Utopiarum, S. 163). Die Aussage ist in ihrer Allgemeinheit jedoch falsch, wie wir an der *Stadt Gottes* sehen, die WINTER allerdings nicht kannte.

73 Vgl. STOCKINGER, Ficta Respublica, S. 259.

74 DUCHHARDT, Absolutismus, S. 74 ff.

75 KUNISCH, JOHANNES: Absolutismus. Europäische Geschichte vom Westfälischen Frieden bis zur Krise des Ancien Régime. Göttingen, Vandenhoeck & Ruprecht, 1986. S. 9.

IV. Vom radikalen Pietismus zur Aufklärung: Johann Friedrich Bachstroms *Land der Inquiraner* (1736/37)

1. Der Angriff auf die orthodoxe Erlösungslehre durch Johann Konrad Dippel (*Christianus Democritus*)

Als eine der schillerndsten Figuren und gleichzeitig der schärfsten Denker aus dem Bereich des radikalen Pietismus darf Johann Konrad Dippel (1673-1734) gelten. Dippel hatte - aus lutherisch-orthodoxer Pfarrersfamilie stammend und noch während seines Theologiestudiums in Gießen (1691-93) und Straßburg (1694-96) orthodoxe Standpunkte vehement vertretend - 1697/98 unter maßgeblichem Einfluß Gottfried Arnolds eine Bekehrung zum (radikalen) Pietismus erfahren[1]. Seine Entscheidung für die radikale Variante des Pietismus bildete den Auftakt für einen ausgesprochen abenteuerlichen, von Flucht und Verfolgung geprägten Lebenslauf: 1704-1707 arbeitet er als Chemiker in Berlin, wo es ihm zwar nicht gelingt, Gold zu machen, er aber immerhin den Farbstoff "Berliner Blau" entdeckt. Aus Berlin vertrieben, sucht Dippel Zuflucht in Holland und praktiziert als Arzt in Amsterdam; 1711 wird er in Leiden zum Dr. med. promoviert[2]. Aber auch in Holland ist seines Bleibens nicht, 1714 zieht er ins dänische Altona[3]. Hier scheint sich ihm die Aussicht zu bieten, die dänische Kirche im Sinne seines Kirchenverständnisses zu reformieren, war doch die Gemahlin Friedrichs IV. den

1 Zur Biographie Dippels vgl.: BENDER, WILHELM: Johann Konrad Dippel. Der Freigeist aus dem Pietismus. Ein Beitrag zur Entstehungsgeschichte der Aufklärung. Bonn, Weber, 1882. 221 S. - Zum jungen Dippel vor allem: DIEHL, WILHELM: Neue Beiträge zur Geschichte Johann Konrad Dippels in der theologischen Periode seines Lebens. BHKG 3, 1908, 135-184. - Einen gedrängten und nicht sehr befriedigenden Überblick über Leben und Werk Dippels gibt: BÜCHSEL, JÜRGEN: [Art.] Dippel, Johann Konrad (1673-1734). In: TRE 9, 1982, S. 9 f. Eine überzeugende neue Arbeit über das Leben und die Theologie Johann Konrad Dippels ist immer noch ein dringendes Desiderat der Forschung (vgl. zur neueren Literatur den gründlichen Forschungsbericht HANS SCHNEIDERs: Der radikale Pietismus in der neuen Forschung. PuN 8, 1982, 34 ff.).

2 BÜCHSEL, Dippel, S. 9.

3 Möglicherweise war ihm der Aufenthalt durch eine im gleichen Jahr veröffentlichte Streitschrift gegen die Orthodoxie unmöglich geworden (vgl. BENDER, Johann Konrad Dippel, S. 101).

Pietisten offensichtlich zugeneigt[4]. Dippel muß jedoch versucht haben, auch im politischen Bereich Einfluß zu nehmen: In einem Brief an den König denunziert er 1717 den Magistrat von Altona und den Statthalter Graf Reventlow und dessen Frau[5]. Der König jedoch, der "für diese Methode pietistischer Staatsverbesserung nicht empfänglich" war, reagiert ganz anders, als Dippel sich das vorgestellt hat: Es wird Verleumdungsklage gegen ihn erhoben, und 1719 wird er zu lebenslanger Haft (!) verurteilt[6]. Nach fast siebenjähriger Gefangenschaft auf der Insel Bornholm wird er 1726 auf Veranlassung des Königs, der damit einer Bitte seiner Frau entspricht, wieder freigelassen[7]. Die nächste Station seiner Odyssee ist Schweden. Trotz starken Widerstandes der schwedischen lutherischen Orthodoxie wird er sogar nach Stockholm eingeladen, weil der mit der Geistlichkeit rivalisierende Adel Dippel offenbar als Mittel benutzt, diese zu düpieren[8]. Der Pietismus, der auch in Schweden schon Anhänger gefunden hat, erhält nun durch den Einfluß Dippels offenbar mehr Freiraum[9]. Aber auch der Aufenthalt in Schweden ist für Dippel nicht von langer Dauer; nach der Veröffentlichung einer gegen die lutherisch-orthodoxe Satisfaktionslehre gerichteten Schrift muß er "obwohl krank, bei strenger Kälte am 5. Dezember 1727" Stockholm und bald darauf Schweden verlassen[10]. Über Dänemark kehrt er im Herbst 1728 nach Deutschland zurück, wo er zunächst aber auch auf Schwierigkeiten stößt, als er sich niederlassen will; von "den orthodoxen Regierungen durch ganz Norddeutschland gehetzt()", findet er erst in der Grafschaft Sayn-Wittgenstein-Berleburg, dem Zufluchtsort vieler radikaler Pietisten, die Freistatt, wo er seine letzten Lebensjahre in Ruhe verbringen kann[11]. 1734 stirbt er bei einem Besuch seines langjährigen Gönners, des Grafen August von Wittgenstein, auf dessen Schloß in Wittgenstein[12].

Dippel führte einen leidenschaftlichen Kampf gegen die lutherische

4 Ebd. und S. 108.

5 Ebd., S. 108.

6 Ebd., S. 109, BENDER äußert die Vermutung, daß mit dieser "selbst für die damalige willkürliche Rechtsprechung" unverhältnismäßig schweren Strafe, nicht nur die Denunziation bestraft, sondern vielmehr der "gefürchtete() Mann überhaupt unschädlich" gemacht werden sollte (S. 109 f.).

7 Ebd., S. 112.

8 Ebd., S. 112 ff.

9 Ebd., S. 115.

10 Ebd., S. 121.

11 Ebd., S. 122 f.

12 Ebd., S. 162.

Orthodoxie und alles verfaßte "babelische" Kirchenwesen, wozu seiner Meinung nach auch der kirchliche Pietismus in der Nachfolge Speners gehörte, weil er auf halbem Wege stecken bleibe und aus Menschenfurcht die an sich richtigen Ansätze nicht konsequent weiterverfolge. Ja, die zur Besonnenheit und Zurückhaltung mahnenden Schriften Speners böten den Heuchlern ein gar "sicheres *Asylum*", und selbst diejenigen, die "den Herren Doctor Spener / nur weil ihnen sein Gottseeliger Wandel / und sein ermahnen zum bessern Leben ärgerlich gewesen / gelästert und verketzert", erklärten sich inzwischen für seine Anhänger und "[schwätzen] ihme getreulich nach ... die Ermahnung zur Gottes=Furcht / doch daß man Gott gut Luthrisch förchte / und dabey nicht von dem Ministerio ab zu Christo falle"[13]. Dabei gelte es, den als richtig erkannten Weg auch entschlossen zu gehen; "wer dem leitenden Finger Gottes in der Güte nicht folgen will / noch dem züchtigenden Geist Christi Gehör geben / der mag dann warten biß Gott selbst in seinen Gerichten über Babel den Außschlag giebt; Aber er mag auch zu sehen / daß ihn solche Gerichte nicht selbst in seinem Lutherischen / oder gar pietistischen / Babel überfallen"[14].

Dippel hat sich in seinem Streit mit Orthodoxie und kirchlichem Pietismus nicht auf die Kritik am Zustand der Kirche und an der Kirchenverfassung beschränkt; vielmehr rücken im Laufe der Auseinandersetzung die Dogmen der lutherisch-orthodoxen Theologie ins Zentrum seiner

13 DIPPEL, JOHANN KONRAD: Christen=Statt auff Erden ohne gewöhnlichen Lehr=, Wehr= und Nehr=Stand . . . 1700. Anhang. S. 110 f. - Dippel setzte sich schon im Anhang dieser frühen Schrift mit Speners vermittelnder Position sehr kritisch auseinander (auch wenn er Spener konzediert, subjektiv in bester Absicht zu handeln). Nach meiner Meinung überschätzt BENDER, der den "Bruch mit dem orthodoxen Pietismus" erst spät, in der Zeit des Aufenthalts in Holland, ansetzt (BENDER, Johann Konrad Dippel, S. 102 ff.), die anfängliche Übereinstimmung Dippels mit Spener (vgl. dazu ebd., S. 67 ff.). Immerhin weist auch BENDER darauf hin, daß Dippel "schon sehr frühe den orthodoxen Pietismus" mißtrauisch angesehen haben müsse (ebd. S. 104, vgl. auch S. 107).

14 DIPPEL, Christen=Statt, S. 114. - Dippel bestreitet, daß es überhaupt ein - wenn auch noch so korrumpiertes - "lutherisches Zion" gebe; die reformatorische Kirche sei vielmehr ein noch schlimmeres Babel als die katholische: "Welche Greuel Babels (gemeint sind das "Antichristliche() Regiment über die Gewissen / und [die] geistliche Krämerey im Ministerio") ja in unser Lutherischen Kirchen bißhieher so groß gewesen / als in dem Pabstthum nimmermehr / nur daß die Vernunfft der Sach durch Buchstaben der Schrifft / und fingirte Ordnung Gottes eine bessere Farb angestrichen / und das gar zu läppische Gezeug / woran auch die Vernunfft einen Eckel hat / zum Theil durch die *Reformation* gehoben: Dardurch das Babel aber kein Zion / sondern nur ein geschmückters / und eben darum desto gefährlichers / Babylon geworden" (Ebd., S. 114 f.).

Kritik[15]. Im Brennpunkt seines Angriffs steht das Kernstück der orthodoxen Dogmatik, die Rechtfertigungs- und Erlösungslehre[16]. An der Lehre, daß Christus an des sündigen Menschen Statt gelitten und durch seinen Tod der göttlichen Gerechtigkeit Genüge getan hat, stört ihn zum einen die Distanz, die zwischen dem einmaligen Heilsgeschehen am Kreuz einerseits und dem Gläubigen andererseits besteht; zum andern lehnt er das Gottesbild ab, das hinter diesem orthodoxen Dogma steht[17]. Nach Dippel geht es darum, das Geschehen am Kreuz von Golgatha im eigenen Leben nachzuvollziehen[18]: Christus wäre "noch kein rechter Erlöser, wo er nur die Schuld dem himmlischen Vater wollte zahlen, und unterdessen den armen Menschen, der durch den Fall sich in das Reich der Finsterniß und den geistlichen ewigen Tod gestürtzt, in seinem Gefängniß unter der Gewalt der Sünden und des Satans liegen lassen. Dieses wäre gespottet; und diejenige Thoren, die Christum auf keine andere Art, als nur in seinem Genugthun und in der Vergebung der Sünden, wollen zum Erlöser und Heyland haben, haben nicht allein närrische und lästerliche Gedancken von dem Werck des Heyls in Christo Jesu, sondern empfinden auch noch nicht ihr äusserstes Verderben und Elend in wahrer Reu und Buß, wissen nicht, daß sie des Satans und des Todes Sclaven von Natur sind, sonst würde ihnen die Erlösung in der Vergebung der Sünden, und in der bloßen Imputation des Verdienstes Jesu Christi, so abgeschmackt und närrisch vorkommen, so ungereimt und absurd es einem gefässelten und zum ewigen Gefängniß verurtheilten Dieb würde vorkommen, wann iemand zu ihm wollte kommen, und ihm dieses Evangelium predigen: es habe einer vor ihn die Schuld bezahlt, und seinen Herrn versöhnet, darauf soll er sich getrost verlassen, und sicherlich glauben, daß er wieder bey seinem Herrn in

15 Zu Dippels theologischem Denken vgl. HIRSCH, EMANUEL: Geschichte der neuern evangelischen Theologie im Zusammenhang mit den allgemeinen Bewegungen des europäischen Denkens. Bd. II. Münster, Antiquariat Th. Stenderhoff, 1984 (= Photomechanischer ND der 3. Auflage 1964). S. 277-298 und WENZ, GUNTHER: Geschichte der Versöhnungslehre in der evangelischen Theologie der Neuzeit. Bd. 1. München, Kaiser, 1984. S. 158-169.

16 HIRSCH, Geschichte der neuern evangelischen Theologie, S. 283: Nach HIRSCH lebt Dippel "in der Theologiegeschichte wesentlich als der weiter, der als erster im deutsch-lutherischen Kreise die Satisfaktions- und Imputationstheorie als Ganzes mit einer scharfen theologischen Einzelkritik umstoßen und durch eine **völlig neue Fassung der Erlösungs- und Rechtfertigungslehre** ersetzen wollte" (Hervorhebung bei HIRSCH).

17 Vgl. ebd., S. 284 ff. und WENZ, Geschichte der Versöhnungslehre, S. 159 f.

18 WENZ, Geschichte der Versöhnungslehre, S. 163.

Gnaden stehe. Unterdessen sollte er dennoch die Zeit seines Lebens in dem Kärcker verbleiben, weil niemand zu ihm hinunter wollte steigen, und ihm die Bande auflösen ..."[19]. Sich lediglich auf Christi Tod zu berufen ist zu wenig: "Dieser Glaube ist iedermanns Ding, und alle Welt kan, **als Welt**, diesen Glauben haben. Du hast noch mehr an Christo dem **Seligmacher** zu ergreiffen, als die **Zahlung** für deine Sünde; Er will dich auch **in der That** von dem Reich der Finsterniß **befreyen**, dir sein Joch auflegen, und deinen alten Menschen in seinen Tod führen"[20]. Ausgangspunkt für Dippels neue Fassung der Erlösungslehre ist sein von der Orthodoxie gründlich verschiedenes Gottesbild: Für Dippel ist Gott "auch in der durch Christi Kreuz und Auferstehung uns sich erschließenden Erlösung und Versöhnung **nichts als die mit sich selbst einige reine ewige Liebe**"[21]; ein Gott, "dessen Zorn durch ein Versöhnungsopfer gestillt werden muß, der Beleidigungen durch Strafen vergilt, solange bis man seiner rächenden Gerechtigkeit genug getan hat", ist für ihn nicht der christliche Gott[22]. Was nun die Strafe für die Sünde angeht, "so rührt sie nicht eigentlich von Gott her; vielmehr bestraft sich die Sünde selbst, indem sie sich der Gemeinschaft mit Gott entzieht und sich mithin selbst den ewigen Tod bereitet"; indem sich der Sünder "vom Ursprung aller Güte losreißt und sich auf sich selbst zurückzieht bzw. an die Kreaturen hängt, bringt er das Übel als eine natürliche Folge der Sünde über sich"[23]. Gottes ausschließliches Ziel ist das Heil des Menschen[24].

So wie sich Adams Fall - das eigenwillige Verlassen der Gemeinschaft mit Gott - in jedem Menschen neu ereignet und damit jeder Mensch die Gottesferne als Folge der Sünde erfährt, so muß auch jeder Mensch die Erlösung durch Christus in seinem eigenen Leben erfahren[25]. Das Werk Christi besteht für Dippel nicht darin, daß Christus durch sein Leiden den Zorn des Vaters habe stillen müssen: "Der einzige wahre Grund,

19 DIPPEL, JOHANN KONRAD: Wein und Oel in die Wunden des gestäupten Papstthums der Protestierenden (1699), in Bd. 1 der dreibändigen Werkausgabe von 1747, S. 301; zitiert nach WENZ, Geschichte der Versöhnungslehre, S. 160 f.

20 Ebd., in Werkausgabe Bd. 1, S. 340; zitiert nach WENZ, Geschichte der Versöhnunglehre, S. 163.

21 HIRSCH, Geschichte der neuern evangelischen Theologie, S. 284 [Hervorhebung bei HIRSCH].

22 Ebd., S. 285 [Zitat bei HIRSCH gesperrt].

23 WENZ, Geschichte der Versöhnungslehre, S. 160.

24 Ebd.

25 Ebd., S. 161.

warum Christus habe leiden müssen, sei darin zu sehen, daß die menschliche Natur nur auf dem Wege der Selbstverleugnung und des Kreuzes in die göttliche Herrlichkeit eingehen könne. Dabei sei das Leiden und Sterben des Heilands im Fleisch nichts anderes gewesen als ein Vorbild seines Mittleramtes im Geist, durch welches in jedem Menschen [das alte von Adam herrührende Wesen] durch denselben Verleugnungs- und Leidensprozeß auf unsichtbare Weise vernichtet und getötet werden muß. Alles was in Christus geschah, muß deshalb in denen, welche an ihn glauben, in seinem Maß erfüllt werden ..."[26].

In Dippels Neufassung der Versöhnungslehre zeigt sich ein "Besserungsoptimismus, welcher dem Subjekt weithin die Verwirklichung seines Heiles zutraut", an den die Aufklärungstheologie anknüpfen konnte[27]. An Dippels theologische Positionen angeknüpft hat insbesondere Johann Friedrich Bachstrom (1686-1742), der sich schon mit seinem Pseudonym, *Christianus Democritus Redivivus*, als Fortführer und Vollender Dippelschen Denkens zu erkennen gibt[28]. Bachstrom ist heute vergessen[29], hat aber in den dreißiger Jahren des 18. Jahrhunderts durch seine Schriften eine beachtliche Wirkung entfaltet.

2. *Christianus Democritus Redivivus*: Johann Friedrich Bachstrom - der selbsternannte Erbe und Vollender der Theologie Dippels

a) Zur bewegten Biographie Bachstroms. Sein Denken

Für die Beschäftigung mit Bachstrom ist es ein Glücksfall, daß sich der Bibliograph Robinsons und der Robinsonaden, Herrmann Ullrich (1854-1932), durch die Arbeit an seiner Robinson-Bibliographie dazu anregen ließ, sich mit dieser bis dahin nahezu unbekannten Gestalt zwischen

26 Ebd., S. 165 f. [Zitat S. 166].

27 Ebd., S. 169. - HIRSCH faßt diese Konsequenz in ein vielleicht etwas kühnes, doch überzeugendes Bild: "Nach dieser religiösen Seite ist die Aufklärungstheologie das Kind, das die radikal pietistische Theologie unter dem Beifall der gesunden sittlichen Vernunft aus der Orthodoxie vermöge deren Schwachheit gezeugt hat" (HIRSCH, Geschichte der neuern evangelischen Theologie, S. 294).

28 Die Behauptung BÜCHSELs, daß Dippel keine Schüler gefunden habe, ist somit falsch (BÜCHSEL, Dippel, S. 10).

29 Nach HERMANN ULLRICH, der 1909 mit einem grundlegenden biographischen Aufsatz Bachstrom seinerseits dem Vergessen entreißt (*Johann Friedrich Bachstrom. Ein Gelehrtenleben aus der ersten Hälfte des 18. Jahrhunderts.*

Pietismus und Aufklärung zu befassen[30]. Ullrich konnte entlegenes und heute kaum mehr zugängliches Aktenmaterial benutzen, darunter Briefe aus dem "Privatarchiv Sr. Durchlaucht des Fürsten Radziwill zu Nes'viz' (Nies'wiez'u) im Gouvernement Minsk"[31]. Als Ergebnis seiner Studien veröffentlichte er 1909 einen längeren Aufsatz zur Biographie Bachstroms, dem er ein Verzeichnis der Schriften dieses Dippelschülers anfügte[32]; Ullrich hat dabei die Pseudonyme *Christianus Democritus Redivivus* und *A.B.C.* überzeugend mit Bachstrom identifiziert[33]. Durch die Bemühungen Ullrichs ist wenigstens auf das abenteuerliche Leben Bachstroms soviel Licht gefallen, daß die Umrisse der Biographie zu erkennen sind; wichtige Lebensabschnitte liegen hingegen ebenso wie sein schriftstellerisches Werk immer noch im dunkeln[34].

Johann Friedrich Bachstrom wird 1686 geboren und wächst in Rawicz, einem kleinen, von evangelischen Schlesiern gegründeten Städtchen im damaligen Königreich Polen auf[35]. Wahrscheinlich hat er zunächst das Perückenmacherhandwerk erlernt, bevor er - bereits neunzehnjährig - das St. Elisabeth-Gymnasium in Breslau bezieht, das er bis 1709 be-

Euphorion 16, 1909, 28-58 und 320-349), hat sich offenbar niemand mehr mit diesem in vielen Disziplinen aktiven Gelehrten beschäftigt (sieht man von knappen biographischen Artikeln wie dem HERBERT SCHÖNEBAUMs in der NDB [Bd. 1, 1953, S. 503] ab). Mich hat Fräulein Gertraud Zaepernick auf Bachstrom aufmerksam gemacht, wofür ich ihr auch an dieser Stelle herzlich danken möchte.

30 ULLRICH, HERMANN: Robinson und Robinsonaden. Bibliographie, Geschichte, Kritik. Ein Beitrag zur vergleichenden Litteraturgeschichte, im besonderen zur Geschichte des Romans und zur Geschichte der Jugendlitteratur. Teil I. Bibliographie. Weimar, Emil Felber, 1898. S. 138.

31 ULLRICH, J. F. Bachstrom. Ein Gelehrtenleben, S. 31.

32 Vgl. Anm. 29; Bachstrom-Bibliographie: ULLRICH, J. F. Bachstrom. Ein Gelehrtenleben, S. 345-349 (17 Nummern).

33 Ebd., S. 56 ff.

34 An vielen Stellen ist ULLRICH aufgrund fehlender oder sich widersprechender Quellen auf Vermutungen und Rückschlüsse angewiesen, vgl. ULLRICH, J. F. Bachstrom. Ein Gelehrtenleben, passim. Der von ULLRICH geplante Artikel zum *Land der Inquiraner* (ebd., S. 56) ist nie erschienen. - Als Quelle für die Biographie Bachstroms kommen neben Briefen und Akten autobiographische Äußerungen in seiner *Kunst zu Schwimmen* (französisch 1741, deutsche Übersetzung 1742) in Frage: BACHSTROM, JOHANN FRIEDRICH: Die Kunst zu Schwimmen, Oder Erfindung, vermittelst welcher man sich allemal aus einem Schiffbruch retten, auch bedürfenden Falls ganze *Arméen* über die breitesten Flüsse bringen, kan. Berlin, Johann Andreas Rüdiger, 1742.

35 ULLRICH, J. F. Bachstrom. Ein Gelehrtenleben, S. 32. - SCHÖNEBAUM, Bachstrom, S. 503.

sucht[36]. Nach dem Studium der Theologie in Halle (?) und Jena (bei Buddeus) bekleidet er bis 1717 eine Hauslehrerstelle bei dem Adligen von Kessel im schlesischen Stroppen[37]. 1717 erhält Bachstrom einen ehrenvollen Ruf an das hochangesehene Gymnasium zu Thorn, wo er als *Professor extraordinarius* die oberste Klasse unterrichten soll[38]. Diese "oberste Klasse hatte schon den Charakter einer Akademie, denn in ihr wurden theologische, juristische, medizinische, philosophische Studien getrieben, sowie öffentliche Disputationen und rhetorische Übungen angestellt"[39]. Erfreut sich das Gymnasium zu Thorn eines ausgezeichneten Rufes, so kann man Gleiches von den kirchlichen Verhältnissen der Stadt nicht sagen: In einer aufsehenerregenden Predigt prangert Bachstrom schon ein halbes Jahr nach seiner Ankunft in Thorn die Mißstände an, für die er vor allem die Geistlichen verantwortlich macht[40]. Der Sturm der Entrüstung, den die angegriffene Geistlichkeit daraufhin entfacht, bringt Bachstrom ein Kanzelverbot ein, das er jedoch dadurch zu umgehen weiß, daß er "jeden Sonntag nach beendetem Gottesdienste im Gymnasium pietistische Vorträge" hält, "die von seiten der Bürger, Gymnasiasten, Kaufgesellen etc. lebhaft besucht" werden[41]. Natürlich werden Bachstrom auch diese Vorträge vom Rat der Stadt verboten, kann doch die Resonanz, die sie finden, einer Beruhigung der Gemüter nicht förderlich sein. Da Bachstrom dieses Verbot aber ignoriert, verliert er seine Anstellung und muß sogar ins Gefängnis![42] Seine Kampfeslust wird dadurch nicht gebrochen: "Kaum freigekommen, [begibt] sich Bachstrom abermals zu einem solchen Vortrag ins Gymnasium und [muß] vom Rektor ausgewiesen werden."[43] Die für alle

36 ULLRICH, Bachstrom (ADB), S. 664; DERS.: J. F. Bachstrom. Ein Gelehrtenleben, S. 32 ff.

37 ULLRICH, J. F. Bachstrom. Ein Gelehrtenleben, S. 34 f. - Einer Aktennotiz zufolge hat Bachstrom auch in Halle studiert, ULLRICH hat dies jedoch nicht zu verifizieren vermocht (vgl. ebd., S. 34). Die Tatsache allerdings, daß Bachstroms Arbeitgeber, von Kessel, "in *Theologicis* nichts ästimiret als was von Halle kommt", wie ein späterer Kollege und Denunziant Bachstroms weiß (ebd., S. 35), spricht dafür, daß Bachstrom, wenn er denn schon nicht in Halle studiert haben sollte, so doch vom halleschen Pietismus zumindest beeinflußt war.

38 Ebd., S. 36.

39 Ebd.

40 Ebd., S. 37. - Bachstrom wurde am 21. Mai 1717 im Gymnasium eingeführt; die Predigt hielt er am 30. November 1717 (ebd., S. 36 f.)

41 Ebd.

42 Ebd.

43 Ebd.

Beteiligten so erregende Thorner Zeit geht zu Ende, als Bachstrom 1720 auf eine Pfarrstelle in Wengrow berufen wird[44]. Er scheint jedoch vom Regen in die Traufe zu kommen: War es in Thorn die lutherische Stadtgeistlichkeit, die ihm zusetzte, so bekommt er es nun mit dem Jesuitenorden zu tun. Im Zusammenhang mit den Ausschreitungen gegen die Jesuiten im protestantischen Thorn und deren scharfer Gegenreaktion im sogenannten "Blutgericht", in dem der Bürgermeister und mehrere Bürger hingerichtet werden, wird auch die lutherische Kirche in Wengrow "gewaltsam geschlossen"[45]. Bachstrom findet Zuflucht in den Räumen der preußischen Gesandtschaft in Warschau und hält sich unter dem Schutz der preußischen Gesandten, der Brüder Bogislaw und Kurd Christoph von Schwerin, anscheinend bis 1729 in Warschau auf[46].

Es ist an dieser Stelle nachzutragen, daß Bachstrom sich in seiner Studienzeit nicht nur mit der Theologie, sondern auch mit den Naturwissenschaften und insbesondere mit den medizinischen Fächern beschäftigt hat. Die Frucht dieser Studien ist die Promotion zum Dr. med. 1723 in Kopenhagen[47]. Schon vorher soll er verschiedentlich als Arzt praktiziert haben[48].

Vermutlich von 1729 bis 1731 hat sich Bachstrom in Konstantinopel aufgehalten; in welcher Mission, ist jedoch unklar[49]. ULLRICH kommt zu dem - angesichts der wenigen zuverlässigen Nachrichten - doch wohl zu optimistischen Urteil, "daß Bachstrom sich in Konstantinopel trotz der Kürze seines Aufenthalts verdient gemacht hat um Ausbreitung der christlichen Religion und durch Mitwirkung bei der Einrichtung der zur Verbreitung abendländischer Literatur gegründeten Druckerei und daß er zur Gründung einer wissenschaftlichen Akademie mindestens Anre-

44 Ebd.

45 Ebd., S. 38; CZOK, KARL: August der Starke und Kursachsen. München, Beck, 1988. S. 264 (auch allgemein zu den Spannungen zwischen Katholiken und Evangelischen im Reich Augusts des Starken zu dieser Zeit).

46 Ebd., S. 38 f. - Bachstrom hat in den Räumen der preußischen Gesandtschaft auch gepredigt (ebd., S. 38). Er war jedoch auch in Warschau nicht sicher; er wurde nach ULLRICH "sogar von den durch die Jesuiten angestachelten Feinden mit dem Tode bedroht" (ebd., S. 39). Durch seinen Versuch, über die preußischen Gesandten in die Thorner Sache einzugreifen, hat Bachstrom seine Gegner zusätzlich provoziert (ebd.).

47 Ebd.

48 Ebd.

49 Ebd., S. 41 ff.

gungen gegeben hat"[50]. Es ist nicht unmöglich, daß Bachstrom mit Halle in Verbindung stand, wo sich wenig später der Orientalist Johann Heinrich Callenberg für die Türkenmission engagierte[51], sollen doch zu den ersten (allerdings nicht realisierten) Projekten dieser Druckerei neben historischen und geographischen Werken eine türkische Bibelübersetzung und Johann Arndts *Paradiesgärtlein* sowie sein *Wahres Christentum*, ebenfalls in türkischer Sprache, gehört haben. Bachstroms Projekt der Einrichtung einer wissenschaftlichen Akademie in Istanbul ist nach seiner eigenen Einschätzung der Anlaß gewesen, daß er auf Betreiben der Jesuiten 1731 nicht nur aus der Türkei zurückgerufen wird, sondern sich sogar, nach Warschau zurückgekehrt, einem Hochverratsprozeß ausgesetzt sieht, den er jedoch glücklich übersteht[53].

Die nächsten Jahre bis 1737 vermag er sich mit seiner Familie - er hat in seiner Thorner oder Wengrower Zeit geheiratet und ist inzwischen Vater zweier Töchter[54] - nirgends dauerhaft niederzulassen; der Wohnsitz wechselt zwischen Breslau, Görlitz, Freiberg und Dresden[55]. Er entfaltet eine rege Tätigkeit auf den verschiedenen Feldern von Wissenschaft und Technik, studiert den Teichbau ebenso wie das Berg- und Hüttenwesen, verfaßt naturwissenschaftliche Studien und publiziert seine wichtigsten theologischen und literarischen Werke; eine ausgedehnte Reise führt ihn 1733 nach Holland und England[56]; es gelingt ihm jedoch

50 Ebd., S. 43

51 Ebd., S. 43 f. - Eine solche Verbindung ließ sich bisher noch nicht nachweisen (ebd., S. 42).

52 Ebd., S. 44 - ULLRICH schöpft hier aus: BARTHOLOMÄI, W. E.: Merkwürdige Spuren der gnädigen Vorsorge Gottes für die armen ungläubigen Muhamedaner und ihre Bekehrung zum Reiche seines Sohnes. Weimar, o. J. (1735). 4. S. 64 f. - Allerdings scheint BARTHOLOMÄI (und mit ihm ULLRICH) hier Bachstroms angeblich für den Druck christlicher Schriften geplante Druckerei mit der von dem ungarischen Renegaten Ibrahim Müteferrika in den zwanziger Jahren des 18. Jahrhunderts aufgebauten ersten türkischen Offizin in einen Topf geworfen zu haben: BABINGER, FRANZ: Stambuler Buchwesen im 18. Jahrhundert. Leipzig, Deutscher Verein für Buchwesen und Schrifttum, 1919. S. 26 f.

53 BACHSTROM, Die Kunst zu Schwimmen, S. 24. - ULLRICH, J. F. Bachstrom. Ein Gelehrtenleben, S. 46 f.

54 Ebd., S. 50 und 52 f. - Der Zeitpunkt der Eheschließung wird von ULLRICH nicht genannt und läßt sich nur sehr ungenau aus dem Alter der Töchter (1734/35 vierzehn und zwölf Jahre alt) bestimmen.

55 Ebd., S. 47.

56 BACHSTROM, Die Kunst zu Schwimmen, S. 18. - ULLRICH, J. F. Bachstrom. Ein Gelehrtenleben, S. 47 ff.

bis 1737 nicht, eine feste Anstellung zu erreichen, die ihm und seiner Familie auf Dauer ein sorgenfreies Auskommen verschafft hätte[57]. Neben seiner wirkungsvollen publizistischen Tätigkeit ragen vor allem zwei Projekte aus seinen zahlreichen Unternehmungen dieser Jahre hervor: der Plan einer "Frauenzimmer=*Academie*", den er nicht realisieren kann, und die Entwicklung einer logopädischen Methode zur Therapie des Stotterns ("eine() gantz gewisse() Cur der Stammelnden"), die ihm schließlich doch noch zu einer Anstellung verhilft[58].

Anstoß zum Plan einer "Frauenzimmer=*Academie*" war die Lektüre eines Schriftchens, das sich mit dem unangenehmen Gefühl von Frauen auseinandersetzte, die sich bei ihrer Niederkunft männlichen Geburtshelfern gegenübersahen[59]. Bachstrom beginnt das Argument, das für Männer als Geburtshelfer sprechen sollte, anzuzweifeln, daß "das Frauen=Volck durchaus nicht geschickt wäre, in den *chirurgischen Operationen*, deren man zuweilen bey der Niederkunft schwangerer Personen benöthiget ist, so grosse *Progressen* zumachen, wie die Manns=Personen"[60]. Er beschließt, der Welt das Gegenteil zu beweisen. Dazu unternimmt er es, "einige Personen des schönen Geschlechts zu unterweisen, mithin sie in den Stand zusetzen, daß sie nicht allein diesen kleinen Theil der *Chirurgie*, sondern auch alles, was einem *Doctori Medicinae* um seine Profeßion mit Ehren auszuüben, zu wissen nöthig ist, *practisi*ren könten. Die Wahl fiel auf meine beyden Töchter, von welchen die älteste damals nur 14. und die jüngste nur 12. Jahr, alt war"[61]. Sein Plan geht dahin, den Frauen durch die Einrichtung einer "Frauenzimmer=*Academie*" eine höhere Fachausbildung zu erschließen, ein Gedanke, der seiner Zeit weit voraus war[62]. Studienfach sollte in erster Linie die Medizin sein, "eine Wissenschaft, die wegen vieler Schwachheiten und Krankheiten, welche das schöne Geschlecht vor den Manns=Personen aus natürlicher Scham gerne verborgen hält, ihnen gar nöthig ist"[63]. Bachstroms "Absicht war sonderlich, das Frauenzimmer in Sachen, welche

57 Ebd., S. 50.

58 Ebd., S. 51 ff. (das Zitat [aus einem Brief Bachstroms]: S. 54).

59 BACHSTROM, Die Kunst zu Schwimmen, S. 23. - *De l'indécence aux hommes à accoucher les femmes et de l'obligation aux mères de nourrir leurs enfants* (Paris - Trevoux 1708); ULLRICH, J. F. Bachstrom. Ein Gelehrtenleben, S. 51, Anm. 1.

60 BACHSTROM, Die Kunst zu Schwimmen, S. 23.

61 Ebd., S. 24.

62 Vgl. ULLRICH, J. F. Bachstrom. Ein Gelehrtenleben, S. 54.

63 BACHSTROM, Die Kunst zu Schwimmen, S. 24.

die Geburt angehen, zu unterrichten, so daß selbiges nöthigen Falls das Amt der Heb=Ammen verwalten könte, ohne daß man jemals nöthig hätte, zu Manns=Personen, welche sich heutiges Tages in das *metier* der so genanten weisen Frauen mengen, seine Zuflucht zu nehmen"[64].
Bachstrom ist mit dem Unterricht seiner Töchter so erfolgreich, daß, nachdem der geachtete Rektor des St. Elisabeth-Gymnasiums zu Breslau, Christian Stieff, zufällig eine Probe ihres Wissens erhalten hat, zahlreiche Gelehrte seinem Unterricht beiwohnen wollen[65]. Nach kurzer Zeit haben die Bachstrom-Töchter "nicht allein in der lateinischen und griechischen Sprache, sondern auch in andern Wissenschaften, so grosse *progressen* gemacht, daß die älteste vor dem Ablauf ihres 17ten Jahrs, und die jüngste vor dem Ende ihres 15ten, ganz gewiß ein ordentliches Examen, wo zu sich diejenigen, welche *Doctores* werden wollen, bequemen müssen, hätte ausstehen können, wenn nicht zwey *Uniuersitäten* mich mit einem so ausserordentlichen Antrage, welchen ich unter der Hand an sie thun lassen, verlachet hätten"[66]. Immerhin hat auf einer dieser Universitäten, "nemlich auf der hallischen, ... der gelehrte Professor, Junker, so viele Höflichkeit, daß er meine Töchter mit in seine Collegia nehmen wolte, doch nur mit der Bedingung, daß er deswegen in seinem Hör=Saal einen Verschlag ... machen lassen dürfte"; auch müsse der König von Preußen seine Einwilligung geben[67]. Bachstroms Plan, den Frauen die medizinische Universitätsausbildung zu ermöglichen, scheitert an seiner Modernität[68].
Im Jahr 1737 gelingt es Bachstrom endlich, in wirtschaftlicher Hinsicht festen Boden unter die Füße zu bekommen: Die litauische Fürstin Radziwill beruft ihn an ihren Hof, anscheinend, damit er ihren zweiten Sohn Hieronymus von einem Sprachfehler heile[69]. Mit der Annahme dieses Rufs begibt sich Bachstrom, der seit den zwanziger Jahren immer wieder die Feindschaft der Jesuiten hat spüren müssen, auf ein gefährliches Terrain: Die Nieswizer Linie des Hauses Radziwill, der ersten Familie Litauens, dessen führendes Mitglied in der Zeit der Reformation, Nikolaus Radziwill, "der Schwarze", zu den Hauptstützen des Prote-

64 Ebd.
65 Ebd., S. 26 ff. - ULLRICH, J. F. Bachstrom. Ein Gelehrtenleben, S. 52 f.
66 BACHSTROM, Die Kunst zu Schwimmen, S. 25.
67 Ebd.
68 ULLRICH, J. F. Bachstrom. Ein Gelehrtenleben, S. 54.
69 Ebd., S. 324 ff.

stantismus gezählt hatte, war in der Zeit der Gegenreformation, die in Litauen unter der entschlossenen Führung der Jesuiten betrieben worden war, wieder katholisch geworden und fühlte sich dem Jesuitenorden auch im 18. Jahrhundert verbunden.[70]

Zunächst scheint jedoch alles gut zu gehen: Die logopädische Therapie gelingt[71], Bachstrom erfreut sich der Gunst der Prinzen Michael und Hieronymus und der Fürstin, die ihn zum Generaldirektor ihrer Fabriken macht[72]; auch materiell ist er abgesichert, Prinz Hieronymus schenkt ihm ein Haus, worauf Bachstrom seine Familie aus Breslau nachkommen läßt[73]. Je länger er sich jedoch in Litauen aufhält, um so stärker empfindet er die geistige Isolation, wird ihm die Notwendigkeit, sich auf seine medizinischen und technischen Aufgaben zu beschränken, zur drückenden Last, fehlen ihm geistig verwandte Gesprächspartner wie der sächsische Bergrat Henckel, mit dem er wenigstens brieflich Kontakt hält[74]. Er versucht, Litauen wieder zu verlassen, um entweder über seinen alten Gönner, den inzwischen zum preußischen Generalfeldmarschall avancierten Grafen Schwerin, vom neuen preußischen König in (dem allerdings noch zu erobernden) Schlesien ein Amt zu erhalten oder um wieder nach Konstantinopel zurückzukehren[75]. Es kommt jedoch nicht mehr dazu: Im Mai 1742 läßt der jüngere Radziwill, Hieronymus, bei dem er offenbar in Ungnade gefallen ist, Bachstrom verhaften und ins Gefängnis werfen; wieder sollen Jesuiten ihre Hand im Spiel gehabt haben[76]. Der Versuch Bachstroms, bei Michael, dem älteren der Prinzen Radziwill, Schutz zu finden, ist nicht nur erfolglos geblieben, sondern hat wohl, da die Briefe Bachstroms an Michael abgefangen wurden, den Vorwand geliefert, ihn gefangenzusetzen[77]. ULLRICH hat den langen ersten Brief in seinem Aufsatz ob seines erstaunlichen Inhalts abgedruckt[78]: Bachstrom bezeichnet sich darin als Sproß einer illegitimen

70 Ebd., S. 326 f. - Zur Rolle der Radziwills in Reformation und Gegenreformation vgl. SCHRAMM, GOTTFRIED: Der polnische Adel und die Reformation, 1548-1607. Wiesbaden, Steiner, 1965. S. 142-161.

71 Bachstroms Verfahren, "eine Gymnastik der Stimme", war ganz modern; ULLRICH, Bachstrom (ADB), S. 666.

72 ULLRICH, J. F. Bachstrom. Ein Gelehrtenleben, S. 331 und 334 f.

73 Ebd., S. 327.

74 Ebd., S. 329 f.

75 Ebd., S. 330 ff.

76 Ebd., S. 335 f. und 341.

77 Ebd., S. 336 ff.

78 Ebd., S. 336-339.

Verbindung des ungarischen Freiheitshelden Franz II. Rakoczy mit einer Tochter des türkischen Großwesirs Köprülü[79]!
So unglaublich der Inhalt, so tragisch die Folgen dieses Briefes: An einem Junitag des Jahres 1742 wird Bachstrom tot im Gefängnis aufgefunden, "sei es, daß er, einen schmählichen Tod voraussehend, selbst Hand an sich gelegt hat oder daß einer der Untergebenen des Prinzen [Hieronymus], einem halben Wink des Gebieters gehorchend, B[achstrom] aus dem Wege geräumt hat"[80].
Überblickt man die Biographie Bachstroms, so fallen folgende Lebensstationen und Charakterzüge besonders ins Auge (die Parallelen zu Dippel sind übrigens frappant):
1) Bachstrom ist von einer außerordentlichen Vielseitigkeit der Interessen und der Begabungen[81]. Dabei scheint in ihm der Theoretiker mit dem Praktiker vereint zu sein: Sein Leben lang begleitet ihn ein lebendiges Interesse an theologischen und philosophischen Fragen. Wie Dippel hat auch Bachstrom neben seinem Theologiestudium die medizinischen Fächer gehört und den medizinischen Doktorgrad erworben (Dippel in Leiden, Bachstrom in Kopenhagen). Auch sein Interesse für die Naturwissenschaften hat er mit Dippel gemein. War es bei diesem aber die Chemie, die ihn besonders anzog, so ist es bei Bachstrom mehr die Physik und das Ingenieurwesen, die ihn in ihren Bann schlagen (Bergbau, Teichbau, Schwimmapparat). Auch die schriftstellerische Wirksamkeit verbindet die beiden verwandten Geister. Neben seinen zahlreichen theoretischen Interessen hat Bachstrom versucht, sich als Organisator zu betätigen. Zwar scheitert sowohl die von ihm nach eigenen Angaben geplante Gründung einer wissenschaftlichen Akademie in Istanbul als auch die Einrichtung einer "Frauenzimmer=*Academie*", doch beweist Bachstrom mit der offenbar erfolgreichen Leitung der Radziwillschen Fabriken, daß er nicht zu den im 18. Jahrhundert allerorts auftretenden Projektemachern gehört, die, mit immer neuen Plänen schwanger gehend, ihren Gönnern das Geld aus der Tasche zu ziehen verstanden[82].
2) Bachstrom scheint ein heftiges Temperament gehabt zu haben; seine Kampfeslust war mit einer beeindruckenden Unbeugsamkeit gepaart. In seinem Unvermögen, eine dauerhafte Stellung zu finden, ist er minde-

79 BABINGER, Stambuler Buchwesen, S. 10 (zu Franz II. R.) und 26.
80 ULLRICH, Bachstrom (ADB), S. 667.
81 ULLRICH, J. F. Bachstrom. Ein Gelehrtenleben, S. 343 ff.
82 Ebd., S. 327 f.

stens ebenso Opfer seines cholerischen Temperaments wie der ungünstigen Zeitumstände. Auch hierin ist er Dippel ähnlich.

3) Schließlich teilt Bachstrom mit Dippel das Schicksal eines von Nachstellung und Verfolgung geprägten Lebens; beide kannten Flucht, Vertreibung und Gefängnis aus eigenem Erleben.

Das schriftstellerische Werk Johann Friedrich Bachstroms umfaßt neben meist recht kurzen (natur-)wissenschaftlichen Abhandlungen, einigen Übersetzungen (eine aus dem Lateinischen und zwei aus dem Französischen) und der schon erwähnten *Kunst zu Schwimmen*[83] sechs theologische Schriften und als einziges ursprünglich literarisches Werk das unvollendet gebliebene *Land der Inquiraner*[84].

Um Bachstroms geistesgeschichtlichen Standort besser einschätzen zu können, soll im folgenden mit einigen knappen Strichen sein theologisches Denken umrissen werden, wie es sich in einer seiner durch die Wahl des Pseudonyms *Christianus Democritus Redivivus* ganz bewußt an Dippel anknüpfenden Schriften äußert[85]. Der Schwerpunkt unserer Skizze wird liegen auf Bachstroms Einschätzung Luthers und der Reformation allgemein (1), dann auf seiner Kritik an der Handhabung der Bibel durch die Orthodoxie (2) sowie auf einigen zentralen Kritikpunkten am Lehrgebäude der lutherischen Orthodoxie: den Lehren von der Erbsünde (3) und von der Rechtfertigung allein durch den Glauben (4). Daran anschließend soll Bachstroms eigener Sündenbegriff skizziert werden (5). Die Einordnung des Denkens Bachstroms wird erst im Anschluß an die Analyse des *Landes der Inquiraner* erfolgen.

1) Bachstrom vergleicht die Reformation Luthers mit der "*Reformation* des *Cartesii* in der *Philosophie*" (S. 5). Ihr Verdienst liege darin, das Alte wirkungsvoll angegriffen und zerstört zu haben. Wie aber Cartesius zwar mit der aristotelischen Philosophie gründlich aufgeräumt, es aber nicht geschafft habe, an deren Stelle etwas Besseres zu setzen (S. 5 f.), genauso

83 Das Original erschien 1741 auf französisch *(L'art de nager)* in Amsterdam; ULLRICH, J. F. Bachstrom. Ein Gelehrtenleben, S. 349.

84 Vgl. das "Schriftenverzeichnis" am Ende von ULLRICH, J. F. Bachstrom. Ein Gelehrtenleben (S. 345-349); über weitere Teile des *Landes der Inquiraner* äußert sich Bachstrom 1741 in einem Brief, vgl. ebd., S. 57.

85 Wir beziehen uns im folgenden auf die Schrift: "*Christiani Democriti Redivivi* Umständliche Erzehlung, wie es mit seinem vermeinten Tode zugegangen sey, Und Wie er nebst seiner neuen Gesellschafft jetzt in seiner Einsamkeit Den Fall Adams Und Ursprung der Sünde Und Alles Bösen Gantz anders und besser als vormahls eingesehen. Gedruckt auf dem Johannis-Berge in der Wüsten 1736."

sei es Luther mit seiner Reformation gegangen; zwar habe er "die gar groben Fehler eingesehen, und das liederliche Religions=Gebäude niedergerissen", aber "bey der Aufrichtung eines neuen und bessern ist es ihm nicht anders gegangen als dem *Cartesio*, denn es ist leichter eine Sache tadeln als besser machen, und wenn es zum niederreissen kommt, so kan man auch einen schlechten Tage=Löhner zu dieser Arbeit hinstellen: Hingegen, wo ein tüchtiges und herrliches Gebäude soll aufgeführt werden, da wird ein recht erfahrner und geschickter Baumeister zu demselben erfordert, dergleichen Lutherus gar nicht war, zum wenigsten war er nicht dasjenige, was seine thörichte Nachfolger von ihm halten, welche alle seine Aussprüche für halb, oder drey Viertel, ja wohl für gantz göttlich halten. Denn wie wäre es möglich, daß ein armseeliger Münch, der unter allem Unverstande im Kloster war erzogen worden, alsobald alle Wahrheit in den sehr schweren Sprachen der heiligen Schrifft solte eingesehen, und wie man sagt, aufgefressen haben. Niemand komme mir hier mit einer unmittelbaren göttlichen Eingebung, dergleichen man an den Aposteln und Propheten auch über Gebühr vorgiebet, aufgezogen, denn wer seine Meynung so wie Lutherus beständig ändert, da muß es wohl gar natürlich zugehen ..." (S. 7 f.) Allerdings war die lutherische Reformation im theologischen Bereich nicht so durchschlagend erfolgreich wie die cartesianische im philosophischen. "Denn die *Philosophi* haben doch endlich das knechtische Joch des *Aristotelis* und der *scholasti*schen Grillen abgeschüttelt, und sind zu einer solchen Freyheit gekommen, daß sie an statt der vormahligen dunckeln Brillen nunmehro mit ihren eignen Augen, ja wohl gar mit Fern=Gläsern und Vergrößerungs=Gläsern sehen dürffen. Hingegen die *Protestanten* haben an statt eines Pabstes nunmehro gar viele bekommen, und stehen annoch wie die Schul=Knaben unter der Ruthe ihrer Schul= und Zucht=Meister, weil sie alle und jede Worte recht wie die Kinder im *Catechismo* nachbethen müssen, und wer ein Wörtlein anders sagt der ist alsobald ein Ketzer, und nicht nur des Bannes, sondern gar des höllischen Feuers schuldig, welches ja der erbärmlichste Zustand ist, der nur auf der Welt seyn könnte" (S. 9)[86]. Wenn die weltliche Obrigkeit

86 "Ja was das ärgste ist, so wollen auch diese vermeynten sanfftmüthigen Schaafe schon ihre Tyranney über die *Philosophie* erstrecken . . . wie sie denn vor kurtzer Zeit eine solche herrliche Probe ihrer sanfftmüthigen *Theologischen* Schaaf-Art abgeleget, daß sie gar einen *Philosophischen* Wolff nicht allein verjaget, sondern ihn auch, wo er sich nicht in 24 Stunden darvon gemachet hätte, würden aufgefressen, oder zum wenigsten andern zum *Spectacul* würden aufgehangen

kein Einsehen hat und Toleranz durchsetzt, wird es keine geben; denn es ist kein Dorfpfarrer so klein, "der nicht zum wenigsten einen kleinen Pabst im Leibe hätte, und der nicht auch gerne eines von des Petri seinen beyden Schwerdtern haben wolte, damit er allen, die ihm in Finstern begegnen, oder die er für Ketzer hält, zum wenigsten ein Ohr, oder wohl gar alle beyde mit einem eintzigen Streiche abhauen könnte"; alle großen "Religions=Unruhen" kämen nicht "von den so genannten Ketzern und Schwärmern, sondern von denen liebreichen Geistlichen" her, "welche über der geringsten Sache alsobald auf der Cantzel lermen blasen ..." (S. 11). Hier dürfte Bachstrom an seine eigenen Erfahrungen mit den Geistlichen in Thorn gedacht haben ... Als bleibende Leistung sowohl der lutherischen als auch der cartesianischen Reformation wird gewürdigt, daß "sie die Freyheit erhalten haben, ihre Meynungen frey öffentlich zu sagen, oder in die Welt hinein zu schreiben" (S. 17); "denn wo Freyheit ist, da ist auch Wahrheit, wo aber Zwang ist, da wird die Wahrheit unterdrucket, und kan nicht empor kommen. Das wichtigste Kennzeichen der Wahrheit ist dieses, daß sie deßjenigen Menschen, der sie fleißig betrachtet und untersuchet, sein Gemüthe dergestalt einnimmt, und überzeuget oder zwinget, daß sich dasselbe ihr gantz freywillig unterwirfft, so daß ihr nichts widerstehen kan" (S. 17 f.). Die Freiheit zu fragen, die "Freyheit zu *reformi*ren", führt zur Wahrheit. Dieses Wesen der Reformation ist von vielen Disziplinen zu ihrem Segen übernommen worden; leider ist jedoch gerade die Theologie hierin bald zurückgeblieben und hat einen blinden Glauben gefordert, "den GOtt selbst niemals von den Menschen gefordert hat, welcher einen vernünfftigen GOttes=Dienst von seinen vernünfftigen Geschöpffen fordert" (S. 18); durch ihr Festhalten an Autoritäten "ist auch bey ihnen die allerwenigste Wahrheit zu finden" (S. 21). "Ja bis auf den heutigen Tag wollen sie noch keine *Theologiam naturalem* das ist *rationalem* aufkommen lassen, sondern da soll alles, was sie setzen, vom Himmel herab geredet, und GOttes klares Wort seyn, wenn gleich offtmahls in ihren vermeynten wichtigsten Sätzen kein wahres Wort zu finden ist." (Ebd.) Den Beweis für diese Behauptung will er anhand des Artikels von der Sünde antreten.

2) Bachstrom setzt an beim orthodoxen Schriftverständnis. Dabei wer-

haben" (S. 9). Dies seien nun nicht die "eifrigen *Orthodoxen*" gewesen, "sondern es sind unsre Frommen, die kaum selbst wie eine nasse Maus aus dem Wasser entgangen sind . . . " (S. 10).

den Ansätze von Bibelkritik erkennbar. Der biblische Bericht von Schöpfung und Sündenfall dürfe nicht wörtlich, sondern müsse allegorisch verstanden werden. Die Bibel stecke "voller Sinnbilder und Gleichnisse oder *Hieroglyphischer* Vorstellungen" (S. 33), was auf die "ägyptische Vergangenheit" des Mose zurückzuführen sei. Bachstrom kehrt den hermeneutischen Grundsatz - "Daß man so lange bey dem eigentlichen Verstande der Worte bleiben müsse, bis daß die höchste Noth ein anders haben wolte" - um in: "Daß man alle Worte und Sätze der Heil[igen] Schrifft für uneigentliche Redens=Arten und Sinnbilder halten müsse, bis daß die höchste Noth das Gegentheil riethe" (S. 34). Der biblische Kanon ist für ihn nicht sakrosankt, im Gegenteil, er fragt die Theologen: "Ob eben dieser ihr *Canon* aus der gesunden oder ungesunden Vernunfft genommen wäre, denn in der heiligen Schrifft stehet er nirgends geschrieben noch aufgezeichnet; und wie ich schon gezeiget, so ist er eher aus der ungesunden als gesunden Vernunfft entstanden, weil er der Sache, die er abhandeln soll, gar kein Genügen thut, sondern durch eine beßre Vernunfft muß geändert und richtiger gemacht werden. Daß aber der eigentliche Wort=Verstand dieser vermeynten Geschichte nicht allein der gesunden Vernunfft, sondern auch der heiligen Schrifft zu wider lauffe, hat sich zum Theil aus den erwähnten grossen Schwierigkeiten allbereit gezeigt ..." (S. 35) Die "gesunde Vernunft" hat ihre Aufgabe aber nicht nur bei der Bestimmung des Kanons, sondern auch in der Bereinigung der biblischen Texte selbst: "Daß allerdings die gesunde Vernunfft, Verstand, Uberlegung, Nachdencken und Forschen in Sprachen und Alterthümern, und wirckliche Erfahrung in andern Sachen, von welchen die Bibel etwa handelt, so wie etwa das schlechte Lesen, müßte vorher gehen, dergestalt, daß man gewiß sagen könte: Diese sind wirckliche Worte GOttes, so daß nichts hinzugethan oder hinweg gelassen, versetzt, durch die Abschreiber verschrieben oder sonst unrichtig seyn kan, welches wie leicht zu erachten eine grosse Forderung ist, die eine grosse Vernunfft, grossen Verstand nach dem Griechischen Wort *Critica* oder Beurtheilung der Sprachen genannt, das ist, vieles Forschen und Nachdencken haben will."[87]

87 Vorbericht zum *Mystischen Paradies, Oder Nachdencklicher und Sinn-reicher, bishero aber allen fleischlichen Geistlichen fest verschlossener und verriegelter Lust-Garten des menschlichen Lebens,* unpaginiert. (Das *Mystische Paradies* ist mit der *Umständlichen Erzehlung* [s. Literaturverzeichnis] zusammengebunden).

3) Die Aussagen zu Kanon, Textkritik und Hermeneutik sind jedoch lediglich Vorbemerkungen zu Bachstroms eigentlichem Anliegen: seiner Attacke auf das orthodoxe Erbsündendogma[88]. Er weiß, daß er dafür den besonderen Zorn der Theologen auf sich ziehen wird. "Denn an dem Artickel von dem Paradiese, vom Stande der Unschuld, von dem kläglichen Sünden=Fall und von der Erbsen=Sünde ist ihnen gar zu viel gelegen." (S. 137 f.) Er argumentiert dabei durchaus mit der Bibel, um die Lehre von der Erbsünde aus den Angeln zu heben (S. 269). So zitiert er Hesekiel 18, 2 ff.: "Was habt ihr unter euch im Lande Israel für ein Sprichwort: 'Die Väter haben saure Trauben gegessen, aber den Kindern sind die Zähne davon stumpf geworden'? So wahr ich lebe, spricht Gott der HErr: dies Sprichwort soll nicht mehr unter euch umgehen in Israel. Denn siehe, alle Menschen gehören mir; die Väter gehören mir so gut wie die Söhne; jeder der sündigt, soll sterben." Für Bachstrom sind die Bibelstellen besonders bedeutsam, die das Halten des Gesetzes, das Tun des Guten propagieren wie die Propheten des Alten Testaments und der Jakobusbrief, weil er daraus schließt, daß der Mensch auch die Möglichkeit zum Tun des Guten haben muß.

4) Bachstrom lehnt infolgedessen die lutherische Lehre von der Rechtfertigung allein aus Glauben ab. Er wirft Luther vor, Paulus völlig mißverstanden zu haben[89]: "Wenn doch diese Leute den Apostel Paulum ungehudelt liessen, oder nicht eher läsen, als bis sie alles andere gelesen hätten. Was für ein unglückseeliges *Systema* oder *Religion* hat nicht Lutherus entworffen, weil er in seinem Feuer=Eyfer wider die Römisch=Catholischen über die Episteln Pauli gerathen ist, da meynte er daraus ihre Werckheiligkeit recht tüchtig zu widerlegen, erwischte daselbst auch seine erbärmliche Lehre **von dem Glauben allein**. Und als ihm der liebe Jacobus ins Angesicht widersprach, so muste es eine stroherne Epistel heissen, da doch vielmehr er selbst Stroh und Stoppeln auf Pauli herrlichen Grund gebauet hatte." ([Hervorhebung in der Vorlage] S .68 f.) Bachstrom rehabilitiert demgegenüber die Werke, das Halten des Gesetzes: "Hierauf hält Christus eine lange Rede von der bessern

88 Für Bachstrom ist die "Erzehlung von Adam und Eva" nicht der Bericht eines tatsächlichen Geschehens, sondern "ein pures Sinnbild des Menschlichen Lebens . . . , welches allen Menschen zur Lehre und Unterricht, so wie die Gleichnisse Christi ist aufgezeichnet worden" (S. 126).

89 Bachstrom steht dem schwerverständlichen Paulus, wie er ihn im Anschluß an 2. Petrus 3, 16 nennt, distanziert gegenüber und bevorzugt endeutig den Jakobusbrief (vgl. S. 154-160).

Gerechtigkeit, ... und treibet auf lauter Thun, ja endlich beschliesset er diese herrliche Rede noch mit den Worten: **Wer diese meine Rede thut, den vergleiche ich einem klugen Manne.** Dargegen aber kommt Luther und singet: **Es ist mit unserm Thun verlohrn, verdienen nichts als eitel Zorn. Kyrie eleison.** Redet nicht von einer bessern Gerechtigkeit, die sich auf lauter Thun, auf lauter Erfüllen, auf lauter gute Früchte, gute Wercke und Vollbringung des göttlichen Gesetzes gründet; sondern von erdichteten und zugerechneten Gerechtigkeit, bey welcher der Mensch gar nichts thun, sondern nur glauben darf. Und nachdem er Mosen mit seinem heiligen Gesetze und die gute, GOtt allein gefällige Erfüllung seiner Gebothe recht als einen Diebs=Hencker herunter gemacht hat, so sollen die guten Wercke endlich doch noch als ein Frucht dieses erdichteten Glaubens hinten her gezottelt kommen; ich meyne ja, was hinten nachkommet, das fressen die Hunde; das müßte ein rechter Narr seyn, der dieses glauben wolte, nemlich, daß Christus alles erfüllet hätte, und alles für uns gethan hätte, und hernach solte mans auch selber thun, nicht zu dem Ende, daß man was Gutes darmit ausrichten könnte, sondern nur aus Danckbarkeit, und was dergleichen verdrehetes Zeug mehr ist." ([Hervorhebungen in der Vorlage] S. 252 f.) Wenn Bachstrom - wie es in dieser Passage anklingt - das Verdienst Christi für die sündigen Menschen in Zweifel zieht, stellt sich natürlich überhaupt die Frage nach der Rolle und der Bedeutung der Person Christi. Ein paar Seiten weiter wird das Wesen eines gottgefälligen Lebens denn auch folgerichtig so beschrieben: "... **daß wer GOtt fürchte und nach seinem heiligen Gesetze recht thue**, er mag dasselbe nun von Christo, oder von Mose, oder auch nur von Natur gelernet haben, **der ist GOtt angenehm.** Amen." ([Hervorhebungen in der Vorlage] S. 265) Die Bedeutung Christi wird damit auf die eines Morallehrers reduziert; ohne daß Bachstrom dies an einer Stelle ausdrücklich sagen würde, sieht er in Jesus offenbar nicht den Gottessohn und Erlöser der Menschen[90].

90 Lediglich im fulminanten Schlußabschnitt seiner Schrift wird Bachstrom deutlicher: **"Durch Adams Fall ist gantz verderbt, menschlich Natur und Wesen, dasselb Gifft ist auf uns geerbt, daß wir nicht konten genesen, ohn GOttes Trost, der uns erlost hat von dem grossen Schaden darein die Schlang Evam bezwang GOttes Zorn auf sich zu laden.** Er (gemeint ist Luther, T. B.) schreibt hier bey einer erdichteten Sache von GOttes Trost, aber das ist ein schlechter Trost, den sie wiederum aus etlichen verblümten Redens=Arten der Schrifft erdacht haben, nemlich, daß GOtt seinen Sohn zu einem Schuld=Opfer für uns gegeben, und an diesem, so zu sagen, sein Müthlein gekühlet hätte, damit hiedurch, wie dies Leute in Unverstand hochtrabend reden, der ewigen Gerech-

5) Eine Erlösung der Menschheit ist nach seinem Sündenbegriff auch gar nicht notwendig; besteht die Sünde für Bachstrom doch lediglich im Nichttun des Guten, ist also weder Ausdruck der Rebellion gegen Gott, noch bezeichnet sie einen verlorenen Zustand, ein von Gott Getrenntsein des Menschen (vgl. S. 284 ff.)[91]. Dadurch wird das Böse relativiert. Der Ursprung des Bösen liegt für Bachstrom in der Unterlassung des Guten. Diese Position setzt Bachstrom scharf von der des Leibniz ab, der den Urspung des Bösen in der schon in der Schöpfung angelegten Unvollkommenheit des Menschen gesehen hat (vgl. S. 290). Hat sich Bachstrom in den bisher verhandelten Themen teilweise weit über Dippel hinaus entwickelt, so zeigt sich die Nähe zu seinem Vorbild in der Auffassung von der Strafe für die Sünde. Wie für Dippel ist auch für Bachstrom Strafe nicht Ausdruck der Rache eines zürnenden Gottes, sondern Mittel zur Besserung des Fehlenden und somit die heilsame Handlung eines liebenden Gottes. Die Ewigkeit der Höllenstrafen wird von Bachstrom konsequenterweise verworfen (S. 99 ff.).

tigkeit GOttes ein Gnügen geschehen möchte, da soll nun wiederum die Gerechtigkeit GOttes einen Unschuldigen strafen für den Schuldigen, welches just wiederum die höchste Ungerechtigkeit wäre, daß man wohl aus einem andern Liede Lutheri hier singen möchte: **Er fiel noch immer tieffer drein, es war nichts guts an der Lehre sein, die Sünd hat sie besessen . . .** " ([Hervorhebungen in der Vorlage] S. 294). Zwar wird auch hier nicht ausdrücklich die Gottessohnschaft Jesu bestritten, von der orthodoxen Genugtuungslehre jedoch bleibt nicht viel übrig (einige Zeilen weiter ist vom "erdichtete[n] Sühn-Opffer" die Rede [S. 295]).

91 Auf S. 268 heißt es zwar: "Was demnach ein Mensch nach dieser seiner Freyheit wider das Gesetze GOttes thut, das ist und heisset Sünde." Dies wird einige Seiten später aber präzisiert: Gott habe den Menschen gut geschaffen; er habe ihm dann die Aufgabe (und die Anlage dazu) gegeben, sich selbst "noch besser zu machen" (S. 285): "Da höret nun GOttes Werck auf, und alles, was er giebt, das ist herrlich und gut, der Leib ist als ein thierisches Geschöpffe herrlich und gut, und nicht das geringste daran auszusetzen, die Seele und das herrliche Vermögen des Leibes Begierden zu bessern ist ja auch gut, samt der Herrschafft über alle andere Thiere, Pflantzen und die meisten Geschöpffe GOttes, nun gehet des Menschen Werck an, der es bessern und durch diese mitgetheilte vollkommene Kräffte sich selbst, das ist, den gantzen Mensch an Seel und Leib noch in einen bessern Stand setzen soll, es wird ihm auch hierzu von GOtt eine völlige Anweisung gegeben, die das Gesetze, Ordnung und Fürschrifft GOttes heisset, alles dieses ist gut. Befördert nun der Mensch diese seine Glückseeligkeit, so heisset diese seine eigne That gut; befördert er sie nicht, so wird dasjenige, was an sich aus GOttes Hand gut war, nur deßwegen böse genannt, weil es der Mensch hat bessern sollen, und dieses nicht gethan hat" (S. 285 f.).

b) Das Land der Inquiraner (1736/37)

α) Inhalt

Der vollständige Titel des Werkes gibt, wie das in den Schriften dieser Zeit üblich war, gleich eine Inhaltsangabe:
Das Bey zwey hundert Jahr lang unbekannte, nunmehro aber entdeckte vortreffliche Land der INQUIRANER, *Aus der Erzehlung Eines nach langwieriger Kranckheit in unsern Gegenden verstorbenen Aeltesten dieses glückseligen Landes, Nach allen seinen Sitten, Gebräuchen, Ordnungen, Gottesdienst, Wissenschafften, Künsten, Vortheilen und Einrichtung umständlich beschrieben, Und dem gemeinen Wesen zum Besten mitgetheilet, Von* ABC.
Im Druck sind zwei Teile dieser eigentümlichen Kreuzung von Robinsonade und Sozialutopie erschienen[92]. Im ersten Teil schildert der Verfasser die "Fahrt in das neue Land der Inquiraner" und wie es dazu gekommen ist, der zweite Teil ist der Beschreibung des neuen Gemeinwesens gewidmet. Zunächst jedoch schickt er seiner umfangreichen Schrift - sie ist insgesamt über 600 Seiten stark - eine Vorrede voraus, die auch schon zur Fiktion gehört.
In dieser stellt sich der Erzähler als Nürnberger Bürger vor, in dessen "Wirthshause" ein geheimnisvoller alter Mann unbekannter Herkunft und Identität absteigt (Vorrede, S. 5). Dieser Alte scheint über sehr viel Geld zu verfügen; "weil er nun auch alles in meinem Wirthshause wohl bezahlte, so war er mir ein lieber Gast, und war ich ihm in allen Dingen ... jederzeit behülfflich" (ebd). Nun verunglückt der alte Mann auf einem seiner Spaziergänge durch die Stadt so schwer (ebd., S. 5 f.), daß er sich nicht mehr davon erholt und nach langem Krankenlager schließlich an den Folgen des Unfalls stirbt (ebd., S. 6 ff). Vor seinem Tod hat er dem Studenten, der die Kinder des Gastwirts unterrichtet, auf Bitten und Drängen hin die Geschichte seines Herkunftslandes, des Landes der Inquiraner, erzählt (ebd., S. 15 f.).
Die inhaltlichen Parallelen zur "Vorrede Gisanders" in Johann Gottfried Schnabels *Insel Felsenburg* sind so deutlich, daß vermutet werden darf,

92 1736 und 1737; als Verlagsorte sind jeweils "Franckfurt und Leipzig" angegeben; in Wirklichkeit sind beide Teile in Breslau bei Korn dem älteren erschienen (ULLRICH, J. F. Bachstrom. Ein Gelehrtenleben, S. 348). - In unserer Textgrundlage sind beide Teile zu einem Band zusammengebunden (UB Tübingen: Signatur R, Dk XI/1722).

daß Bachstrom sich in formaler Hinsicht von diesem Werk Schnabels inspirieren ließ[93].

Der erste Teil ("Die erste Gelegenheit und Fahrt in das neue Land der Inquiraner") greift in das 16. Jahrhundert zurück und schildert die Entstehungsgeschichte des Landes der Inquiraner:

"Da nemlich zu Kayser Carl des V. Zeiten sich sowohl die eigentlichen Lutheraner als *Reformir*ten in alle Länder ausgebreitet, so wären auch derselben nicht wenige so gar unter des Kaysers Hof=Bedienten nach Spanien gekommen, ja selbst der Kayser hätte mit der Catholischen *Religion* und mit den Pfaffen sein Gespötte getrieben, und sich so verdächtig gemacht, daß nach seinem Tode sein Beicht=Vater aus Verdacht lebendig verbrannt worden, die übrigen aber von seinen Leuten entweder im Gefängnis umkommen müssen, oder zum wenigsten als Sclaven auf die Galeeren verdammet worden. Das letztere Urtheil traf auch unter andern seinen Hof=Apothecker, ob er sich wohl entschuldigte, daß die *Religion* des Kaysers ihn nichts angegangen wäre, sondern daß er sich nur allein um die Zubereitung seiner Artzneyen eigentlich gekümmert hätte, im übrigen hätte er niemals gedacht von der allein seligmachenden Catholischen *Religion* abzutreten[94], aber es hieß auch hier mit gefangen, mit gehangen, denn man gab ihm die Schuld, daß er gleichwohl darzu stille gesessen, und gar nichts wider die Ketzerey des Kaysers gethan hätte." (S. 2 f.) Zusammen mit "einigen andern braven Leuten" wird unser Held - der ehemalige Hofapotheker Kaiser Karls V. - "lebenslang auf die Galeeren zum rudern nach *Cadix* verdammet" (S. 4); "ihre Güther wurden *confisci*ret, und ihren Weibern und Kindern etwas weniges übrig gelassen, worvon sie kümmerlich leben konten. Diese ihre Frauen und Kinder zogen ihnen in ihrem Elende nach, um ihren gefangenen Männern und Vätern einige Handreichung zu thun"; dazu quartieren sie sich in einem Fischerdorf in der Nähe der Galeerenreede ein (S. 4). Einige Fischer bieten den Frauen an, ihnen mit ihren Männern bei Gelegenheit zur Flucht zu verhelfen. "Nun waren auf einer Galeere hundert und zwantzig solche Gefangene von mancherley *Professionen* und Geschicklichkeit, mancher war für einen Juden, ein ande-

93 SCHNABEL, JOHANN GOTTFRIED: Insel Felsenburg. Hrsg. von VOLKER MEID und INGEBORG SPRINGER-STRAND. Stuttgart, Reclam, 1979. S. 5-13.

94 Im zweiten Teil des *Landes der Inquiraner* bekennt sich der Hofapotheker zum "Augspurgische(n) Bekänntniß des Glaubens" (II, S. 147).

rer für einen Griechen, mancher für einen Mahummedaner, mancher aber für einen Lutheraner und *Calvin*er oder sonst für einen andern Ketzer angegeben worden, und mochten es auch in ihrem Hertzen wircklich seyn, ja wer es noch nicht war, der bekam doch in seinem Hertzen einen hefftigen Abscheu für einer solchen *Religion*, wo man an statt der Christlichen Liebe nur allein die gröste Grausamkeit und Unbilligkeit ausübte. In solcher Verfassung waren die Gemüther aller dieser gefangnen Leute." (S. 5) Zusammen mit den Fischern bereiten sich die Frauen und Kinder auf die "Stunde X", den Zeitpunkt ihrer Flucht vor. Die Leitung der Operation übernimmt der ehemalige Hofapotheker: "Des Kayser Carls sein Apotheker war der aller verschlagenste und listigste ... Dieser suchte sich unter dem gantzen Hauffen zwey Personen aus, welche ihm am klügsten zu seyn dauchten, damit sie ihm zu diesem Wercke behülflich seyn könten." (S. 6 f.) Er beabsichtigt, die Flucht nach "*Africa* [zu] nehmen, wo es grosse Gebürge gäbe", die zum großen Teil unbewohnt seien (S. 7). Mit List gelingt es den Gefangenen unter der geschickten Regie ihres Anführers, ihre Wachmannschaft zu überwältigen, sich in Besitz der Galeere zu bringen und, von den andern Schiffen unbemerkt, fortzurudern. An einer verabredeten Stelle werden die Familien aufgenommen, einige Fischer schließen sich mit ihren Booten an, "und hiermit seegelte unsre *Colonie* mit ihrer kleinen Schiffs=Flotte ab, der Wind war vortrefflich gut, und brachte sie in kurtzer Zeit ziemlich weit von dem Orte ihrer Gefangenschafft hinweg" (S. 17). Sie nehmen Kurs aufs "grüne() Vorgebirge", d.i. Kap Verde in Nordwestafrika (S. 20), geraten dann aber in einen schweren Sturm und erleiden Schiffbruch (S. 20 ff.). Die befreiten Galeerensträflinge werden alle auf verschiedene unbewohnte Inseln verschlagen, die Galeere jedoch geht mit der Wachmannschaft unter. Lediglich der Kapitän und zwei der Soldaten können sich retten. Was nun folgt, ist im Grunde nichts anderes als eine mehrfache Variation des Robinson-Themas: Bachstrom schildert nacheinander die Schicksale der auf acht unwirtliche und lebensfeindliche Inseln verstreuten Flüchtlinge. "Damals hat jegliche Parthey die andern für verlohren geschätzet, oder zum wenigsten sich eingebildet, daß sie einander nicht mehr wieder sehen würden. Das schlimmste ist dieses gewesen, daß fast auf allen diesen Inseln kein Holtz gewachsen ist, indem die meisten gantz niedrig gelegen, auch zu gewissen Zeiten fast gantz und gar unter Wasser gesetzet worden, nur die eintzige, worauf die zwey Soldaten gerathen waren, lag ziemlich hoch und hatte starckes Holtz, daher man sie fast von allen andern bey gutem

Wetter sehen konte[;] eine jegliche Gesellschaft wünschte sich auf dieser Insel zu seyn, damit man Schiffe bauen und sich einen bequemern Ort als man vorjetzo hatte suchen, oder das feste Land von *Africa*, welches nicht weit seyn konte, erlangen könte. Jedoch wuste keine von der andern, wo sie hingekommen wären, ausser daß man wegen der vielen herum liegenden Inseln willen hoffte und wünschte, daß alle mit einander dörfften geborgen seyn, welches wie leicht zu erachten viel Betrübniß und Kummer, warten und verlangen auf allen diesen Inseln verursachet hat." (S. 22 f.)

Die ausführlichste Beschreibung ist dem Los des "Capitains" gewidmet (S. 23-115), den es am schlimmsten getroffen hatte[95]. Eindrucksvoll und spannend wird geschildert, wie der "Capitain" seinen einsamen Kampf ums Überleben bar jeglicher zivilisatorischer Hilfsmittel aufnimmt. Jeder Schritt dieses Überlebenskampfes wird dargestellt, zuerst gegen den Durst, dann gegen den Hunger, dann gegen die Kälte der Nacht usw.; ein Schritt folgt unmittelbar auf den vorangehenden; dieser Erzählweise liegt offenbar ein bestimmtes pädagogisches Programm des Autors zugrunde, das mit seinem Vernunftoptimismus wiederum ganz der Aufklärung verpflichtet ist: "Er sahe hieraus, daß einem Menschen alles möglich wäre, wenn er nur seinen Verstand und Nachdencken brauchen oder anspannen wolte, ja daß ihm die Noth endlich alles lehrete, weil der Hunger und Durst samt der Kälte dem Menschen gar zu wehe thäte, und ihm zum Nachdencken und Forschen auch wider seinen Willen anspornte." (S. 29 f.)[96] Mit der Zeit sammelte sich auf diese Weise nicht nur ein

95 "Der alte *Capitain* hatte das allerschlechteste Quartier bekommen, des neuen *Capitains* aber oder des Apotheckers seines war nicht viel besser, nur daß dieser etliche zwantzig Mann bey sich gehabt, jener aber gantz allein bloß und nackend geblieben war" (S. 23).

96 Als Beispiel für diese stufenweise Entfaltung seiner Darstellung vgl. S. 26 f.: Der "Capitain" versucht seinen Hunger mit Austern zu stillen, die er am Strand findet. "Als nun der *Capitain* einige gegessen hatte, so dachte er an den Pfeffer und Eßig, wormit man sie sonst zu essen pfleget und welche den Eckel vertreiben, damit man nicht das Fieber von diesem schleimichten Wesen bekomme, bald aber besann er sich auf seine scharffe Wurtzeln und saures Kraut (mit deren Saft er vorher seinen Durst gestillt hatte, T. B.), welche Dinge er sofort holete und seine Austern so gut darmit zurichtete und würtzete, als er sie jemahls zuvor in seinem Vaterlande mit Pfeffer und Citronen=Safft gegessen hatte, worüber ihm auch das Bauch=Wehe vergieng, daher er schloß, daß es von dem sauren Saffte bey leeren Magen herkommen müste, und daß der Austern=Schleim oder Süßigkeit dadurch gelindert und gemischet würde, endlich dachte er nach, wo doch das Fieber herkommen müsse, denn er wolte nicht gerne kranck werden, und meynte es entstünde darvon, daß man die Austern nur geschwinde hinunter

stattlicher Hausrat an - vom steinernen Hohlspiegel zum Feueranzünden bis zur tönernen Tabakspfeife sowie eine Garderobe aus diversen Kleidungsstücken, die aus Seegras, Bast, Schilf, Vogelhäuten und Seehundsfellen gefertigt sind -, der Kapitän verfügt schließlich auch über mehrere Hütten an zwei verschiedenen Orten, hält sich Vögel in Käfigen und Fische in einem abgeteilten Bachlauf. Die Not und die Langeweile lehren ihn die verschiedensten Handwerke. Zur Illustration des Argumentationsaufbaus und der dahinter sich verbergenden pädagogischen Vorgehensweise mag ein weiteres Beispiel dienen: Als der Kapitän sich warme Winterkleidung anfertigen will und dabei auf das Weben und Spinnen kommt, stößt er auf große Schwierigkeiten, weil er weder einen Webstuhl noch andere Werkzeuge hat. "Aber die Noth und die Lust lehret alles, wenn man nur der Sache mit grossem Fleisse nachdencket, daher er auch der gewissen Hoffnung lebte, daß ihm seine Weber=*fabrique* doch endlich auch würde von statten gehen müssen" (S. 64). Immer wieder überlegt er, wie er an die nötigen Hilfsmittel kommen kann. "Als er nun mit diesen Gedancken an die See kommt, und fast darüber vergessen hat, weßwegen er eigentlich dahin gegangen wäre, jedoch sich endlich besinnet, daß es wegen einer Gräte zum nähen geschehen wäre, so siehet er sich um nach diesem Fische, kaum hat er ihn erblicket, so wird er gewahr, daß dessen Gräten bey dem Schwantze recht wie ein Kamm oder wie eine Grämpel, woraus man auch zu spinnen pfleget, neben einander stehen. Weil er nun alles auf einmal gefunden hatte, so machet er ein grösseres Freuden=Geschrey als ehmals *Archimedes* über der Erfindung seiner Wasser=Wage gemachet hatte" (S. 65 f.). Beim Verweilen am Strand fallen ihm weitere Erfindungsberichte ein, die er aus einem beim Untergang der Galeere verlorengegangenen Buch kannte. Er bedauert, das Buch jetzt nicht zur Verfügung zu haben, "jedoch tröstet() er sich, daß man eben nicht alles aus Büchern, sondern in dem grossen Buche der Natur durch fleißiges Nachsinnen suchen müste, wie denn obgedachte *Philosophi* ebenfalls diese ihre Künste nicht aus den Büchern sondern aus der Natur und durch Betrachtung derer Sachen gefunden hätten, welches man hernach in die Bücher

schluckete, daher er seine Austern jederzeit wohl käuete, und mit Speichel vermischete, auch niemals einige Ungelegenheit empfand. Er muste selbst darüber lachen, daß er in so kurtzer Zeit nicht allein ein *Botanicus* und ein Austern=Koch, sondern gar ein *Medicus* geworden war, denn die Noth ist die beste Lehr=Meisterin aller Künste, wie denn alles nach und nach also erfunden worden ist."

eingetragen hätte" (S. 67). Da er es mit seinen Erfindungen den Alten gleichgetan hat, will er sich "bald was grosses" auf "seine neue Weisheit und *philosophi*schen Stand" einbilden (S. 68). Als er jedoch "diesen neuen Kamm oder Fisch=Schwantz gantz abbrechen" will, zerfallen "alle Gelencke, weil die Bänder, die sonst das Gerippe zusammenhalten, schon verfaulet waren" (ebd.). Der Kapitän ist tief beschämt, daß er sich "über einem solchen verfaulten Fisch=Gerippe soviel eingebildet" hat, und nimmt sich vor, "inskünfftige allen Hochmuth und eignes Lob fahren zu lassen, sondern vielmehr für alles Gute und für alle Erfindungen GOtt zu dancken, und ihn demüthiglich zu bitten, daß er ihm doch als einem unverständigen Kinde wie bishero alle Geschicklichkeit und Weisheit geben wolte, damit er sich erhalten, für aller Unbequemlichkeit und Unglücke beschützen, zu der verlohrnen Gesellschafft, wo ja noch jemand von derselben übrig wäre, kommen könte" (S. 68 f.). Diese Brechung des Vernunftoptimismus könnte ein Reflex pietistischer Einflüsse sein.

Natürlich sehnt sich der Kapitän in seiner Einsamkeit nach der Gesellschaft seiner ehemaligen Gefährten; er faßt den Plan, nach der bewaldeten Insel zu fahren, von der er Rauch aufsteigen sieht. Damit stellt sich ihm die Aufgabe, ein halbwegs seetaugliches Wasserfahrzeug zu bauen. Zunächst sucht er nach einem Material, aus dem er ein Segel weben könnte. Immer wieder variiert Bachstrom seinen Kernsatz, daß auch aus schlimmster Not durch Nachdenken Auswege gefunden werden. Selbst sonst verachtete Dinge können dabei einen Wert erhalten. Auf der Suche nach einem Rohstoff zum Spinnen verfällt der Kapitän zuletzt auf die Brennessel, die ihm bisher nur eine Plage war: " ... er schneidet derselben ein Gebund mit ziemlichem Verdruß ab, denn weil sie ihn greulich in die Finger brennen, so will er beynahe diese letzte recht verzweiffelte Arbeit liegen lassen, jedoch überwindet er sich, trocknet sie ab und röstet sie, und siehe dieses vermeynte Unkraut giebt das allerschönste Gespinste, welches eine rechte mittel=Gattung zwischen Hanff und Flachs war. Wer schämte sich nun mehr als unser *Capitain*, der sich so grausam Mühe gegeben, und so lange Zeit herum gelauffen war; hingegen dieses liebe Kraut und theure Gabe GOttes, die Hauffen=weise vor seiner Thüre, und auf der gantzen Insel stand, so sehr verachtet, ja fast in den Abgrund der Höllen verfluchet hatte, er nahm sich demnach für, daß ehe er in diese grosse und längst gewünschte Erndte mit seiner Sichel fahren würde, ers diesem Kraute zuvor öffentlich abbitten, demselben eine grosse Lob=Rede halten, und für allen Dingen GOtt im Himmel dafür danken wolte ..." (S. 92 f.)

Je länger er sich auf seinem kargen Eiland befindet, desto größer wird sein Wunsch, auf die bewaldete Insel zu kommen, auf der er Kameraden vermutet. Infolgedessen konzentriert er seine Anstrengungen ganz auf den Schiffbau (S. 109-112). Schließlich wagt er bei günstigem Wind mit einem Schilfboot die Überfahrt. Er landet glücklich auf der hohen Insel und trifft dort tatsächlich auf zwei Gefährten, die einzigen, die von der Wachmannschaft der Galeere überlebt hatten (S. 113-115). Auch deren Erlebnisse werden ausführlich geschildert (S. 118-228). Zu dritt fassen sie den Entschluß, ein größeres, stabiles Holzboot zu bauen, um damit ihre anderen Gefährten, die sie auf den umliegenden Inseln vermuten, zu sich auf die Hauptinsel zu holen. Bitter beklagen sie ihre unzureichenden handwerklichen Kenntnisse, was dem Verfasser Gelegenheit gibt, das Handwerk zu loben[97]. Aber noch während sie sich mit dem Schiffbau abmühen, landen 24 ihrer alten Gefährten, unter ihnen der Apotheker, der das Kommando führt, folglich ab hier wieder ins Zentrum der Erzählung rückt. Auch die neu angekommene Gruppe wird nach ihren Erlebnissen gefragt. Die übrigen knapp 160 Seiten des ersten Teiles des *Landes der Inquiraner* folgen ganz diesem Schema: Während eine gerade angekommene Gruppe den schon auf der Insel Anwesenden

97 "Der *Capitain* aber sagte, es ist dieses (das Faßbinderhandwerk erlernt zu haben, T. B.) eben kein gar so närrischer Wunsch. Denn erstlich wäre zu wünschen, daß ein jeglicher Mensch, insonderheit der ein Soldate zu werden gedencket, ein Handwerck lernete, welches in unserm Spanien fast zu einer Schande geworden ist, da auch der geringste Kerl sein Lebenlang lieber auf der Schildwacht und in der lausichten *Corps de Garde* zubringt, weil er die Hoffnung hat, daß er doch mit der Zeit ein *Cavallero* und ein *Hijo d'Algo,* das ist ein Ritter und Edelmann werden kan, als daß er ein ehrliches Handwerck oder Kunst lernen, mithin sich seiner Hände Arbeit nähren solte, zumahl da ein ieglichen seine Kunst, er komme auch in der Welt hin, wo er wolle, gar sehr zu statten kommt. Es darff sich dessen der grösseste Herr nicht schämen, welche bißweilen etwas dergleichen zu ihrer Lust lernen, dahingegen der Rußische Monarche Peter in Holland nicht allein das Zimmer=Handwerck gelernet, und an den Schiff=Bau selbst Hand angeleget, sondern auch gar offt bey den Ancker=Schmieden den gantzen Tag sehr harte gearbeitet, aus welcher Hand=Arbeit er sich und seinem Lande mehr Nutzen gemacht, und sich mehr Ruhm erworben hat, als ihrer zehn andre mit allen ihrem Müßiggange, Pracht und Herrlichkeit nicht erwerben werden. Es wäre freylich herrlich und gut, wenn dieser ein Faß=Binder wäre, so wie ihr ein Schmied geworden seyd, und daß ich an statt meines unnützen Edelmannes mit dem großen Meister Peter ein Schiff=Zimmermann geworden wäre, so würden wir drey gewiß viel eher ein Schiff zuwege bringen, als sichs in der That wird thun lassen" (S. 211 f.)

ihre Schicksale berichtet, landet die Abordnung eines anderen versprengten Teils der ehemaligen Galeerensträflinge, um ihre Erlebnisse zu erzählen. Der Schiffbau kommt auf diese Weise naturgemäß nur langsam voran. Der Verfasser hat durch diese Komposition jedoch die Möglichkeit, seine Botschaft zu illustrieren, daß auch aus größter Not durch Nachdenken ein Ausweg gefunden wird. Dabei wird ein reiches Panorama verschiedener Möglichkeiten entfaltet. So erreicht jede Gruppe die Insel mit einem anderen Wasserfahrzeug; das Spektrum der Bootstypen reicht vom Tonkrugboot über Schilfauslegerboot und Kajak bis zum Federn- und Binsenkorbboot; es werden die verschiedensten Arten, Feuer zu entfachen, Salz und Metalle zu gewinnen, Wasser und Nahrung zu finden und Kleidung, Hausrat und Wohnung herzustellen, geschildert. Immer sind die Lösungen aus der Not geboren. Manchmal folgen sie Beispielen aus Antike und Bibel. Es finden sich aber auch Bezüge auf völkerkundliches Wissen, Volkssagen und Legenden, Sprichwörter, historische Anekdoten. Häufig wird die Natur nachgeahmt. Der Kulturdünkel der aller zivilisatorischen Hilfsmittel beraubten Schiffbrüchigen wird immer wieder gedemütigt, wenn z.B. zunächst verlachte Gewohnheiten von Urvölkern oder in einem Fall spielende Kinder den rettenden Einfall bringen.

Schließlich sind alle Schiffbrüchigen auf der Insel versammelt. Es wird beschlossen, jeweils den ersten Tag eines Monats "zu einem Ruhe=Tage oder Feyer=Tage nach Art vieler Völcker" einzusetzen. "Denn dieses solte ein Tag der Versammlung seyn, wo man erstlich GOtt für seinen unverdienten väterlichen Schutz dancken, und um fernern Beystand anruffen wolte. Sodann wolte man in dieser Versammlung rathschlagen, wie man alle eingeschlichene Unordnung abschaffen, und hingegen gute Anstalten zur Beförderung des gemeinen Besten und zur Glückseligkeit aller Glieder einführen könte." (S. 373) Die erste gemeinsame Versammlung berät über die Zukunft. Im Mittelpunkt steht die Frage, ob "man hier auf dieser Insel bleiben, oder sich eine andre Wohnung suchen wolte?" (Ebd.) Man beschließt, aus Sicherheitsgründen einen abgeschiedenen Platz auf dem afrikanischen Festland, in den Bergen, zu suchen (S. 376-382), und bereitet sich auf die Abreise vor (S. 382-384). Damit endet der erste Teil.

Der ein Jahr später, 1737, publizierte zweite Teil ist der Beschreibung des schließlich gefundenen Landes gewidmet (II, S. 1-236).

"Als nun unsere Leute alle mit einander nach einer glücklichen und wohl behaltenen See=Reise von ihrer Insel und aus ihrer ehmahligen Trübsal

hier angelanget waren, und den Fuß in ihr neues Land eingesetzet hatten; so waren sie, wie alle Menschen, mit grossem Fleisse darauf bedacht, wie sie ins künfftige allem Unheil und Mühseligkeit entfliehen, hingegen ihre Glückseligkeit und Wohlfahrt auf alle Weise vermehren wolten." (II, S. 3) Zunächst gilt es, das neue Land auszukundschaften, einen Platz zur Ansiedlung auszuwählen und Vorkehrungen gegen eventuelle Angriffe der Spanier oder von Eingeborenen zu treffen (II, S. 3-11). Dabei kommt das neue Land auch zu seinem Namen: "Da sich aber die meisten für dieser gefährlichen Untersuchung fürchteten und einwendeten, daß man sich wohl gar verirren, oder sonst ein Unglück zwischen den Felsen haben könte: So wurde demjenigen, der diese gefährliche Untersuchung anstellen und glücklich zu Ende bringen würde, an statt eines Preisses versprochen, daß er die Ehre dafür haben solte diesem Lande den Nahmen zu geben. Hierauf fieng einer unter der Gesellschafft an mit lauter Stimme zu lachen, und sagte: So mag denn dieses Land von dieser vermeynten gefährlichen Untersuchung das Land der *Inquiraner* heissen, ja nicht nur deßwegen allein, sondern weil wir aus der *Inquisition* entronnen sind, und auch noch gar viele Sachen in diesem Land werden zu untersuchen oder zu *inquiri*ren haben." (II, S. 6 f.)
Als Ausgangspunkt zur Besiedlung des neuen Landes wählen die Inquiraner eine von einem sich teilenden Fluß umschlossene Insel: "Dieses Stücke Landes war theils hoch, theils aber niedrig, und just so weit von der See entfernet, daß kein Brackwasser dort hinauf steigen konte ... Dieser hohe Ort solte zu einem Haupt-Quartier oder zu einer Stadt angeleget werden, das niedrige Land aber eben auf dieser Insel solte zu einer nöthigen Viehweyde gebrauchet werden." (II, S. 15 f.) Zunächst gilt es, Behausungen für Mensch und Vieh zu schaffen. "Hierbey erwähnte der Apothecker, ... daß man bey allem Bau zuerst auf die Festigkeit, hernach auf die Bequemlichkeit und gute Ordnung, zuletzt aber einiger maassen auf die Zierlichkeit, hingegen gar nicht auf Pracht und Uberfluß sehen solte, und daß man alles so schlecht [= schlicht], als es nur immer möglich wäre, jedoch obigem Endzwecke ohnbeschadet, machen müßte" (II, S. 23). Vermutlich ist diese Priorität des Funktionellen, die verbunden ist mit Verachtung von "Pracht und Uberfluß", nicht (nur) aufgeklärtem Denken zu verdanken, sondern pietistisches Erbe.
Die Anlage der Siedlung ist regelmäßig - das legt natürlich nicht nur die utopische Tradition nahe, sondern ebenso auch die zeitgenössische Architektur. "Es wurden aber für diese zweyhundert Haushaltungen

dennoch vierhundert Hütten in vier besondern Quartieren nach der Linie also angeleget, daß in der Mitte, wie ein breites Creutze durchgezogen wurde" (II, S. 24). Die Hütten werden fürs erste in "Leichtbauweise" aus Strauchwerk errichtet.
"Da man nun diesen Hütten=Bau zu Stande gebracht hatte, so hielt man ferner einen Rath, wie man nun so wohl das Land recht ausforschen, als auch alles übrige besorgen sollte. Zu diesem Ende wurde auf guten Rath der gesammten Gemeine insonderheit ihres Vorstehers die gantze Mannschafft in vier besondre Classen wegen der bevorstehenden Geschäffte eingetheilet" (II, S. 26):
"Die erste Classe sollten gleichsam Jäger seyn, jedoch bey dieser Gelegenheit das gantze Land ausforschen, und alle Zugänge dieses Landes betrachten, auch endlich bis auf die höchsten Berge steigen, um zu sehen, was auf der andern Seiten sich für Leute und Länder befänden." (Ebd.)
"Die andre Classe sollten Fischer und Schiffer seyn, darbey aber mit höchstem Fleisse für den neuen Schiff=Bau, und für die Ausbesserung der fertigen und vorigen Schiffe Sorge tragen" (II, S. 28). Auch sollte aus dieser "Klasse" eine Abordnung sich durch List die Möglichkeit verschaffen, mit einem aus Indien zurückkehrenden Schiff nach Spanien zu segeln, um dort unter Dissidenten - vor allem unter den "Miquelets"[98] - Siedler für das neue Land der Inquiraner zu werben.
Die "dritte Sorte von Leuten" sollten den Acker bestellen "und hernach allerley garten=Früchte in der Nähe pflantzen" (II, S. 30 f.).
"Die vierdte Gattung Leute solte für die Vieh=Zucht sorgen, wie auch einiger maassen für den Bau der Ställe und der übrigen Hütten." (II, S. 31)
"Zu jeglicher Sorte dieser Mannschafft solten auch die Jungen mit gegeben werden, die nur einiger maassen behülflich seyn könten." (Ebd.)
Die Frau ist auch im neuen Land der Inquiraner auf ihre traditionelle Rolle festgelegt: "Die Frauen aber solten mit den kleinen Kindern zu

98 Die "Miquelets" sind nach *Zedlers Großem Vollständigem Universallexikon* die spanischen Bergbewohner, "die in dem Pyrenäischen Gebürge, sonderlich an denen Gräntzen von Catalonien, und von Arragonien" hausen, "welche von den Waffen Profeßion machen, und zu Kriegs=Zeiten denen, wider die sie sich erklären, auf allerhand Art, sonderlich aber mit Streiffereyen, grossen Abbruch thun ... Sie pflegen auch wohl in Friedens=Zeiten sich von dem Strassen=rauben zu nehren, und reisende Personen anzugreiffen, (dahero sie offtmahls Bandoliri oder Banditen genennet werden,) . . . "; JOHANN HEINRICH ZEDLER: Grosses Vollständiges Universallexikon, Bd. 21 (1739). Nachdruck: Graz, Akadem. Druck- und Verlagsanstalt, 1982. Sp. 412 f.

Hause bleiben, und etwa für Zubereitung des Essens und Trinckens sorgen, wo aber einige unter ihnen keine kleine Kinder zu warten hätten, so könten sie auch bey der Viehzucht und bey dem Garten=Wesen insonderheit bey den Küchen=Kräutern einige Dienste thun. Vor allen Dingen aber solten sie dem Nähen der Beltz=Kleider oder der Kürschnerey obliegen, weil dieses fast die eintzige Kleidung aller *Inquiraner* seyn solte, nemlich so wohl von Schaafen als von andern Thieren, die man auf der Jagd zu fangen pfleget, wie denn auch ihre Bette, Polster und Decken von nichts anders als von Fellen und Beltzwerck gemachet waren." (II, S. 31 f.) Alle diese Arbeiten sollten von den "Alten mehr den Kopff", von den "Jüngern mehr die Hände und die Krafft des Leibes brauchen". Den Vätern und Müttern sollte als "klugen Rathgebern" gehorcht werden (II, S. 32).

"Ob nun wohl dieses die Haupt=Arbeiten hiessen, so war doch keinem verbothen, daß er auch darneben etwa ein ander Handwerck triebe zumal von denen, die man am meisten nöthig hatte, dergleichen etwa die Schmiede=Arbeit und wiederum die Holtz=Arbeit ist, ohne daß man diese beyde Arbeiten in so gar viele Handwercker zertheilen dörffte, zumahl da auch der Schmidt andre Metall=Arbeit auf sich nehmen, und unter der Holtz=Arbeit der Schiff=Bau, das Böttcher= Tischler= u[nd] Wagner=Handwerck mit begriffen seyn könte ... Daß es demnach hier gieng wie etwa auf den Dörffern, wo man wenigstens einen Schmidt und Wagner zu haben pfleget, auch wohl einen Schuster, welchen man hier nicht brauchte, indem sich fast jederman selbst das Leder ausgerben und zugleich Schuhe machen konte, die manchmal geschickt genung heraus kamen, denn die vorige Noth hatte sie mancherley Handwercke gelehret, und was noch übrig war, daß solte sie die künfftige Beschwerlichkeit lehren" (II, S. 32 f.).

Auf den nächsten Seiten wird erzählt, wie die vier "Klassen" in geschickter Ausführung ihrer Aufgaben und Arbeiten wetteifern, sich gegenseitig an einfallsreichen Erfindungen zum Wohl des ganzen Völkchens übertreffen, kurz: sich als rechte "Inquiraner" beweisen (II, S. 38-72). Es folgen Bemerkungen zur Verfassung des kleinen "Staates", zur (einheitlichen) Kleidung seiner Bürger und zu verschiedenen anderen Materien, die meist auf persönliche Vorlieben des Autors zurückgehen bzw. biographische Voraussetzungen haben. So beschreibt er über zehn Seiten die sportliche Ertüchtigung der Jugend, "die ihnen nicht allein zur Gesundheit, sondern auch zu einem vielfältigen Nutzen in manchen Fällen Lebenslang dienen solten" (II, S. 77-80; 112-121; Zitat: S. 77).

Breiter Raum wird auch dem Schwimmen eingeräumt (II, S. 80-107), einer Thematik, die Bachstrom sehr am Herzen gelegen haben muß, widmet er ihr doch später ein eigenes Büchlein (*L'Art de Nager*, 1741): "Es ist eine rechte schändliche Nachläßigkeit, sagte unser Vorsteher, daß die Obrigkeit in andern Ländern, zumahl in Städten, welche an Flüssen und Wässern liegen, in diesem Falle nicht bessere Vorsorge thut, die Menschen für dergleichen Unglück zu bewahren. Denn obwohl GOtt den Menschen nicht wie einen Ant=Vogel [= Entenvogel], oder wie ein ander Wasser=Thier erschaffen hat, so hat er ihm doch die Vernunfft und Verstand gegeben, daß er sich in solchem Falle gar wohl helffen, und den vermeinten Mangel durch sein Nachdencken ersetzen soll." (II, S. 80 f.) Im Anschluß an die Schilderung eines Wasserausflugs, der beinahe tragisch geendet hätte, werden dann verschiedene Techniken des Schwimmens, des Schwimmenlernens und verschiedene Schwimmhilfen vorgestellt.

Der eigentliche Schwerpunkt dieses zweiten Teils des *Landes der Inquiraner* bilden die Ausführungen zur Religion, in denen der Verfasser seine Toleranzvorstellungen entwickelt und originell begründet (II, S. 121-218). Unvermittelt an die sich mit der Religion und der Toleranz beschäftigenden Passagen schließt sich ein ungefähr zehn Seiten umfassender Abschnitt an über den Bau feuersicherer Hütten und die Notwendigkeit, Vorkehrungen zum Schutz vor Feuersbrünsten zu treffen (II, S. 218-228). Auf den letzten Seiten des zweiten Teils beschreibt der Autor, wie die Inquiraner ihre neugebaute Stadt befestigen, und schließt - im Blick auf die geplante Fortsetzung des Werks - wirkungsvoll mit der Schilderung eines von Eingeborenen vorgetragenen Angriffs auf die kleine Gemeinde der Inquiraner: "Man hatte kaum das meiste insonderheit den Wall oder vielmehr die Linien und hohe Brustwehr zu Stande gebracht, so sahe man, daß alles gantz schwartz die Berge herab gezogen kam, und zwar in solcher Menge, die uns den völligen Untergang drohete, welcher aber durch eine wunderbare Schickung und Gegenwehr, darvon im folgenden Theile soll gehandelt werden, endlich ist abgetrieben worden." (II, S. 235 f.)

β) Analyse

Einflüsse

Formal steht das *Land der Inquiraner* sowohl in der Tradition des *Robinson Crusoe* Daniel Defoes (1719) und seiner deutschen Nachfolger - insbesondere die *Insel Felsenburg* Johann Gottfried Schnabels (1731) ist hier zu nennen - als auch in einer Reihe mit den Beschreibungen idealer Staatswesen seit der *Utopia*[99].
Inhaltlich bildet das *Land der Inquiraner* die Summe dessen, was Bachstrom zeitlebens interessierte; der Bogen spannt sich dabei von religiösen Fragen bis zur "Kunst des Schwimmens".
Der theologische Standort des Verfassers ist aus einer ganzen Reihe von Aussagen, die nicht widerspruchsfrei sind, herauszufiltern. Daß es sich für Bachstrom um ein wichtiges Thema handelt, ist daran abzulesen, daß er es schon in der Vorrede aufgreift.
Der geheimnisvolle Alte, der sowohl das griechische Neue Testament als auch den Koran liest, erregt natürlich die Neugierde seiner Gastgeber, die ihm dann auch prompt die "Gretchenfrage" stellen. Sie erhalten die bezeichnende Antwort, "daß die Christen sehr wunderliche und erschrecklich einfältige Leute wären, daß wenn sie eines Menschen Religion erforschen wolten, gar nicht nach Christi Regeln die Sache anfingen, wie man in seinem Lande zu thun pflegte, denn wenn man bey ihnen wissen wolte, ob einer eine solche Gemüths=Beschaffenheit hätte, wie sie GOtt von uns verlangte, das ist: Ob er eine rechte Religion oder Verbindlichkeit gegen GOtt und Menschen hätte, so gäbe man auf all sein Thun und Lassen achtung, wäre dasselbe gut und rechtschaffen, und zwar in den wichtigsten Sachen, so hielte man dafür, das Hertze wäre auch gut und rechtschaffen, weil dasselbe aus der That so wie ein Baum aus den Früchten müste erkannt werden" (Vorrede, S. 12)[100]. Die starre

99 ULLRICH bringt das Land der *Inquiraner* in einen Zusammenhang mit Bachstroms Übersetzung von Simon Tyssot de Patots *Voyages et aventures de Jacques Massé* (1710), die er unter dem Titel *Peter Martons, eines gebohrenen Frantzosen Merkwürdige Lebens=Beschreibung Worinnen viele wunderliche Begebenheiten enthalten die ihm in seinem Leben und auf Reisen zugestoßen etc.* 1737 veröffentlichte. ULLRICH konstatiert eine "Ähnlichkeit der Ideen des französischen Werkes und derjenigen Bachstroms"; leider verweist er für die Darlegung des Zusammenhangs auf seinen nie erschienen Aufsatz über das *Land der Inquiraner:* ULLRICH, J. F. Bachstrom. Ein Gelehrtenleben, S. 321.

100 Vgl. Matthäus 7, 16 ff.

Fixiertheit der Orthodoxien - seien sie nun lutherisch, reformiert oder katholisch - auf das (Lippen-)Bekenntnis entspreche nicht der Regel Christi und sei heidnischen Ursprungs (Vorrede, S. 14). Damit weist der alte Inquiraner die Frage nach seinem Glaubensbekenntnis zurück: "Da wir nun dieses wüsten, so solten wir doch ja nicht auf sein Glaubens=Bekänntniß mit dem Maule dringen, sondern nach Christi Regel auf seine Thaten sehen, die wir durch die Zeit unsers Umganges schon genungsam müsten erkennet haben, so wie er uns beyde gar wohl kennete, ob er gleich niemals nach unserm Glaubens=Bekänntniß gefraget hätte. Denn GOtt sehe nicht das Maul sondern das Hertze, das ist, die That und die Früchte an" (Vorrede, S. 15).
Es wird eine wichtige Frage sein, ob diese direkt gegen jegliche Orthodoxie gerichtete Ethisierung des Glaubens programmatisch ist für die Religion der Inquiraner. Das Thema Religion ist bei Bachstrom jedoch eng verwoben mit der Frage der Toleranz, die deshalb vorweg behandelt werden soll.

Zur Frage der Toleranz

Schon der Ansatz weist auf die Absicht des Autors hin, der religiösen Toleranz eine Bresche zu schlagen und gleichzeitig die Bedeutung von Konfessionen überhaupt zu relativieren: Eine aus Muslimen, Juden und Christen der verschiedensten Bekenntnisse bunt zusammengewürfelte Gesellschaft ist in einer außerordentlich bedrängten Lage auf Zusammenhalt angewiesen. Im Anschluß an ein Gespräch über die spanische Inquisition wird denn auch vom Apotheker als dem Anführer als Ziel der Verfassung des neu zu schaffenden Gemeinwesens formuliert, "daß keinem Menschen wegen der Religion einiges Leid wiederfahren solte, vielweniger daß jemand sein Leben darüber verlieren solte, denn die Religion wäre dem Menschen gegeben nicht zum Schaden, sondern zum Besten, nicht das Leben zu verlieren, sondern zu erhalten" (S. 291).
So herrscht im Land der Inquiraner völlige Glaubensfreiheit[101]. Daraus ergibt sich jedoch die Frage, wie die verschiedenen Religionen und Bekenntnisse friedlich miteinander leben können. Der Apotheker führt dazu grundsätzlich aus: "Wir müssen uns freylich ... aufs äusserste

101 "Denn hier stund es frey, daß jedermann seinen Glauben, oder wie er gegen GOtt gesinnet wäre, öffentlich bekennen konte" (II, S. 128).

bemühen, daß wir nicht allein in allen andern Sachen vernünfftig verfahren, sondern daß wir vornehmlich GOtt einen vernünfftigen Gottesdienst leisten. Weil es aber unmöglich ist, daß ein Mensch den andern zu dieser Pflicht, die er GOtt allein schuldig ist, zwingen könne, massen ja GOtt selbst niemand zwinget, sondern von allen Menschen einen willigen Gottesdienst haben will, welches recht die innerste Art und Natur des rechten Gottesdienstes ist: So kan allhier jeglicher Hauffen und Gemeine zu ihrer Zeit zusammen kommen, und GOtt nach ihren guten Wissen und Gewissen verehren. Weil wir aber auch in einer andern äusserlichen Gemeinschafft oder Bürgerschafft leben müssen, so wollen wir uns ins künfftige bereden, wie es zu machen sey, daß weder die Gemeinschafft der Bürger durch die Religion, noch die Gemeinschafft der Religion durch die bürgerliche Gemeinschafft im geringsten nicht gekräncket, gehindert und gestöret werde." (II, S. 138) Der Apotheker (oder "Ober=Aufseher) selbst vertritt einen modernen Ansatz mit einer originellen Begründung: "... wir müssen es mit dem Unterscheide der Religion allhier machen als wie mit den Zünfften in grossen Städten. Denn wenn gleich an einem Orte zwantzig, dreyßig, viertzig, funfftzig ja hundert Zünffte oder besondre Zusammenkünffte sind, die ihre besondre Aeltesten und Zunfftmeister, auch ihre Zechbothen und vielerley besondre Gebräuche haben ... so darff doch dieses alles gar nicht der bürgerlichen Ordnung entgegen stehen, sondern es muß vielmehr derselben zum Nutzen und Vorthel gereichen" (ebd.)[102]. Es gelte den falschen Religionseifer, dem sie in Spanien zum Opfer gefallen waren, diesen "unvernünfftigen Haß der Religion ... auf alle Weise auszurotten ..., wo wir hier in Ruhe leben und uns noch darzu mit zusammen gesetzten Kräfften oder gemeinschafftlicher Weise für vieler andrer Noth und Unbequemlichkeit schützen mithin ein ruhiges und stilles Leben führen wollen" (II, S. 139 f.). Er macht darauf den Vorschlag, "daß diejenigen, die auf einerley Weise GOtt dienen, sich gleichsam in eine Zunfft

102 Möglicherweise hat Bachstrom hier Erfahrungen aus seinem Aufenthalt in Konstantinopel verarbeitet. Der Vergleich der Religionen mit den Zünften erinnert an das osmanische System der *millet*: "Jede religiöse Gruppe durfte sich als weitgehend selbstbezogene und autonome Gemeinschaft, genannt *millet,* mit ihren eigenen Gesetzen und mit einer eigenen Verwaltungsstruktur unter ihrem jeweiligen religiösen Oberhaupt organisieren." SHAW, STANFORD J.: Das Osmanische Reich und die moderne Türkei. In: Der Islam II. Die islamischen Reiche nach dem Fall von Konstantinopel. Hrsg. von G. E. VON GRUNEBAUM. Frankfurt, Fischer, 1971, S. 91 = Fischer Weltgeschichte 15. - Ich danke Herrn Herbert L. Müller für diesen freundlichen Hinweis.

zusammen begeben, und darinnen nach ihrem Gewissen zu ihrem Gottesdienst die gehörige Anstalten machen, ohne daß es eine andre Zunfft im geringsten angehen solte, wie denn kein Zimmermann einem Schuster in seiner Handthierung oder Zunfft etwas zu sagen, noch sich darein auch im mindesten zu mischen hat, zumahl da er die Sache nicht verstehet" (II, S. 140). Dieser Vorschlag wird von den Inquiranern einstimmig angenommen, da er "nur auf lauter Einigkeit, Friede und Ruhe oder auf die Glückseligkeit, welches die eigentliche Absicht sowohl der Religion als aller andern Geschäffte ist, gegründet wäre" (II, S. 141). Nach dem Ende der allgemeinen Versammlung treten also "diejenigen, welche mit einander eine Religions=Zunfft oder Zusammenkunfft und Gemeine ausmachen wolten, in lauter kleine Hauffen zusammen":

"Hier ward es erst kund, was ein jeglicher vor eine Religion hatte, oder was etwa seine Meynung von dem Gottesdienste wäre. Die meisten waren Mahumedaner, nemlich von den Saracenen und Mauren, die man aus Spanien vertrieben hatte. Nächst ihnen war die größte Zunfft die Juden, denen es ebenfalls also in Spanien gegangen war, weswegen sie ihre Religion so lange hatten müssen verdeckt halten, auch dahero nicht beschnitten waren" (II, S. 146)[103]. Die dritte Zunft bilden die Antitrinitarier[104], die vierte die griechisch-orthodoxen Gläubigen; die "fünffte Zunfft erklärte sich zu der Genfer ihrer Kirche", die "sechste aber nahmen die Augspurgische Bekänntniß des Glaubens zu der Richtschnur ihres Gottesdienstes an, und zu dieser Zunfft bekannte sich auch der Ober=Aufseher"; die siebte Gemeinde wurde von den Römisch-Katholischen gebildet; sie war die kleinste, "weil man lauter Ketzer auf diese Galeere gesetzet hatte" und weil die mitgeflohenen Fischer meistens "zu der Mohrischen oder Mahumedanischen Religion" gehörten (II, S. 146 f.). "Ausser diesen sieben grössern Zünfften aber funden sich noch einige kleinere ja gar eintzelne Personen, die sich zu keiner von den

103 Erstaunlicherweise ist auch der ehemalige Galeerenkapitän Jude, "ob er gleich ein würcklicher Spanischer Edelmann von einem berühmten Geschlechte war. Denn es ist zu wissen, daß fast die besten Häuser in Spanien wegen der Jüdischen oder Mauritanischen Religion verdächtig sind, welches sie denn durch eine übermäßige Religions=Ubung und verstellte Andacht abzulehnen suchen" (II, S. 146).

104 "Die dritte Zunfft war derjenigen Christen, die nicht mehr als einen GOtt, oder wie man sonst redet, auch nur eine eintzige Person, nemlich den Vater und Schöpffer aller Dinge erkenneten, darbey aber Christum für desselben wichtigsten Gesandten hielten" (II, S. 146 f.).

erstern erklären, sondern GOtt in der Freyheit dienen wolten" (II, S. 147). Diese Nonkonformisten wehren sich gegen die allgemeine Auffassung, daß "sich jeglicher zu einer gewissen Religion bekennen müste, als ob die Wohlfahrt des gemeinen Wesens, und die Ruhe der gantzen Bürgerschafft daran hienge" (II, S. 148). Sie argumentieren damit, "daß die Religions=Zünffte manchmahl im gemeinen Wesen noch mehr Unruhe als die Handwercks=Zünffte zu erregen pflegten" (ebd.). Als wichtiger Grundsatz wird denn auch vom Vorsteher festgehalten, daß keine Religion die andere dominieren oder zur allein gültigen gemacht werden darf. Daß man als "Grund=Regel aller Königreiche" ansehe, "daß in denselben nur einerley Religion" sein dürfe, sei auf das "falsche Bereden der Geistlichkeit" zurückzuführen: "... denn es kommet mir nicht anders für, als ob ein König in seinem gantzen Lande nur lauter Leute von einerley Handwerck nemlich lauter Schuster oder lauter Schmiede haben wolte, aus Ursache weil unterschiedliche Zünffte leichtlich die Einigkeit stören könten" (II, S. 148 f.). Die pragmatischen Argumente sprechen eindeutig gegen eine erzwungene Einheit des Bekenntnisses. Diese zwinge die Ketzer nur in den Untergrund. "Auch ist es unmöglich, daß alle Menschen eines Landes immer bey einerley Meynung und Gedancken von dem Gottesdienst bleiben solten, denn wenn man kaum eine vermeynte Ketzerey völlig ausgetilget hat, so entspinnet sich insgemein eine andere ..." (II, S. 149). Ein Herrscher, der auch über die Gewissen herrschen wolle, greife in den Machtbereich Gottes ein (II, S. 150). Im übrigen ist die Meinung, "es könnte kein guter Bürger seyn, der nicht zum wenigsten ein Christ wäre", völlig falsch, "denn die Römisch=Catholischen, welche dieses am meisten behaupten wollen, solten zum wenigsten aus ihrem eignen Nahmen erkennen, daß diese Sache falsch ist, denn die alten Römer, die doch nach ihrer Religion die ärgsten Heyden waren, werden dennoch wegen ihrer Gerechtigkeit und bürgerlichen Ordnung solcher Gestalt gerühmet und geachtet, daß man auch noch bis auf den heutigen Tag das Römische Recht, welches von lauter Heyden ist nach der natürlichen Billigkeit entworffen worden, nicht allein auf den hohen Schulen fleißig lehret, sondern auch auf allen Rath=Häusern zum Grunde aller bürgerlichen Ordnung freywillig angenommen hat" (II, S. 150 f.).

Die Frage der Toleranz spielt im *Land der Inquiraner* eine zentrale Rolle. Dafür dürften - neben dem theologischen Hintergrund - Bachstroms praktische Erfahrungen negativer (seine Schwierigkeiten mit den Jesuiten) und positiver Art (das Erlebnis einer toleranten Gesellschaft bei seinem Aufenthalt in Holland) den Ausschlag gegeben haben.

Zur Religion der Inquiraner

Nachdem sich die "Religionszünfte" konstituiert haben, geht es darum, Älteste bzw. Vorsteher zu wählen und sich innerhalb der Gemeinden über die Form der Gottesdienste zu einigen (II, S. 153 ff.). Dies erweist sich jedoch als nicht so einfach, in jeder Gemeinde gibt es kontroverse Ansichten über den Gottesdienst, wobei sich der Streit in der Regel über die Bedeutung der äußeren Formen entzündet: "... denn es hatten viele von diesen Leuten in ihrer Gefangenschafft durch Trübsal viel besser als ehmals gelernet aufs Wort mercken[105], und in ihrer Einsamkeit hatten sie durch fleißiges Nachdencken gantz andere Gedancken von dem Gottesdienst bekommen, als sie ehmals unter den Ihrigen oder unter dem gantzen Hauffen haben konten, wo immer einer auf den andern siehet, und die Kinder ihren Eltern, die Eltern aber den Priestern oder den Fürnehmsten in den äusserlichen Religions=Anstalten ohne groß Bedencken nachfolgen, das Leben aber oder der Tugend=Wandel mag indessen seyn, wie er immer wolle; hingegen in der Einsamkeit höret alles dieses äusserliche Gepränge und alle Ceremonien auf, und der Mensch wird durch einen allgemeinen oder natürlichen Trieb zu dem wahren und innerlichen Gottesdienst oder vielmehr zu der rechten GOttes=Furcht recht mit Gewalt gezogen, und lernet alsdenn erst die Schalen und Hülsen von dem Kern, das Stroh von dem Weitzen, und die Blätter samt den Blüthen von der Frucht zu unterscheiden." (II, S. 172)

Damit ist die herrschende Tendenz genannt: Mit fortschreitender Erkenntnis[106] werden die äußerlichen Formen, ja aller äußerer Gottesdienst als überflüssig erkannt und wird zur wahren Verehrung Gottes vorgedrungen, die in der Gottesfurcht besteht, in einer *Haltung* Gott gegenüber, nicht in einer *Handlung* für ihn. Dabei wird durchgehend sehr rational argumentiert.

In der jüdischen Gemeinde, deren Streit zuerst geschildert wird, tritt ein gewisser Jankob dafür ein, die Beschneidung aufzugeben, "massen es

105 Vgl. Jesaja 28, 19.

106 An einer Stelle wird dabei das Bild von einem Kind, das zum Mann heranreift, gebraucht (II, S. 175).

auch nur ein äusserlicher Gottesdienst und eine uralte Gewohnheit wäre, die gar wohl zu ändern stünde, wenn man nur das wilde Hertze beschnitte, damit es nach dem unveränderlichen Gesetz Mosis in den zehn Geboten oder zwo Tafeln rechtschaffne Früchte brächte" (II, S. 154). Die radikale Privatisierung des Glaubens, die in diesem Ansatz steckt, wird deutlich im Bekenntnis Jankobs: "Er gedächte für seine Person einen rechtschaffenen und innerlichen Gottesdienst zu bringen, was aber das Beschneiden anbelangte, so wolte er weder sich noch seine Kinder beschneiden lassen; sie aber desto fleißiger zur Beobachtung der Gebote GOttes anhalten." (II, S. 155) Im Gegensatz zu den "Eiferern nach dem Gesetz", die ihn angreifen, trifft Jankob eine fundamentale Unterscheidung zwischen solchen "Verordungen" wie der Beschneidung und den Opfern, die eine zeitlich begrenzte Gültigkeit haben, und den Zehn Geboten, die ewig gelten. Jankob kritisiert auch die Erwartung eines äußerlich mächtigen Messias und relativiert sowohl die Messiaserwartung als auch die Erlösung überhaupt:

"Jedoch sind nach der Zeit [des Herodes, T.B.] noch immer treue Propheten und Meßias gewesen, die ohne alles äusserliche Gepränge nur auf den innerlichen und wahren Gottesdienst gedrungen haben, und wer dieser Leute ihren Ermahnungen folget, der wird durch sie erlöset, oder von allen Unglücke errettet, und der kan einen jeglichen unter ihnen für seinen Messias und Erretter annehmen, ohne daß er auf einen sichtbaren, prächtigen und mächtigen König, vielweniger auf einen grossen Ochsen, Fisch und Vogel zu des Meßiä Zeiten warten dörffte" (II, S. 161). Jankob reduziert den jüdischen Gottesdienst auf das Halten der Zehn Gebote[107].

Auch bei den Muslimen möchte ein "Reformator", ein Viehzüchter namens Ibrahim, die Religion nach Prinzipien der Vernunft reformieren, d.h. die Hauptsache von unnützen "Neben=Dingen" befreien. Hier kommt es allerdings zum Eklat. Als es um die Beschneidung, die täglichen Gebete und den Fastenmonat geht, läßt man Ibrahim noch

107 "Ich gedenke nichts Neues einzuführen, sondern es völlig bey dem Alten zu lassen, wo ihrs nur recht fassen wollet, denn GOtt ist in allen seinen Geboten gantz unveränderlich, nehmlich in den wahren Geboten, die Moses von dem Berge gebracht hat, wollet ihr dieselben recht erkläret haben, euer Leben völlig darnach einzurichten, diese zehn Gebote für das Haupt=Werck, allen übrigen Gottesdienst und äusserliche Anstalten nur für Neben=Dinge und schlechte Umstände, oder für alte nunmehro fast unverständliche Gebräuche halten, so will ich nicht ablassen euch den rechten Weg zu zeigen . . . " (II, 171 f.).

reden, als er jedoch die formelhafte Nennung Mohammeds in einem Atemzug mit Gott kritisiert, löst er einen gewaltigen Proteststurm der Gemeinde aus, der darin gipfelt, daß man ihm ans Leben gehen will. Zwar hat sich Ibrahim rechtzeitig in Sicherheit bringen können, er ist jedoch so verängstigt, daß er vor seinen eigenen Glaubensgenossen Schutz beim "Ober=Aufseher" sucht. "Dem Ober=Aufseher schien dieses eine recht wunderliche Sache zu seyn, daß die Religion, welche doch Liebe, Ruhe und Friede lehren solte, nun allhier die erste Unruhe verursachen solte", obwohl er weiß, "daß iederzeit das gröste Unglück in allen Ländern und Regierungen nur allein von der Religion herzurühren pfleget ..." (II, S. 181). Der Streit unter den Muslimen kann zwar noch einmal geschlichtet werden, doch ist nun die Gefahr, die dem jungen Gemeinwesen von seiten der Religion droht, deutlich geworden. Der immer noch verschreckte Ibrahim vermutet den Grund dafür, daß "der Religion nicht zu trauen" sei, darin, daß, "weil man solche Dinge für etwas göttliches hält", "man leichtlich auf die Gedancken" gerate, "daß man dadurch ohne grosses Bedencken von aller menschlichen Pflicht und Versprechen könne losgezehlet seyn" (II, S. 186 f.).
Bei den Antitrinitariern entzündet sich der Streit an der Frage, ob Christus angebetet werden solle. Die Diskussion weitet sich jedoch bald aus auf die Frage nach dem rechten Verständnis der Bibel: "Gleichwie man sich nicht an das Wort und Benennung eines GOttes, welches die Ubersetzer aus Unverstand der Hebräischen und Griechischen Sprache Christo zugeeignet hätten, sondern auf die Sache selbst sehen müste, nemlich da ihrer zwey unmöglich der allererste und der allerhöchste seyn könten; Eben so ginge es auch mit den Hebräischen und Griechischen Worten, welche die Ubersetzer ein Anbeten genennet hätten. Denn wie man das erste nur durch **Herr** hätte übersetzen sollen, so hätte man das letztere nur schlechtweg ein **Verehren** nennen sollen, damit nemlich beydes nach Art der Einfältigen und alten Hebräischen Sprache so wohl zu GOtt als zu Menschen sich geschicket hätte" ([Hervorhebungen in der Vorlage] II, S. 189). Die Kritik, die sich anfänglich auf die Übersetzungen beschränkt[108], greift jedoch auch auf den Grundtext der

108 "Aber wenn die Ubersetzer das Wort Verehrung so wohl bey dem Schöpffer als dem Geschöpffe ohne Unterscheid ein Anbeten genennet, und sowohl den Ober=Herren des Himmels als etwa den Herren eines Landes oder sonst eine hochgeachtete Person einen GOtt genennet haben, so ist dieses dem Unfleiß der Ubersetzer zuzuschreiben; welche sich von den Wörtern keinen wahrhaftigen und gründlichen Begriff nach dem Werth der Sachen gemachet, sondern

Bibel über. Dieser müßte zwar "unverrücket ... stehen bleiben", doch machen die radikalen Antitrinitarier eine bemerkenswerte Einschränkung: "Ausser, daß gleichwohl die *Critici* zu vorhero gantz klar ausmachen müsten, ob denn dieses würcklich der Grund=Text wäre, massen ja eine bekannte Sache ist, daß nicht allein die Samariter wegen des Tempels auf dem Berge Garizim, sondern auch die Egyptischen Juden wegen des Tempels zu *Heliopolis* einen gottseligen Betrug vorgenommen, an dem es auch die Griechen mit ihrem *graeca fide* wohl im neuen Testamente nicht würden gesparet haben, zumahl zu der Zeit, da der gottselige Betrug eine rechte Mode war" (II, S. 190 f.). War in der oben behandelten *Umstendlichen Erzehlung* lediglich von einem verunreinigten Grundtext die Rede, der mit Hilfe einer sorgfältigen Textkritik wieder herzustellen sei, so wird hier das Argument eines in betrügerischer Absicht bewußt veränderten biblischen Grundtextes in die Debatte geworfen. Mit der Möglichkeit eines manipulierten Grundtextes eröffnen sich dem Zweifel am Dogma ganz neue Perspektiven.

Als die konsequenten Antitrinitarier daraufhin gefragt werden, was für sie die "rechten Begriffe der Wörter die aus den Sachen genommen wären" seien, legen diese das folgende (deistisch eingefärbte) Credo ab: "Daß man unter dem Worte oder Benennung **GOTT** nichts anders als das allerhöchste und allererste Wesen oder die allererste und allermächtigste Ursache aller Dinge, oder auch den allerersten Ursprung aller Dinge verstehen müste ... Eben so heisset **beten** eigentlich etwas von dem allwissenden und allmächtigen Hertzens=Forscher entweder mit Worten oder nur mit Gedancken fordern, oder ihm sonst für seine liebreiche Hülffe und Beystand dancken" (II, S. 191). Das ist nun aber der gemäßigten Gruppe der Antitrinitarier zu wenig, sie beschimpft den radikalen Flügel, worauf dieser "ohne gleiches mit gleichem zu vergelten zum Tempel" hinausgeht und den andern Lebewohl wünscht (II, S. 192). In der griechisch-orthodoxen Gemeinde "fanden sich noch mehr Spaltungen" (ebd.). Die Schar der Reformierten streitet sich über die Prädestinationslehre, es finden sich auch hier Radikale und Gemäßigte, man kann sich nicht einigen und geht schließlich "in lauter Eyfer und Unei-

ohne grosses Bedencken nur die Wörter, wie sie ihnen in ihrer Sprache fürs Maul gekommen, hingeschrieben oder hingeschmiert haben. Denn wer da glaubet, daß die Ubersetzungen und die *Commentarii*, oder menschliche Erklärungen der Schrifft auch würcklich GOttes unumstößliches Wort wären, der betröge sich schändlich, weil man an dem letztern nichts ändern dürffte" ([Hervorhebungen in der Vorlage] II, S. 189 f.).

nigkeit aus einander" (II, S. 194). Einige sind so verbittert, daß sie beschließen, überhaupt nicht mehr "an diesen Zanck=Ort" zu kommen, "weil ja ein jeglicher vor sich, nemlich ein jeglicher Haus=Vater mit den Seinigen, seinen Gottesdienst verrichten könte, ohne daß man sich nach einem gantzen grossen Hauffen in seinen Meynungen von GOtt und seinem Worte richten dörffte, zumahl da bey solchen Versammlungen ins gemein zehnmahl mehr von der Lehre, als von dem Lebens= und Tugend=Wandel geredet würde, welcher doch der eintzige Endzweck alles Lehrens seyn solte, und billig seyn müste" (II, S. 194 f.).
Die Lutheraner nehmen zwar sichtlich Rücksicht auf ihren vornehmen Glaubensbruder, den "Ober=Aufseher", dennoch wird deutlich, daß auch sie große Probleme mit der Toleranz haben, in ihrem Fall weniger innerhalb der Gemeinde als vielmehr gegenüber den Reformierten und vor allem den sich zu keiner "Religions=Zunfft" zählenden Gläubigen. Einige wollen das Amt und das Ansehen des "Ober=Aufsehers" nutzen, um diese freien Gläubigen zur "Zunfft" der Lutheraner zu bekehren, "weil sichs gar nicht schickete, daß man diese Leute recht wie die Heiden ohne Religion und Gottesdienst solte herum lauffen lassen" (II, S. 195). Dieser weist ein solches Ansinnen zurück und nutzt die Gelegenheit, noch einmal Grundsätzliches zum Wesen der Religion zu sagen: "Der Gottesdienst ist kein Menschendienst, daß man einen darzu zwingen könne oder solle, ja auch zu dem Menschendienst muß eine freye Bewilligung statt finden, wo es nicht eine Sclaverey und Dienst vor Augen seyn soll." (Ebd.) Überhaupt sei der Gedanke falsch, "daß alle nothwendig sich wie die Handwercker in eine Zunfft oder Zusammenkunfft begeben müsten, welches entweder die Geistlichen oder die Handwercker ersonnen haben: Die erstern, daß sie viel Leute zu ihrer *Contribution* bekämen, die andern aber, daß sie viele Leute aus den Städten vertreiben, und folglich den Nutzen für ihre Arbeit allein haben könten. Beyde aber haben von lauter guter Ordnung geredet, daß nemlich GOtt ein GOtt der Ordnung wäre; desgleichen, daß alles ehrbar und ordentlich solte zugehen, und was dergleichen Schein=Gründe mehr sind, wodurch sie alle miteinander ihren Geitz beschöniget haben, weil ein jeglicher unter ihnen gerne alle Kundleute gantz allein, oder zum wenigsten die allermeisten hat haben wollen" (II, S. 195 f.). Er greift noch einmal die Ansicht an, "ein Land wäre glücklich, wo nur durchgehends eine Religion wäre": Erstens sei dies praktisch nicht zu verwirklichen (siehe Spanien), zweitens blühten gerade umgekehrt diejenigen Gemeinwesen, die verschiedene Konfessionen zugelassen hätten; auch

dürfe in diesen Ländern "der heimliche Groll gegen einander nicht so wie in Spanien regieren". Sein stärkstes Argument ist aber dieses: Es sei ein sicheres Kennzeichen einer falschen Religion, wenn sie Gewalt brauche, um sich gegen andere Religionen zu behaupten, weil sie dann offensichtlich nicht auf die Durchsetzungskraft der Wahrheit des eigenen Glaubens vertraue, sondern davon ausgehe, daß die andere Religon die besseren Argumente für sich habe (II, S. 197). Im neuen Land der Inquiraner müßten deshalb die Bereiche von Religion und Staat strikt getrennt werden. Das Problem der Toleranz und die Frage nach dem Verhältnis von Glaubensgemeinschaft und bürgerlicher Gemeinde erhält durch die dramatische Entwicklung der Ereignisse schlagartig neue Brisanz, denn noch während der "Ober=Aufseher" in der Versammlung der Lutheraner doziert, erhebt sich ein Tumult, "indem einige Leute mit blutigen Köpffen in das Haus der Versammlung hinein gelauffen kamen": In der kleinen römisch-katholischen Gemeinde war der Streit um den rechten Gottesdienst zu einer blutigen Auseinandersetzung eskaliert, die tätlich Angegriffenen hatten sich durch die Flucht retten müssen (II, S. 202 ff.). Der "Ober=Aufseher" bestellt die gewalttätigen Eiferer sofort zu sich ein und stellt sie zur Rede, doch erweisen sie sich als renitent, ja sie erwarten sogar, daß der "Ober=Aufseher" ihrer Meinung zur Durchsetzung verhelfe (II, S. 205). Dieser lehnt dieses Ansinnen mit der Begründung ab, daß er "zu einer andern Religions=Zunfft gehöre, und folglich [ihre] besondre Händel so wenig verstehe, als wenn die Schmiede=Zunfft über die Sachen der Schneider=Zunfft einen Ausspruch thun wolte" (II, S. 205 f.). Wenn er sich in ihre Religionsstreitigkeiten nicht einmische, heiße das aber nicht, daß er ihr gewaltsames Vorgehen tolerieren könne, denn dies berühre "Ruhe und Frieden in der grossen Bürger=Zunfft", den zu erhalten er verpflichtet sei (II, S. 206).
Es wird beschlossen, die Frage nach dem friedlichen Zusammenleben sowohl innerhalb der Religionsgemeinschaften als auch der Religionen nebeneinander auf einer allgemeinen Versammlung aller Inquiraner zu klären (II, S. 206 f.). Nach drei Tagen Zeit des Nachdenkens und der Beratung tritt die Versammlung zusammen, und Ibrahim, den der "Ober=Aufseher" zu seinem "Kirchen=Rath" gemacht hat, ergreift das Wort. Zunächst wendet er sich dagegen, daß man aufgrund der bisherigen schlechten Erfahrungen nun das Kind mit dem Bade ausschütte und allen Religionsstreit verbiete, da dies "wiederum als ein grosser Gewissens Zwang angesehen werden [würde], zumahl wenn die Religions=Verwandten von einer Zunfft es der andern Zunfft verbiethen, und

hiermit alle fernere Untersuchung der Wahrheit aufheben wolten" (II, S. 208 f.). Stattdessen könne man folgendermaßen verfahren:

1) Aus jeder Religionsgemeinschaft sollte jeglicher Dogmatismus verbannt sein, die Dogmen sollen hinterfragt, auf ihren Wahrheitsgehalt hin überprüft werden. Dabei soll das Prinzip der freien Meinungsäußerung uneingeschränkt gelten[109]. "Und wie ein ieglicher bey dieser Vorstellung keine gewöhnliche Schimpff=Worte, Grobheit, Geschrey oder Gewalt brauchen solte, eben so solte die Antwort von denen, die ihn überzeugen wolten, auch voller Glimpff seyn, am allerwenigsten aber solte der verhassete Ketzer= und Schwärmer=Titel gebrauchet werden, sondern iederman solte suchen die andern mit lauter Sanfftmuth und Bescheidenheit auf seine Meynung zu bringen" (II, S. 209). Wer mit seinen Glaubensbrüdern uneins sei, habe die Freiheit, seine Religionsgemeinschaft zu verlassen und sich einer andern anzuschließen[110], wolle er aber weiter seiner Gemeinde angehören, so dürfe diese ihn nicht wegen einer andern Meinung ausschließen (II, S. 209 f.)[111]. Diejenigen, "die all zu grob von ihren Religions=Verwandten angegriffen würden", müßten von der bürgerlichen Obrigkeit nachdrücklich geschützt werden (II, S. 211).

2) Das Verhältnis der "Religions=Zünffte" untereinander sollte von gegenseitiger Achtung geprägt sein[112]. Statt der gegenseitigen Verketzerung sollte "iegliche Religions=Zunfft, die sich die Wahrheit ihrer

109 "Erstlich solte in jeglicher Religions=Zunfft die Wahrheit ihrer Religions=Meynungen und Sätze genau untersuchet, auch jeglichem freygestellet werden, daß er seine Meynung sagte, oder seine Zweiffel vorstellete, sie mögten nun so arg seyn, als sie immer wolten" (II, S. 209).

110 Er könne aber "auch als Haus=Vater seinem GOtte mit seinen Kindern und Hausgenossen gantz alleine dienen" (II. S. 209 f.).

111 Lediglich wenn "ein solches Mitglied in offenbaren Sünden stünde, das ist in solchen Verbrechen, die durchgehends auch von den Heyden vor unrecht erkläret würden, dergestalt daß die gantze Zunfft hiervon Schande und Schaden hätten, und eine solche Person wolte sich nach einer und der andern gelinden Ermahnung nicht bessern", dann sollte "es solcher Zunfft . . . frey stehen ihm die Religions=Gemeinschaft auf zusagen, obgleich dieses der Bürgerlichen Gesellschafft gar nichts hinderlich wäre, es sey denn, daß auch die Bürger=Zunfft einem solchen Menschen wegen seines liederlichen Lebens von ihrer Gemeinschafft, Freyheiten und Vortheilen ausschliessen müste, welche Bürgerliche Verbrechen aber also beschaffen seyn müsten, daß sie dem Zweck der Bürgerlichen Vereinigung schnurstracks zu wider lieffen" (II, S. 210 f.).

112 "Was aber die Verhältniß einer Religions=Zunfft mit der andern anbelange, so müste man es eben also machen, daß sie einander nicht wie sonst geschiehet, verabscheuten, oder auf einander lästerten, noch Lügen aufbürdeten. Auch solte nicht gestattet werden, daß man bey Gelachen hin und wieder von Reli-

Religion zu behaupten getrauet, gewisse Zeiten etwa alle Monathe oder alle zwey Monathe bestimmen, da allen andern Religions=Verwandten frey stehen solte in ihre Versammlung zu kommen, und mit Bescheidenheit darwider einwenden, was sie wolten" (II, S. 211 f.). Eine solche Einrichtung würde nicht nur der Wahrheitsfindung dienen[113], sondern auch der praktischen Einübung von Toleranz. Denn "die Leute [würden] einander in solchen Meynungen dulden lernen, zumahl wenn man sähe und hörete, daß ihre Lehren nicht so gar unvernünfftig oder ohne Grund wären, als wie man auf einseitigen Bericht insgemein zu glauben pflegte" (II, S. 212). Es entspricht dem Prinzip des gegenseitigen Respektierens der verschiedenen Religionen, daß dabei "allen Zanck, Geschrey und Ehren=rührigen Worten, die man sonst auf den Cantzeln und in den öffentlichen *Disputatio*nen höret, ein rechtes Ziel und Maaß gesetzt werden" müßten (ebd.). Auf diese Weise "stünde es denn einem ieglichen frey, diejenige Religions=Zunfft zu erwählen, bey welcher ihm die stärcksten Gründe zu seyn schienen, iedoch wiederum also, daß eben nicht alle gezwungen wären sich in eine gewisse Zunfft zu begeben, ausser wenn ieglicher daselbst seinen Vortheil oder Erbauung und Besserung gewahr würde" (ebd.).

Ibrahim schlägt in seiner Rede weiter vor, daß die Eltern das Recht haben sollten, ihre Kinder in ihrem Glauben zu erziehen, bis diese mit zwanzig Jahren die Religionsmündigkeit erlangten und selbst entscheiden dürften, "zu welcher Zunfft sie selbst Belieben tragen" (II, S. 212 f.).

Im Anschluß an seine Rede - die im übrigen beifällig aufgenommen wird - wird die Frage aufgeworfen, ob es nicht sinnvoll wäre, die speziellen Feiertage abzuschaffen und die verschiedenen Wochenfeiertage (Muslime: Freitag, Juden: Samstag, Christen: Sonntag) zusammenzulegen, damit "die allgemeinen Geschäffte" nicht ständig unterbrochen würden; es wird beschlossen, diesen Vorschlag innerhalb der Religionsgemeinschaften zu beraten und dann noch einmal zusammenzukommen (II, 214). An diesem Tag stellt der "Ober=Aufseher" in einer Rede noch einmal das Wesen der Religion heraus. In Auseinandersetzungen um Fragen der Religion habe man vor allem "nach Ruhe und Friede zu

gions=Strittigkeiten redete, obwohl sonst von der Religion und Gottesfurcht löblich zu reden höchstnöthig wäre" (II, S. 211).

113 Ein solches Religionsgespräch wäre weit sinnvoller als das auf den Universitäten übliche Fechten gegen "diejenigen Ketzer . . . , welche nicht zu gegen sind, noch sich verantworten können" und somit auch leicht zu überwinden seien (II, S. 212).

trachten", sei doch der Unterricht "aller Religions=Handlungen", recht betrachtet, nichts anderes als "Liebes=Lehre", "und mithin hätten diejenigen, welche sich zancketen oder gar Gewalt an andern an statt andrer Gründe brauchten, in der That keine Religion, weil sie hiedurch beydes wider die Liebe des grossen GOttes als auch des schwachen Nächsten handelten" (II, S. 215)[114]. Die sich entspinnende Diskussion kann jedoch nicht zu Ende geführt werden, da, noch während die Versammlung andauert, ein Feuer ausbricht und die leichtgebaute Stadt der Inquiraner zu vernichten droht.

Die Ausgangslage ist im *Land der Inquiraner* anders als bei allen bisher behandelten Utopien. Es gibt keine einheitliche Religion der Inquiraner, vielmehr will Bachstrom gerade das friedliche Zusammenleben mehrerer Religionen und Konfessionen in einem blühenden Gemeinwesen und die Bedingungen dafür schildern. Die Art und Weise jedoch, wie die Religionen vorgestellt werden, deuten auf ein weitergehendes Ziel des Verfassers. Indem sie nicht als statisch, sondern in einem Prozeß befindlich geschildert werden, in dessen Verlauf sie aller überflüssigen äußerlichen Formen entkleidet werden, zeichnet sich eine Annäherung der Religionen ab. Am Ziel dieser Entwicklung könnte dann eine gereinigte, vernünftige Verehrung Gottes stehen. Dies wird jedoch lediglich am Schluß des Buches angedeutet.

Die Entwicklung vom äußerlichen zum innerlichen Gottesdienst, schärfer formuliert, vom Gottesdienst zur Gottesfurcht (d.h. zu einer ehrfürchtigen Haltung dem Schöpfer gegenüber), die durch Nachdenken und rationales Argumentieren, durch den Gebrauch der Vernunft also, vorangetrieben wird, ist eine Gemeinsamkeit aller Religionen und Bekenntnisse, die im Land der Inquiraner vertreten sind.

Es gibt weitere Tendenzen und Elemente, die allgemein sind (so daß man daraus doch so etwas wie die Religion der Inquiraner konstruieren könnte; vielleicht hätte sie am Ende der Entwicklung der Religionen

114 Dem Einwand, "daß man ja nothwendig sich demjenigen, was man für böse und unrecht hielte, entgegen setzen, und darwider zürnen oder eyfern müste", begegnet man mit dem Bibelvers "Zürnet und sündiget nicht" (Eph. 4, 26). Wo für die Allgemeinheit ersichtlich Böses getan werde, habe die "bürgerliche Obrigkeit" ohnehin einzuschreiten, wo "aber die Sachen noch zweifelhafftig sind, da soll man keinen Menschen darüber verdammen noch ihm hart und grob deswegen mitfahren, mithin könten sich leichtlich alle dahin vereinigen, daß alle Geschrey und Lästrung noch mehr aber die Gewaltthat bey solchen Unterredungen über Religions=Sachen so wohl gegen die eignen als fremde Religions=Verwandten zurück bliebe" (II, S. 216).

gestanden, wäre Bachstrom in der Lage gewesen, sein Werk zu vollenden).

Dazu gehören die nahezu vollständige Ethisierung und die weitere Privatisierung des Glaubens. Das Leben ist wichtiger als die Lehre, der gute Lebenswandel wird letztlich als Ziel aller Religion betrachtet. Die Verehrung Gottes (bzw. was davon übrig bleibt) muß sich nicht in der Gemeinschaft der Gläubigen vollziehen, sondern kann in der Hausgemeinschaft geschehen.

Diese Auffassungen korrespondieren sowohl mit der Aufklärung als (zumindest teilweise) auch mit dem Pietismus. Nur der Aufklärung verpflichtet ist Bachstrom, wenn er unter Berufung auf die Vernunft die evangelische Dogmatik preisgibt. Geht man davon aus, daß sich Bachstroms Meinung hinter der der "Vernünftigen", Jankobs, Ibrahims, des "Ober=Aufsehers" und der radikalen Antitrinitarier, verbirgt, dann gewinnt man den Eindruck, als betreibe er die Reduktion der Religion auf das Halten der Zehn Gebote, die mit dem Naturrecht identifiziert werden, und auf das Anerkennen eines höchsten Wesens. Das wäre eine deistische Position[115]. Doch schillert Bachstroms Haltung und läßt so mehrere Deutungen zu. Zwar unterwirft er die Bibel dem Urteil der Vernunft, doch hält er andererseits am Offenbarungsbegriff fest, wenn er von den "Befehlen GOttes, die er an Mosen und andre Propheten hat ergehen lassen" spricht (II, S. 167). Die Bibel bleibt für ihn eine Autorität. Immer wieder wird mit Schriftstellen argumentiert.

In vielem erweist er sich mit seiner im Vergleich etwa zu Edelmann gemäßigten Position als Vorläufer der Neologie[116]: Mit seinen bibelkritischen Ansätzen nimmt er ebenso neologische Positionen vorweg[117] wie mit seinem Verständnis des Verhältnisses von Vernunft und Offenbarung[118].

115 Eine solche Position findet sich ausdrücklich auch im ersten Teil des Buches, in einem Gespräch des Galeerenkapitäns mit den zwei Soldaten: "Denn meines Bedünckens kommt alles darauf an, daß ein Mensch GOtt hochachte, und deßwegen seine Gebothe beobachte, und daß er allen Menschen, so viel sichs thun lässt, alle Güte und Liebe und alle Dienste erweiset, das übrige aber scheinet mir ein leeres Gepränge und Gauckelspiel zu seyn, womit die Pfaffen dem thummen Volcke etwas zu sehen machen, oder vielmehr womit sie ihnen die Augen verblenden" (I, S. 195).

116 Zur Neologie: ANER, KARL: Die Theologie der Lessingzeit. Halle/Saale, Niemeyer, 1929.

117 ANER bezeichnet die Bibelkritik als die "neologische Waffenschmiede", ebd. S. 202 ff.

118 Vgl. ebd., S. 4 zum Offenbarungsbegriff der Neologen.

Zur politischen und sozialen Verfassung

Den weitaus größten Raum bei der Beschreibung des Gemeinwesens der Inquiraner nimmt die Schilderung der Auseinandersetzungen um die Religionsverfassung ein. Fragen der politischen und sozialen wie auch der wirtschaftlichen Verfassung werden, wenn überhaupt, nur angeschnitten. Die Auffassung Bachstroms zu diesen Themen muß deshalb aus verstreuten Mitteilungen zusammengetragen werden.
An der Spitze der Inquiraner steht - "mehr [durch] die grösseste Noth als eine andre vernünfftige Wahl" - der "Ober=Aufseher" (II, S. 141). Wie viel ihm daran liegt, das Vertrauen der Inquiraner zu besitzen, und wie wenig es um die Macht geht, wird ersichtlich, als er in einer Vollversammlung seine Anführerrolle zur Disposition stellt: "... wofern es in der gemeinen Versammlung solte für gut befunden werden, so will ich gerne mein jetziges Amt niederlegen und einem andern überlassen". Unter allgemeinen und langanhaltenden Hochrufen wird er daraufhin im Amt bestätigt (II, S. 141 f.). Für die Besetzung des Amtes des "Ober=Aufsehers" scheint demgemäß das Wahlprinzip zu gelten. Das Land der Inquiraner ist keine Monarchie.
Die Bevölkerung ist in die vier "Klassen" Jäger, Fischer, Ackerbauern und Viehzüchter gegliedert. Diese Berufsgruppen arbeiten nicht für sich allein, sondern setzen ihre Arbeitskraft "zum Nutzen des gemeinen Besten ein" (II, S. 73). Es herrscht das Prinzip der Gleichheit.
Die Verwaltung des kleinen Gemeinwesens - es zählt "etwa 200. *Famillen* ..., welche alle mit einander aus sechshundert und etliche sechzig Menschen bestunden" (II, S. 24) - ist folgendermaßen organisiert: An der Spitze jedes Stadtviertels steht ein Ältester, der sich zu seiner Unterstützung einen verständigen Assistenten sucht. Jedes Stadtviertel ist wiederum in vier Teile geteilt, "Über deren jedes der Hurtigste und Rüstigste in diesem Wercke gesetzet wurde, der etwa zwölff Mann und etliche Knaben oder Jungen unter seiner Macht hatte" (II, S. 73). Die unteren Verwaltungsorgane sind nicht nur Befehlsempfänger, sondern haben ein Mitberatungsrecht, die Initiative scheint jedoch immer vom Vorsteher auszugehen: "Wenn etwas zum Nutzen der gantzen Gemeine solte vorgetragen oder berathschlaget werden, so beruffte erst der Vorsteher die vier Aufseher oder die Viertel=Häupter, oder auch nach Beschaffenheit und Wichtigkeit der Sache ihre Gehülffen. Diese nahmen wiederum ihre Viertel=Meister zusammen, und überlegten diese Sache mit einander, insonderheit wo es ihre Zunfft und Handthierung am

meisten angieng, zeigten auch theils die Vortheile oder Schwierigkeit in dieser Sache welche wiederum durch die Viertel=Häupter oder ihre Gehülffen an den Vorsteher zurücke gebracht, und hierauf alsobald ein Schluß in der Sache gemachet, auch die Sache zu ihrer Zeit bewerckstelliget wurde." (II, S. 74)
Die Ständegesellschaft ist im Land der Inquiraner überwunden. Dem ökonomisch nutzlosen Adligen wird der Handwerker vorgezogen, der der Gesellschaft mit seiner Arbeit dient[119]. An Stelle des Geburtsprivilegs regiert im Land der Inquiraner das Leistungsprinzip, wie die Besetzung der Verwaltungsämter zeigt. Schon im ersten Teil des Buches, als die Inquiraner noch nicht in ihrem neuen Land sind, erscheint der Adel nicht im besten Licht: "Man erbet nur die schlechtesten Dinge von seinen Eltern, was aber Tugend, Kunst und Erfahrenheit anbelanget, da muß der Mensch selbst allen Fleiß und Mühe darzu anwenden, da es denn auch dem Allergeringsten nicht von GOtt versaget ist. Und obwohl die Reichen und Vornehmen bessre Gelegenheit darzu haben, so geschiehet es doch insgemein, daß sie die guten Mittel entsetzlich mißbrauchen, und daß hingegen die Armen, und welche sehr im Elende herum getrieben sind, bey allem diesem Mangel und Noth, wie schwer es ihnen auch fället, dennoch die geschicktesten Leute werden, welches wir an unserm Apothecker genungsam sehen, welcher nun schon zweymal ein Sclave gewesen, und sich doch jederzeit loß gemacht, ja was das vornehmste ist, so hat er sich vermöge seiner Kunst das letztemal zu einem Herrn über alle seine Herren, und zu einem *Capitain* über uns gemacht, ob er gleich gar kein anderes Gewehr als seine Kunst gehabt." (I, S. 193 f.)

Zur Wirtschaft

Das neue Gemeinwesen der Inquiraner ist eine durch und durch bäuerliche Welt und repräsentiert gleichsam die dörfliche Welt Alteuropas. Es ist erstaunlich, daß die Inquiraner sich hier auf das Dorfhandwerk beschränken, wo sie in der Zeit der Not, auf den lebensfeindlichen Inseln, doch einen solchen Erfindungsreichtum und eine so bemerkenswerte Kunstfertigkeit gezeigt haben. Auch ist im ersten Teil das Handwerk gepriesen worden, sind Holland und England, wo das Gewerbe geachtet sei und blühe, dem dahinsiechenden Spanien, wo die Handarbeit verach-

119 Vgl. Teil I, S. 211 f.

tet werde, als leuchtende Beispiele vor Augen gestellt worden (I, S. 218)[120].

Die Arbeit hat im Land der Inquiraner wie in allen bisher behandelten Utopien einen hohen Stellenwert. Schon die Kinder werden dazu angehalten: "Denn so bald sich nur ein Knabe oder Mägdelein nur ein wenig zu dieser Handthierung schickete, so muste er heraus, und wurde einem jeglichen seine Arbeit angewiesen, wie auch den ledigen Weibs=Personen". Lediglich die Frauen, die "kleine Kinder hatten, oder kranck, schwach und unvermögend waren, die schonete und pflegte man so viel als ihnen nöthig war" (II, S. 73). Wie in den Utopien des halleschen Pietismus läßt man auch im Land der Inquiraner "keinen eintzigen Menschen müßig gehen, weil man dieses für das ärgste Laster hielt, welches vielerley anderes Böses nach sich ziehet" (ebd.).

Jede Familie wird aus dem allgemeinen Vorrat versorgt. Jedoch erhält jede Haushaltung gerade so viel, "als man für sie nöthig zu seyn erachtete", "ob man gleich einen ungemeinen Vorrath von allen Dingen hatte" (II, S. 73 f.).

In der Verurteilung des Müßiggangs und in der Verachtung des Luxus (Hüttenbau, Kleidermode) liegt eine der Parallelen der Utopie Bachstroms zu den Utopien aus dem Geist des halleschen Pietismus.

Das Verhältnis zur Aufklärung[121]

Auch wenn sich pietistische Spurenelemente nachweisen lassen, darf das *Land der Inquiraner* doch als eindrucksvolles Dokument der Aufklärung gelten.

120 Dabei ist Bachstrom allerdings ein Anachronismus unterlaufen, indem er dieses Beispiel offenbar aus der Perspektive seiner Zeit gewählt hat, in der sowohl die wirtschaftliche Blüte Hollands und Englands als auch der Niedergang Spaniens offenkundig war. Die Geschichte spielt jedoch in den Jahren nach dem Tod Karls V., also spätestens in den frühen sechziger Jahren des 16. Jahrhunderts, wo von diesen Entwicklungen noch nicht die Rede sein konnte.

121 Neben dem klassischen Artikel von ERNST TROELTSCH in der *Realencyclopädie für protestantische Theologie und Kirche* ([Artikel] Aufklärung, Bd. 2, 31897, S. 225-241), vgl. die neueren Überblicke: ANZ, W.: (Art.) Aufklärung. I. Geistesgeschichtlich. In: RGG, Bd. 1, 31957, Sp. 703-716; MAURER, W(ILHELM): (Art.) Aufklärung. III. Theologisch-kirchlich. In: RGG, Bd. 1, 31957, Sp. 723-730; SCHMIDT, MARTIN: (Art.) Aufklärung. II. Theologisch. In: TRE, Bd. 4, 1979, S. 594-608.

1) Dies zeigt sich im Vernunftoptimismus, der in dieser Schrift zum Ausdruck kommt. Die Vernunft ist die leitende Instanz des menschlichen Lebens schlechthin. In immer neuen Variationen wird im ersten Teil des Buches verdeutlicht, wie auch in der verzweifeltsten Lage durch Nachdenken ein Ausweg gefunden wird ("Er sahe hieraus, daß einem Menschen alles möglich wäre, wenn er nur seinen Verstand und Nachdencken brauchen oder anspannen wolte" [I, S. 29]). Die Vernunft ist das Maß für die Beurteilung der religösen Vorschriften; der Vernunft wird zugetraut, aus allen Religionen die wahre herauszufinden.
Der Name "Inquiraner" wird als Programm verstanden, d. h. als ständige Aufforderung zum Forschen, Untersuchen, Erfinden, Verbessern (vgl. II, S. 24). Es steckt der Fortschrittsgedanke in diesem Namen[122]. Die "Grundregel" des Landes der Inquiraner besteht in der Forderung, "daß man höchsten Fleisses dahin trachten solte, alle Noth und Beschwerlichkeit zu vertreiben, und an deren statt alles Gute und Bequeme anzuschaffen, und wo man es ja anfänglich in etwas versehen, so solte man es ins künfftige suchen immer besser, obwohl nicht herrlicher und prächtiger [pietistischer Reflex?] zu machen" (II, S. 33).
2) Der auch im Pietismus durch die Verschiebung des Akzents von der Lehre auf das Leben angelegte Ansatz zur Toleranz ist im *Land der Inquiraner* weitergeführt zu einer Relativierung der Konfessionen überhaupt. Im Gemeinwesen der Inquiraner erhält keine Religion den Vorzug. Jede liegt mehr oder weniger falsch, insofern sie zuviel Wert auf den äußerlichen Gottesdienst legt. Toleranz ist hier also nicht nur Duldung mehrerer Religionen, sondern Ausdruck einer "taktischen" Indifferenz: Es ist nicht entschieden, wer Recht hat, die Religionen sollen sich in Religionsgesprächen den Kritikern und Zweiflern stellen und sich durch die Überzeugungskraft ihrer Argumente als wahr legitimieren. Im übrigen hat jeder in seinem eigenen Leben wie im gesellschaftlichen Zusammenleben das Wesen aller Religion zu verwirlichen: Achtung vor dem Schöpfer und Liebe zum Nächsten. Die hier skizzierte Position Bachstroms ähnelt verblüffend der von Lessing im *Nathan* vertretenen!
3) In den theologischen Aussagen ist der Einfluß der Aufklärung besonders leicht zu greifen. Nicht nur ist die auf Schritt und Tritt begegnende *Tendenz zur Rationalisierung* der Dogmatik (in des Wortes doppelter

122 Es "wurde jeglicher ersuchet, wo er etwas an dieser Erfindung bessern oder hinzu thun könte, daß ers bey einer andern Versammlung zum gemeinen Besten melden solte, weil sie als rechte *Inquiraner* allen Sachen besser nachdencken, und dieselben je länger je höher bringen müsten" (II., S. 145 f.).

Bedeutung) dem aufgeklärten Zeitgeist verpflichtet, das, was nach dem Gebrauch der "gesunden Vernunft" übrigbleibt, ist Religion der Aufklärung: eine "vernünftige" (oder "natürliche") Theologie[123], die sich vom radikalen Deismus lediglich darin unterscheidet, daß der Begriff der Offenbarung beibehalten, daß die Bibel weiterhin grundsätzlich die letzte Autorität in theologischen Fragen ist.

4) Mit dem Grundsatz, daß die Arbeit der verschiedenen Berufsgruppen der Inquiraner "zum Nutzen des gemeinen Besten" angewendet werde, ist Bachstrom ebenfalls der Aufklärung verpflichtet, kann doch "der 'gesellschaftliche Nutzen', die 'Nützlichkeit' ... neben der 'Kritik' [als] einer der Schlüsselbegriffe der Aufklärung" bezeichnet werden[124].

Zusammenfassung

Während Dippel zeitlebens den - allerdings weit gesteckten - Rahmen des (radikalen) Pietismus nicht verlassen hat, ist Johann Friedrich Bachstrom, der selbsternannte Erbe und Vollender Dippelscher Ansätze, den Weg zur aufgeklärten Religion ein gutes Stück weiter gegangen. Von Christus ist lediglich als Morallehrer die Rede, der Begriff der Gnade taucht bei Bachstrom überhaupt nicht auf, von Erlösung ist kaum die Rede, sie ist in Bachstroms Theo- und Anthropologie auch gar nicht notwendig, muß doch weder Gottes Gerechtigkeit Genüge geleistet werden, noch bedarf der Mensch der Errettung. Bachstroms Gott ist der Gott der aufgeklärten Religion: der Schöpfer, der die Welt geschaffen hat und der als Vorsehung über dem Lauf der Welt wacht[125].

123 Bachstrom vermeidet zwar im *Land der Inquiraner* (im Gegensatz zur *Umstendlichen Erzehlung*) den deistischen Begriff "vernünftige Theologie" (oder "natürliche Theologie"), vielleicht aus taktischen Gründen, in der Sache aber vertritt er eine Position, die dieser Begrifflichkeit entspricht.

124 DUCHHARDT, Absolutismus, S. 121.

125 In einer an die Physiktheologie erinnernden Passage lobt der Galeerenkapitän, an dessen einsamem Eiland eine schwimmende Insel strandet, "die göttliche Vorsorge welche auf diese wüste Insel just jetzund, da er solches Holtz gebrauchet, auch nach einen Braten einen *Appetit* gehabt hätte, diese Thiere hieher geschickt hatte. Zugleich aber bedachte er, wie GOtt sowohl Land als Wasser wunderlich zu besetzen weiß: Daß der Wind ein sonderbarer Dienst=Bothe GOttes wäre, der nicht allein vielerley Saamen allenthalben auf der Erde herum jagte, sondern der auch gar diese Insel als ein natürliches Schiff hieher gebracht hätte, und wenn es GOtt wieder haben wolte, ebenfalls an einen andern Ort treiben könte" (I, S. 105 f.).

Auch sein Menschenbild entspricht dem der Aufklärung. Von Gott "sehr gut" (vgl. 1. Mose 1, 31) geschaffen, ist er aufgerufen, sich in Anwendung der ebenfalls von Gott geschenkten Kräfte zu vervollkommnen. Diese Aufforderung zur Arbeit an der eigenen Vervollkommnung wirkt wie ein Reflex des pietistischen Heiligungsstrebens. Zu den rudimentären Resten, die der Pietismus im Denken Bachstroms hinterlassen hat, gehört die Verachtung des Luxus und des Müßiggangs. Aber auch seine Ablehnung jedes Zwangs in Glaubensdingen hat im Pietismus Vorläufer.

Erinnert sei nur an Philipp Jakob Speners Haltung in dieser Frage. Im *Abtruck eines Christlichen Bedenckens So Uber die Fragen I. Was eine Obrigkeit zu rettung ihres gewissens bey ihren unterthanen / so anderer religion sind / zu thun habe II. Ob in religions=sachen einige gewalt gebraucht / und die freyheit der gewissen gekräncket werden dörffe: III. Ob die in solchen sachen auffgerichtete verträge / zusagungen und eyd=schwüre verbündlich seyen*[126] lehnt Spener jede Anwendung von Gewalt in Glaubensdingen vor allem deshalb ab, weil sie der Natur der Religion widerspreche: Es liege in der Natur der Religion, daß sie "freywillig und nicht mit zwang angenommen und geübet werden muß"[127]. Auch Spener unterscheidet zwischen innerem und äußerlichem Gottesdienst. Zum inneren Gottesdienst gehöre der Glaube und dieser könne "unmüglich mit gewalt eingetrucket / sondern mit solchen erweißthumen / die den verstand überzeugen / darzu auch die versieglende krafft deß Heiligen Geistes kommen solle / bey gebracht werden müsse. Wie kan der jenige GOTT auch von hertzen lieben / als einen solchen / wie er ihn zu seyn auß zwang bekennen muß / der gantz andere gedancken inwendig von demselben hat?"[128] Spener kommt zu dem Schluß: "Auß allen diesen nicht nur menschlichen zeugnüssen / sondern in denselben außgeführten gründen Göttlichen worts und gesunder vernunfft / zweiffle nicht / daß wer der Sache in der furcht deß HErrn nachdencket / von selbsten finden werde / daß in religions=sachen einer Obrigkeit nicht zukomme / vielweniger gar oblige / einige gewalt zu brauchen / oder jemand in seiner habenden religions=freyheit eintrag zu thun / sondern allein davor zu sorgen / daß die wahrheit auff solche weise

126 In: SPENER, PHILIPP JAKOB: Erste Geistliche Schriften. Frankfurt/M. 1699. S. 1135-1240.
127 Ebd., S. 1159.
128 Ebd., S. 1159 f.

/ wie der HERR JEsus durch seine heilige Apostel den anfang machen lassen / immer mehr außgebreitet werde."[129]
Freilich steht für Spener die Wahrheit der christlichen Lehre außer Frage. Toleranz bedeutet für ihn Duldung anderer Meinungen aus dem festen Besitz der Wahrheit heraus. Für Bachstrom dagegen ist Toleranz die Voraussetzung, daß die zunächst unbekannte Wahrheit gefunden werden kann. Freiheit im Denken, Freiheit, am Dogma zu zweifeln, Freiheit, seine Zweifel unbehelligt zu äußern, sind für Bachstrom Mittel, die Wahrheit zu finden. Er läßt offen, welche Religion am Ende dieses Erkenntnisprozesses sich als die wahre herausstellt.

χ) Wirkung

Johann Friedrich Bachstrom ist heute offenbar von der Literaturwissenschaft wie von der Theologie vergessen. Die Wirkung seiner Ideen auf die Zeitgenossen - insbesondere auf die theologisch interessierten unter ihnen - dürfte dagegen nicht zu unterschätzen sein. Die Orthodoxie jedenfalls hat seine Werke zur Kenntnis genommen. Im bedeutendsten Rezensionsorgan der stets wachsamen Orthodoxie, der *Fortgesetzten Sammlung von Alten und Neuen Theologischen Sachen*[130], wird 1737 der zweite Teil des *Landes der Inquiraner* besprochen[131].
Zu Beginn äußert der Rezensent die Vermutung, daß "dieses Werck, welches Stück=weise fortgesetzt werden soll, haubtsächlich" um der "Religions=Sachen" willen angefangen worden sei, die einen "sehr grosse(n) Teil dieser erdichteten Erzehlung" füllen[132]. Schon in seiner knappen Inhaltsangabe distanziert sich der Rezensent von der Tendenz der Schrift: "Die vornehmste [Einrichtung im Land der Inquiraner, T.B.] soll seyn, daß aller Religions=Eyfer abgeschaffet worden, und man die verschiedene Religionen wie die unterschiedenen Zünffte der Schneider und Schuster angesehen, auch iedermann freygestellt hätte, sich zu

129 Ebd., S. 1213. - Zu Speners Haltung zu Gewissensfreiheit und Toleranz vgl. DEPPERMANN, Der hallesche Pietismus, S. 39 ff.

130 Es handelt sich hier um das Nachfolgeorgan der *Unschuldigen Nachrichten.*

131 Fortgesetzte Sammlung von Alten und Neuen Theologischen Sachen . . . Auf das Jahr 1737. Mit beygefügten Frühaufgelesenen Früchten dieses Jahres . . . Leipzig 1737. 3. Stück (Anhang, d. h. *Frühaufgelesene Früchte),* S. 13-16. - Für den freundlichen Hinweis auf diese Rezension möchte ich Frau Annegret Schaper herzlich danken.

132 Ebd., S. 13.

keiner Religion zu bekennen, wenn er nur GOtt moralisch gedient, und als ein guter Bürger gelebet hätte. Die darzu dienende *Discurse* werden klugen Mahometanern und Jüden in den Mund gelegt: Es käme nemlich der Religions=Unterscheid von dem *Interesse* der Priester her: die äusserlichen Ceremonien könne man gantz fahren lassen etc."[133]. In diesen Gesprächen über die Religion liefen "Spott=Reden ... mit unter, die *Symbola*, wie etwan das herrliche *Symbolum Athanasianum*, wären lauter Zanckäpffel und Stachelnüsse, p. 191. u.s.f."[134]. Der Rezensent weist auch schon auf Bachstrom als möglichen Verfasser hin: "Die Gedancken des Verfassers, welcher selbst von der Anbethung des Herrn JEsu hämisch redet, p. 186. kommen mit den Bachstrohmischen völlig überein, sonderlich die Verlästerung der biblischen Ubersetzungen, p. 190."[135] Es wird dem Verfasser zwar eine gute Begabung attestiert, doch "ist das sonst feine *Ingenium* recht übel angewendet worden: Auch die *fiction* ist schlecht gerathen. Es vergißt sich der Verfasser gar offt aus Liebe zu seinen Einfällen, und *raisoni*rt in den Tag hinein"[136]. Der Hauptfehler des Verfassers liege darin, "daß er die Ausschweiffungen und den Mißbrauch des Religions=Eyfers mit demselben schädlich vermenget habe"; dieser falsche Ansatz fresse "wie der Krebs um sich" und vernichte "das wenige übrige Gute vollends"[137]. Der Rezensent weist am Schluß seiner Kritik noch auf den 1736 erschienenen ersten Teil des *Landes der Inquiraner* hin, in dem "sich der *A[utor]* etwas behutsamer" verhalte und sich nur "im Anfang und in der Vorrede" etwas verrate[138].

Daß das *Land der Inquiraner* nicht fortgesetzt wurde, scheint denn auch mit diesen "deistischen" Tendenzen zusammenzuhängen und weniger mit mangelndem Verkaufserfolg[139]. Immerhin soll 1744 eine Neuauflage erschienen sein[140].

Im 19. Jahrhundert ist der erste Teil dieses Werkes in einer Bearbeitung noch dreimal aufgelegt worden[141].

133 Ebd., S. 14
134 Ebd.
135 Ebd., S. 15.
136 Ebd.
137 Ebd.
138 Ebd., S. 15 f.
139 ULLRICH, Robinson und Robinsonaden, S. 138.
140 Ebd., S. 137 und ULLRICH, J. F. Bachstrom. Ein Gelehrtenleben, S. 348.
141 Die Inquiraner. Eine Robinsonade. Neu erzählt vom Verfasser der grauen Mappe (JOH. CHR. LUDWIG HAKEN). Chemnitz, Carl Maucke, 1810. VIII + 360 S. - Neuauflage: Chemnitz, Starke, 1828. - Gekürzte Neuausgabe dieser

Die Tatsache, daß nur der erste Teil des *Landes der Inquiraner,* der im wesentlichen aus der Schilderung des Robinson-Schicksals des Galeerenkapitäns besteht, eines Wiederabdrucks für würdig befunden wurde, ist ein deutlicher Hinweis darauf, daß es bei diesen Neuauflagen um den literarischen Aspekt ging und nicht um den gedanklichen Gehalt (der im 19. Jahrhundert seine Brisanz ohnehin weitgehend eingebüßt hatte).
Bezeichnet das Werk Johann Friedrich Bachstroms den Endpunkt einer Linie, die vom Pietismus in die Aufklärung hineinführt[142], so ist im nächsten Kapitel mit Jung-Stilling gleichsam die andere Alternative zu schildern: der Kampf des Spätpietismus gegen die das "alt-evangelische System" bedrohende Aufklärung mit ihrer vermeintlich zwingenden Konsequenz, der alle bürgerliche Ordnung umstürzenden Revolution.

Bearbeitung: Der neue Robinson. Merkwürdige Abenteuer und Schicksale eines Spaniers. Wien, J. Neidl, 1871. S. 5-358. = Neidls Jugendbibliothek 24. - Vgl. ULLRICH Robinson und Robinsonaden, S. 138 f.

142 Immer wieder wird betont, daß der Pietismus der Aufklärung in mannigfacher Weise vorgearbeitet hat: TROELTSCH, ERNST: (Art.) Aufklärung, S. 228; MAURER, WILHELM: (Art.) Aufklärung III. Theologisch-kirchlich, S. 723; SCHMIDT, MARTIN: (Art.) Aufklärung. II. Theologisch, S. 597 verweist auf den "Moralismus der Aufklärung", dem die pietistische "Betonung der Früchte des Glaubens" direkt vorgearbeitet habe. - Auf einige Punkte haben wir im Zusammenhang mit Bachstrom hingewiesen: auf die Ablehnung des Glaubenszwangs, auf die Ähnlichkeit von pietistischem Heiligungs- und aufgeklärtem Vervollkommnungsstreben.

V. Das Ende der pietistischen Utopie: Die reaktionären Entwürfe Jung-Stillings

1. Zur Person Jung-Stillings[1]

Johann Heinrich Jung wurde am 12. September 1740 in Grund im Siegerland als Sohn eines Schneiders und einer armen Predigerstochter geboren[2]. Seine Mutter starb, als der kleine Heinrich noch keine zwei Jahre alt war. So wuchs er mutterlos im Haus seiner Großeltern unter den strengen Augen seines Vaters heran[3]. Dieser - ein Glied der Reformierten Kirche - war in der Zeit der Trauer und der Vereinsamung nach dem frühen Tod seiner Frau mit Victor Christoph Tuchtfeld in Kontakt gekommen[4], der einer separatistischen Gemeinschaft im nahen Berleburg angehörte. Tuchtfeld führte den Vater Jung-Stillings in seine Gedankengänge ein und empfahl ihm die Lektüre Fenelons und der *Nachfolge Christi* des Thomas a Kempis[5]. Der Vater Jung-Stillings lebte darauf zurückgezogen in der Beschäftigung mit mystischer Literatur

1 Hauptquelle für eine Lebensbeschreibung Jung-Stillings ist seine Autobiographie. - An wichtigen biographischen Abrissen sind zu nennen: GEIGER, MAX: (Art.) Jung-Stilling. In: RGG, Bd. 3, 31959, S. 1070 f., bei aller Knappheit sehr instruktiv; MICHLER, MARKWART und HANS-GEORG WINTER: (Art.) Johann Heinrich Jung gen. Stilling. IN: NDB, Bd. 10, 1974. S. 665-667, leider nicht sehr zuverlässig; ausgewogen und zuverlässig: GUTZEN, DIETER: Johann Heinrich Jung-Stilling. In: Deutsche Dichter des 18. Jahrhunderts. Berlin, Schmidt, 1977. S. 446-461.

2 *Lebensgeschichte,* S. 23 - Der Name "Stilling", den Jung sich in der *Lebensgeschichte* zulegt, weist auf die "Stillen im Lande" hin (vgl. Ps. 35, 20); STECHER, Jung-Stilling als Schriftsteller (s. Literaturverzeichnis), S. 120 f.

3 Zur Biographie Jung-Stillings erschienen in jüngerer Zeit einige informative Teilstudien; für seine erste Lebenshälfte vgl.: VINKE, RAINER: Jung-Stilling bei Flender (1763-1770). Ein Abschnitt auf dem Weg zu seiner "Bestimmung". ThZ 41, 1985, 359-390 und jetzt vor allem das ausführliche und außerordentlich kenntnisreiche biographische Kapitel in der Monographie desselben Verfassers: VINKE, Jung-Stilling und die Aufklärung, S. 27-135 ("Jung-Stillings geistige und religiöse Entwicklung bis zur Auseinandersetzung mit dem Aufklärer Friedrich Nicolai" [1775]). Das Buch GERD PROPACHS: Johann Heinrich Jung-Stilling (1740-1817) als Arzt. Köln, C.-E. Kohlhauer, 1983 ist auch im Blick auf die Biographie Jung-Stillings ertragreich.

4 Zu Tuchtfeld: VINKE, Jung-Stilling und die Aufklärung, S. 32 ff.

5 *Lebensgeschichte,* S. 41 ff.

und erzog den kleinen Heinrich mit überharter Strenge und in völliger Abgeschiedenheit von der Außenwelt; das Spielen mit anderen Kindern war dem Jungen verboten, dafür wurde ihm früh das Lesen beigebracht[6]. Neben volkstümlichen Geschichten lernte der junge Heinrich so früh Gottfried Arnolds *Leben der Altväter* und die *Historie der Wiedergebohrnen* von Johann Heinrich Reitz kennen[7]. Jung-Stillings Vater blieb bei aller Zurückgezogenheit seines Lebenswandels und bei aller Sympathie für die Separatisten doch der Reformierten Kirche verbunden. So ließ er seinen Sohn den Heidelberger Katechismus auswendig lernen[8]. Recht bald zeigte sich, daß der Junge sehr begabt war[9]. Auf Vorschlag des Pastors besuchte der junge Stilling von 1751-1755 die Lateinschule in Hilchenbach[10], nachdem er schon vorher von seinem Vater in das Schneiderhandwerk eingewiesen worden war, damit er "etwas gewisses" habe, womit er sein "Brod erwerben" könne[11]. Da zur Verwirklichung seines Wunsches, Theologie zu studieren das Geld fehlte, übernahm Jung-Stilling nach der Beendigung der Lateinschule verschiedene Schullehrerstellen, um dem ungeliebten Schneiderhandwerk zu entfliehen. Aber er konnte sich weder als Dorfschullehrer noch als Hausinformator irgendwo dauerhaft etablieren. In sieben Jahren versah er sechs verschiedene Stellen in der Umgebung. Nach jedem gescheiterten Versuch kehrte er zu seinem Vater, der inzwischen wieder geheiratet hatte, zurück, um bei der Feldarbeit oder im Schneiderhandwerk mitzuhelfen. Das Unvermögen Stillings, sich seinen Lebensunterhalt selbst zu verdienen, belastete das Verhältnis zu Vater und Stiefmutter schwer. Schließlich entschloß er sich im Frühjahr 1762, "in die Fremde zu gehen"[12]. In Solingen fand er Arbeit bei einem Schneidermeister. Hier hatte er

6 *Lebensgeschichte,* S. 45 ff.-S. 47: "Wihelm (der Vater) war sehr scharf; die mindeste Uebertretung seiner Befehle bestrafte er aufs schärfeste mit der Ruthe . . . Wilhelms Absicht war, seinen Sohn beugsam und gehorsam zu erziehen, um ihn zu Haltung göttlicher und menschlicher Gesetze fähig zu machen . . . " - S. 46: "Wilhelm erlaubte niemalen dem Knaben mit andern Kindern zu spielen, sondern er hielte ihn so eingezogen, daß er im siebenten Jahr seines Alters noch keine Nachbars Kinder, wohl aber eine ganze Reihe schöner Bücher kannte . . . "

7 Ebd., S. 46 - VINKE, Jung-Stilling bei Flender, S. 363.

8 *Lebensgeschichte,* S. 45. - VINKE, Jung-Stilling bei Flender, S. 363.

9 *Lebensgeschichte,* S. 49-51. - VINKE, Jung-Stilling bei Flender, S. 363.

10 *Lebensgeschichte,* S. 60 ff. - PROPACH, Jung-Stilling als Arzt, S. 11; VINKE, Jung Stilling bei Flender, S. 363.

11 *Lebensgeschichte,* S. 53. - VINKE, Jung-Stilling bei Flender, S. 363.

12 *Lebensgeschichte,* S. 182.

während eines Spaziergangs im Juli 1762 sein Erweckungserlebnis: "...die Sonne schien angenehm, und der Himmel war hier und da mit einzelnen Wolken bedeckt; er hatte weder tiefe Betrachtungen, noch sonst etwas sonderliches in den Gedancken; von ohngefähr blickte er in die Höhe und sah eine lichte Wolke über seinem Haupte hinziehen; mit diesem Anblick durchdrung eine unbekannte Kraft seine Seele, ihm wurde so innig wohl, er zitterte am ganzen Leibe, und konnte sich kaum enthalten, daß er nicht darnieder sunk; von dem Augenblick an fühlte er eine unüberwindliche Neigung, ganz für die Ehre Gottes, und das Wohl seiner Mitmenschen zu leben und zu sterben; seine Liebe zum Vater der Menschen, und zum göttlichen Erlöser, desgleichen zu allen Menschen, war in dem Augenblick so groß, daß er willig sein Leben aufgeopfert hätte, wenn's nöthig gewesen wäre. Dabey fühlte er einen unwiderstehlichen Trieb, über seine Gedanken, Worte und Werke zu wachen, damit sie alle Gottgeziemend, angenehm, und nützlich seyn möchten. Auf der Stelle machte er einen vesten und unwiderruflichen Bund mit Gott, sich hinführo lediglich Seiner Führung zu überlassen, und keine eitle Wünsche mehr zu hegen, sondern wenn es Gott gefallen würde, daß er Lebenslang ein Handwerksmann bleiben sollte, willig und mit Freuden zufrieden zu seyn."[13]
VINKE relativiert dieses Erlebnis in der Nachfolge BENRATHS als "plötzliches Innewerden von der Richtigkeit und Wichtigkeit aller bisherigen Grundüberzeugungen, die zuvor als einzelne Erkenntnisse schon vorhanden waren, ihn aber jetzt in ihrer umfassenden Ganzheit existentiell wirksam bis in die Tiefe treffen"[14]. Auch wenn dies - was den Inhalt des Erlebnisses angeht - im wesentlichen zutrifft, so ist damit die Eigenart dieser Erfahrung doch nicht zureichend erfaßt. Jung-Stilling erfährt seine "bleibende Rührung und Erweckung"[15] beim Anblick der "lichten Wolke", in der Erfahrung der Natur als Widerschein der Herrlichkeit Gottes; die Erweckung erfolgt unter Einwirkung einer ästhetischen Dimension. Wie es für ein Glied der Reformierten Kirche nahelag, besiegelte Stilling sein Erlebnis mit einem Bund, den er mit Gott

13 Ebd., S. 198.

14 VINKE, Jung-Stilling und die Aufklärung, S. 69. - BENRATH spricht in seiner Einleitung zur *Lebensgeschichte* auf dieses Erlebnis bezogen von einer "ins Erlebnis verdichtete(n) Wiederholung und unmittelbar überzeugende(n) Erfahrung" schon vorher empfundener Gedanken: Lebensgeschichte, S. XVII.

15 Jung-Stilling in einem Brief an Wilhelm Berger und andere vom 7. 1. 1801; *Lebensgeschichte*, S. 685.

schloß[16]. Nur kurze Zeit nach diesem Bundesschluß nahm Stilling jedoch trotz seines Vorsatzes, beim Handwerk zu bleiben, erneut eine Hauslehrerstelle an. Nach einer sehr schweren Zeit, in der er von seiner Herrschaft wegen seiner Mittellosigkeit verachtet und beargwöhnt wurde, verließ Stilling diese Stätte seiner "Höllenquaal"[17] am 12. April 1763 fluchtartig[18]. In Radevormwald fand er darauf bei dem Schneidermeister Becker Arbeit. Becker machte ihn mit den pietistischen Kreisen der Umgebung bekannt. "Stillings Neigung, höher in der Welt zu steigen, war nun vor diese Zeit gleichsam aus dem Grunde und mit der Wurzel ausgerottet; und er war vest und unwiderruflich entschlossen, ein Schneider zu bleiben, bis er gewiß überzeugt seyn würde, daß es der Wille Gottes sey, etwas anders anzufangen, mit Einem Wort, er erneuerte den Bund mit Gott feyerlich, den er verwichenen Sommer, den Sonntag Nachmittag, auf der Gassen zu [Solingen] mit Gott geschlossen hatte... Seine Neigung zu den Wissenschaften blieb zwar noch immer, was sie war, doch ruhte sie unter der Aschen, sie war ihm jetzt nicht zur Leidenschaft, und er ließ sie ruhen."[19] So bedurfte es einiger Überredungskunst, bis sich Jung-Stilling nach zwölfjähriger Tätigkeit bei Schneidermeister Becker von dem reichen Kaufmann Peter Johannes Flender aus Krähwinklerbrück bei Radevormwald als Hauslehrer seiner Kinder anstellen ließ[20]. "Stilling untersuchte sich genau, er fand keine Leidenschaft oder Trieb nach Ehre bey sich, sondern er fühlte im Gegentheil einen Wink in seinem Gewissen, daß diese Condition ihm von Gott angewiesen werde."[21] Bei Flender blieb Stilling sieben Jahre, vom August 1763 bis zum August 1770[22]. Er erteilte den Kindern seines Prinzipals Unterricht in Lesen, Schreiben, Rechnen, in reformierter Religion, Latein sowie in der französischen Sprache, die er auf Kosten Flenders in neun Wochen erlernt hatte[23]. Darüber hinaus wurde er von Flender mit Aufgaben aus dem Bereich seiner Firma betraut, so daß Jung-Stilling das Haus Flenders in seiner Lebensgeschichte als seine

16 *Lebensgeschichte,* Einleitung, S. XVIII. - VINKE, Jung-Stilling bei Flender, S. 368.
17 "Rückblick auf Stillings bisherige Lebensgeschichte" (1804), *Lebensgeschichte,* S. 609.
18 *Lebensgeschichte,* S. 208 ff.
19 Ebd., S. 214.
20 Ebd., S. 220-222. - Zu Flender: VINKE, Jung-Stilling bei Flender, S. 374-376.
21 *Lebensgeschichte,* S. 222.
22 Ebd., Einleitung, S. XVI.
23 Ebd., S. 231; 226-229.

"Academie", wo [er] Oeconomie, Landwirthschaft und das Commerzienwesen aus dem Grund zu studieren hatte", bezeichnen konnte[24]. Nachdem er, einer Eingebung folgend, in kurzer Zeit Griechisch erlernt und sich auch im Hebräischen Kenntnisse angeeignet hatte, machte ihm Flender 1767 ganz unvermittelt den Vorschlag, Medizin zu studieren[25]. Jung-Stilling meinte zu erkennen, daß dies das Ziel sei, wozu ihn "der himmlische Vater von Jugend auf durch schwere und scharfe Prüfungen habe vorbereiten wollen"[26]. Er eignete sich zunächst im Selbststudium Grundkenntnisse in "allen Disciplinen der Arzneykunde" an und bezog dann 1770 gegen den Willen seines Förderers, der andere Pläne mit ihm hatte, die Universität Straßburg[27]. Nach nur anderthalbjährigem Studium der Medizin machte Jung-Stilling im Frühjahr 1772 sein Examen und wurde promoviert[28]. Noch während des Studiums hatte Jung-Stilling Christine Heyder, die Tochter eines Kaufmanns aus Ronsdorf, geheiratet[29]. Mit seiner Frau zog Stilling am 1. Mai 1772 mit großen Hoffnungen nach Elberfeld, um sich dort eine Existenz als praktischer Arzt aufzubauen[30]. Er glaubte sich nun an dem ihm von Gott zugedachten Platz, sah sich jedoch bald großen Schwierigkeiten gegenüber. Seine "pietistischen Freunde, die ihn ehmals als einen Engel Gottes empfiengen, ihn mit den wärmsten Küssen und Seegenswünschen umarmten, blieben jetzt von ferne stehen, bückten sich blos und waren kalt"[31], das "weltförmige" Auftreten Stillings mit Haarbeutelperücke, Hand- und Halskrausen, sein Umgang mit Freigeistern wie Goethe - den er in Straßburg kennengelernt hatte - ließen die Pietisten Elberfelds zu Jung-

24 Ebd., S. 230 f., Zitat: S. 231.
25 Ebd., S. 238.
26 Ebd.
27 Ebd., S. 256 f. - Zu den Plänen Flenders vgl. PROPACH, Jung-Stilling als Arzt, S. 58 ff. und VINKE, Jung-Stilling bei Flender, S. 384 f. - Danach hätte Flender Jung-Stilling zu seinem Schwiegersohn machen wollen.
28 *Lebensgeschichte,* S. 263-272, 285-287. - PPOPACH, Jung-Stilling als Arzt, S. 12 f., 69 ff.; VINKE, Jung-Stilling und die Aufklärung, S. 87-101.
29 Im letzten Jahr seiner Tätigkeit bei Flender hatte Jung-Stilling den Kaufmann Peter Heyder kennengelernt, und sich mit seiner ältesten Tochter an deren Krankenbett in einer schwärmerischen Anwandlung verlobt. *Lebensgeschichte,* S. 250; vgl. den Brief Jung-Stillings an Wilhelm Berger und andere vom 7. 1. 1801, ebd., S. 686. - Die Heirat fand am 17. Juni 1771 statt. - VINKE, Jung-Stilling und die Aufklärung, S. 95-97.
30 *Lebensgeschichte,* S. 289; vgl. auch S. 611.
31 Ebd., S. 291. - Zur Elberfelder Zeit allgemein: ebd., S. 289-369; zu den ersten Jahren (bis 1775) jetzt: VINKE, Jung-Stilling und die Aufklärung, S. 101-135.

Stilling auf Distanz gehen[32]. Die reichen Kaufleute Elberfelds vermißten bei Stilling die solide finanzielle Grundlage seiner Praxis und mieden ihn; von den vielen armen Patienten, die er behandelte, verlangte er kein Honorar - kurz, es gelang ihm nicht, eine Praxis aufzubauen, die ihm und seiner Familie ein Auskommen gewährt hätte[33]. Nicht nur vermochte er seinen Schuldenberg, der noch von seinem Studium herrührte und für den sein Schwiegervater die Bürgschaft übernommen hatte, nicht abzutragen - er war im Gegenteil immer wieder gezwungen, neue Schulden zu machen. Zu diesen großen finanziellen Schwierigkeiten kamen starke Zweifel an seinem Arztberuf[34]. Auch war Jung-Stilling in seinem Glauben verunsichert. Der Determinismus der Leibniz-Wolffschen Philosophie und vor allem die religionskritischen Argumente, die er in Straßburg kennengelernt hatte, stellten seinen Glauben an die leitende Vorsehung immer wieder in Frage.

Neben diesen Schwierigkeiten fallen aber auch eine ganze Reihe positiver Erfahrungen in die Elberfelder Zeit: der verheißungsvolle Beginn seiner Tätigkeit als Staroperateur etwa oder die Bekanntschaft der Brüder Jacobi und der Besuch von Lavater und Goethe. Auch der Anfang der schriftstellerischen Tätigkeit Jung-Stillings liegt in den Elberfelder "Prüfungsjahren". Blieben seine apologetischen Schriften - die gegen Friedrich Nicolai gerichtete *Schleuder eines Hirten Knaben gegen den hohnsprechenden Philister, den Verfasser des Sebald Nothankers* (1775) und die im Gefolge entstandenen Schriften *Panacee gegen die Krankheit*

32 Offenbar hat Stilling sich selbst auch nicht sehr darum bemüht, die alten Bande wieder zu knüpfen: "Hin und wieder versuchte mans mit ihm auf den alten Schlag von der Religion zu reden, dann aber erkärte er sich freundlich und ernstlich: er habe nun lange genug von Pflichten geschwatzt, jetzt wolle er schweigen und sie ausüben"; auch ihre Versammlungen besuchte er nicht mehr (*Lebensgeschichte,* S. 291); da brauchte er sich dann natürlich auch nicht zu wundern, daß die Elberfelder Frommen nicht in seine Praxis strömten, konnten sie ihn doch aus ihrem Selbstverständnis heraus gar nicht mehr für einen der ihren halten; vgl. dazu: VINKE, Jung-Stilling und die Aufklärung, S. 117 ff.

33 Dazu wird beigetragen haben, daß er sich nicht mit seinem ganzen Engagement dem Aufbau seiner Praxis widmete, sondern nicht nur seine ersten literarischen Arbeiten, sondern auch wissenschaftliche Abhandlungen nichtmedizinischen Inhalts veröffentlichte; dazu ausführlich VINKE, Jung-Stilling und die Aufklärung, S. 109 ff. und 117.

34 Für Jung-Stilling als Reformierten war dies bei seiner wirtschaftlichen Erfolglosigkeit durchaus verständlich; vgl. dazu die Bemerkungen von VINKE, Jung-Stilling bei Flender, S. 370. - Darüber hinaus vermißte Jung-Stilling beim Arztberuf die solide wissenschaftliche Grundlage: " . . . ich durchkroch alle alte und neue Winkel der medizinischen Litteratur, aber ich fand in dieser schwankenden Wissenschaft lauter Unwissenschaft"; *Lebensgeschichte,* S. 612.

des Unglaubens (1776) und *Theodicee des Hirten-Knaben zur Berichtigung und Vertheidigung der Schleuder desselben* (1776)[35] - "ohne merklichen Erfolg"[36], so erhielt Jung-Stilling mit seiner von Goethe zum Druck gebrachten Jugendgeschichte gute Kritiken, die ihn ermutigten, seine Lebensgeschichte mit den *Jünglingsjahren* und der *Wanderschaft* fortzusetzen. Insgesamt überwog während der Elberfelder Jahre jedoch die Not, so daß Jung-Stilling 1778 dankbar einen Ruf auf die Professur für "Landwirthschaft, Technologie, Handlung und Vieh-Arzneykunde" an der Kameralhochschule in Kaiserslautern annahm[37]. Nun glaubte er aber "gewiß, daß das Studium der Staatswirtschaft der Beruf sey, wozu ihn die Vorsehung von Jugend auf geleitet, und vorbereitet habe: denn er hatte Gelegenheit gehabt, alle Fächer, die er lehrte, selbst practisch zu lernen"[38]. Jung-Stilling ließ sogleich seine noch in Elberfeld entworfene *Grundlehre sämtlicher Cameral-Wissenschaften* (1779) drucken. Darüber hinaus verfaßte er Lehrbücher in den Hilfswissenschaften, um seinen Studenten eine Grundlage an die Hand zu geben[39]. Die in Elberfeld begonnene religiöse Schriftstellerei setzte Stilling in Kaiserslautern mit verschiedenen kleinen Schriften und vor allem mit drei Romanen fort[40], in die er häufig autobiographische Elemente einbaute. Auch ließ Jung-Stilling in seine Romane immer wieder seine staatswissenschaftlichen Anschauungen einfließen, indem er etwa Mustergüter beschrieb oder über gute Regierungen sinnierte. Als 1784 die Kameralhochschule von Kaiserslautern nach Heidelberg verlegt und der Universität angegliedert wurde, zog Jung-Stilling mit seiner Familie - nach dem Tod seiner ersten Frau 1781 hatte Stilling durch Vermittlung Sophies von la Roche 1782 Selma von St. George geheiratet - nach Heidelberg. Höhepunkt seiner kurzen Heidelberger Zeit (1784-1787) war die 400-Jahr-Feier der ehrwürdigen Ruperto Carola, bei der Jung-Stilling "die feyerliche Jubelrede

35 Vgl. die Zusammenstellung der Jung-Stilling-Schriften in: GEIGER, Aufklärung und Erweckung, S. 20. - Zu diesen Schriften vgl.: VINKE, Jung-Stilling und die Aufklärung.

36 *Lebensgeschichte,* S. 612 f.

37 Ebd., S. 357 und 359.

38 Ebd., S. 614

39 "Meine Geschichte als Lehrer der Staatswissenschaftlichen Wissenschaften, statt einer Vorrede." In: JUNG, JOHANN HEINRICH: Lehrbuch der Staats-Polizey-Wissenschaft. Leipzig 1788. Wieder abgedruckt in: *Lebensgeschichte,* S. 666-690. S. 677- 680.

40 *Die Geschichte des Herrn von Morgenthau* (1779), *Die Geschichte Florentins von Fahlendorn* (1781), *Leben der Theodore von der Linden* (1782/83); vgl. GEIGER, Aufklärung und Erweckung, S. 22.

im Namen und von Seiten der staatswirthschaftlichen hohen Schule" halten durfte[41]. 1787 folgte er einem Ruf an die Universität Marburg auf die Professur der "Oekonomie- Finanz- und Cameral-Wissenschaften"[42]. Die Marburger Zeit (1787-1803) wurde Jung-Stillings fruchtbarste Schaffensperiode: Er "schrieb sein großes und weitläufiges Lehrbuch der Staats-Policey, seine Finanzwissenschaft, das Camerale practicum; die Grundlehre der Staatswirthschaft, Heinrich Stillings häusliches Leben, und sonst noch viele kleine Abhandlungen und Flugschriften mehr; wobey dann auch die Staar- und Augencuren ununterbrochen fortgesetzt wurden. Er las täglich vier zuweilen auch fünf Stunden Collegien, und sein Briefwechsel wurde auch immer stärker, so daß er aus allen seinen Kräften arbeiten mußte, um seinen großen und schweren Würkungskreis im Umschwung zu erhalten[43].

Marburg stellt in verschiedener Hinsicht einen Wendepunkt in Jung-Stillings Leben dar. Nach dem Tod Selmas 1790 heiratete er noch im gleichen Jahr ein drittes Mal "und nun fieng ein neuer Lebensgang an, der sich nach und nach von allen vorigen unterschied, und Stilling seiner eigentlichen Bestimmung näher brachte"[44]. 1788 hatte ihm die Lektüre von Kants *Kritik der reinen Vernunft* Erleichterung verschafft hinsichtlich der Anfechtungen, die ihm die Religionskritik der Aufklärung bereitet hatte[45]. Entscheidend für Jung-Stillings weitere Entwicklung dürfte jedoch die Erfahrung der Französischen Revolution und der

41 *Lebensgeschichte,* S. 428. - Die *Jubelrede über den Geist der Staatswirthschaft gehalten, als die Universität zu Heidelberg ihr viertes Jubiläum feierte* ist nun wieder bequem zugänglich in: JUNG-STILLING, JOHANN HEINRICH: Wirtschaftslehre und Landeswohlstand. Sechs akademische Festreden. Hrsg., eingeleitet und mit Anmerkungen versehen von GERHARD MERK, Berlin, Duncker & Humblot, 1988. S. 65-106.

42 *Lebensgeschichte,* S. 430.

43 Ebd., S. 441. - Zu Jung-Stillings Schriften der Marburger Zeit vgl. die Zusammenstellung bei GEIGER, Aufklärung und Erweckung, S. 24-27. Die hier genannten sind: *Lehrbuch der Staats-Polizey-Wissenschaft* (1788), *Lehrbuch der Kameralwissenschaft oder Kameralpraxis* (1790), *Lehrbuch der Finanzwissenschaft* (1789), *System der Staatswirthschaft. 1. Theil, welcher die Grundlehre enthält* (1792); *Heinrich Stillings häusliches Leben* (1789), der vierte Teil seiner Autobiographie.

44 *Lebensgeschichte,* S. 460 ff., Zitat: 469. - Jung-Stillings dritte Frau, Elise Coing, war die Tochter des Marburger Theologieprofessors Johann Franz Coing, dessen Familie Stilling freundschaftlich verbunden war; ebd., S. 442.

45 Ebd., S. 448-450. - GEIGER macht unter Hinweis auf die geheimen Tagebücher deutlich, daß Stilling bis ins hohe Alter um die Gewißheit des Glaubens ringen mußte und es also nicht zu einer völligen Befreiung gekommen war. GEIGER, Aufklärung und Erweckung, S. 103.

Revolutionskriege gewesen sein[46], die Jung-Stilling apokalyptisch interpretierte. Unter dem Eindruck der Französischen Revolution rückten die religiöse Schriftstellerei und seine ausgedehnte Korrespondenz immer mehr ins Zentrum des "Wirkungskreises" Jung-Stillings. Als "Zeuge der Wahrheit" suchte er die angefochtene Schar der Gläubigen zu trösten und zu ermutigen, die Lauen zur Buße zu rufen und das "alt-evangelische System" gegenüber den aufgeklärten Neuerern der Theologie zu verteidigen[47]. Seine Schriften - vor allem der vierbändige Roman *Das Heimweh* (1794-1796) - erwarben ihm ein großes Lesepublikum "in allen vier Welttheilen"[48]. Die positive Aufnahme dieser Schriften in weiten Kreisen und "eine innere Ueberzeugung, die während der Zeit, in welcher er am Heimweh schrieb, in ihm entstanden war", brachten ihn zu der Erkenntnis, "daß auch die Staatswirthschaft sein wahrer Beruf nicht sey"[49]. Er wurde in dieser Meinung bestärkt durch die Beobachtung, "daß um eben diese Zeit die akademischen Orden und der Revolutionsgeist in Marburg unter den Studierenden herrschend waren, wodurch ihr ganzes Wesen mit solchen Grundsätzen und Gesinnungen angefüllt wurde, die den Lehren, welche Stilling vortrug, schnurgerade entgegen waren"[50]. Die Zahl seiner Hörer ging zurück; der Landgraf war verärgert über die religiöse Schriftstellerei seines Professors und verhängte ein Zensurreskript über die Marburger Universität, kurz: die ganzen Umstände ließen Jung-Stilling dringend eine Veränderung erhoffen. Diese kam 1803 in Gestalt einer Berufung an den badischen Hof. Kurfürst Karl Friedrich entband Jung-Stilling "von allen irdischen Verbindlichkeiten" und trug ihm auf, "durch seinen Briefwechsel und seine Schriftstellerey Religion und praktisches Christentum an [seiner, des Kurfürsten] Stelle zu befördern"[51]. So konnte Jung-Stilling die letzten Jahre seines Lebens (1803-1817) endlich ganz seinem "Grundtrieb" leben, "den er von Kind

46 *Lebensgeschichte,* Einleitung, S. XXVII. - Noch pointierter formuliert KLAUS DEPPERMANN in seiner Rezension der *Lebensgeschichte:* "Hinter dieser Wandlung [von der "frommen Aufklärung" zu apokalyptischen Visionen bei gleichzeitigem Festhalten am "altevangelischen System" der protestantischen Orthodoxie] steht wohl in erster Linie das Erlebnis der Französischen Revolution, des jakobinischen Terrors und der napoleonischen Kriege, auf die Jung-Stilling, wie so viele Vertreter des deutschen Bürgertums, mit der Flucht nach rückwärts reagierte" (PuN 4, 1977/78, 331).

47 *Lebensgeschichte, S.* 618 und 624.

48 Ebd., S. 615.

49 Ebd., S. 492.

50 Ebd., S. 493.

51 Ebd., S. 573 f.; 591-594; Zitat: S. 631.

auf so stark empfunden hatte", nämlich "ein wirksames Werkzeug zum Besten der Religion in der Hand des Herrn zu werden"[52]. Jung-Stilling wartete seines Berufes - der religiösen Schriftstellerei, den Augenkuren, der ausgedehnten Korrespondenz, der geistlichen Beratung des Kurfürsten - zuerst in Heidelberg, seit 1806 dann in Karlsruhe. Dort starb er am 2. April 1817 nach einem bewegten Leben, das in der Audienz bei Zar Alexander I. am 19. Juni 1814 in Karlsruhe einen letzten Höhepunkt gehabt hatte.

Will man die Einflüsse zusammenfassen, die Jung-Stilling geprägt haben, so ist zunächst an seine Kindheit zu erinnern. Der frühe Tod der Mutter, die überharte Erziehung durch den ganz zurückgezogen lebenden Vater, die Abgeschiedenheit, in der er aufwuchs, gaben seinem Charakter eine Prägung, unter der er bis ins Alter zu leiden hatte. Seine Empfindlichkeit und Reizbarkeit, seine Unfähigkeit, Widerspruch zu ertragen, werden von ihm selbst auf seine Erziehung zurückgeführt[53]. Sein "Helfen- und Dienenwollen" - sein wohl herausragendster Charakterzug -, sein Sendungsbewußtsein und die "Vorstellung von seiner eigenen Größe" könnten auf eine "frühkindliche narzißtische Schädigung" hinweisen[54]. Von großer Bedeutung für das ganze Leben Jung-Stillings war weiterhin, daß er schon früh mit dem reformierten Glauben und vor allem mit mystischem und pietistischem Gedankengut eng vertraut wurde. In seiner Zeit bei Schneidermeister Becker in Radevormwald lernte Jung-Stilling den niederrheinischen Pietismus aus eigener Anschauung kennen. Den Gedanken der Aufklärung begegnete er zuerst bei dem Kaufmann Flender, wo er sich in die Leibniz-Wolffsche Philosophie einarbeitete[55], dann vor allem während seiner Studienzeit in Straßburg. Dort lernte er u. a. Goethe, Herder, Lenz und Lerse kennen, was seinen Gesichtskreis bedeutend weitete. Durch die Religionskritik der Aufklärung wie durch den Determinismus der Leibniz-Wolffschen Philosophie sah er sich in seinem Glauben herausgefordert und bedroht. Wenn er das Übergreifen der Aufklärung in den Bereich der Theologie auch ablehnte und bekämpfte[56] - es sei nur an seine gegen Nicolai

52 Ebd., S. 493.

53 GEIGER, Aufklärung und Erweckung, S. 166. - Vgl. zur Auswirkung der Erziehung auf die Persönlichkeit Jungs: PROPACH, Jung-Stilling als Arzt, S. 43-50.

54 PROPACH, Jung-Stilling als Arzt, S. 49 f.

55 *Lebensgeschichte,* S. 231 f.

56 Vgl. dazu das Schlußkapitel in VINKE, Jung-Stilling und die Aufklärung, S. 298-363 ("Jung-Stilling und die Aufklärung").

gerichteten Elberfelder Schriften erinnert -, blieb Jung-Stilling doch nicht ganz unbeeinflußt von dieser Zeitströmung. So legte er den Hauptakzent des Christseins in seinen mittleren Jahren auf tätige Menschen- und Gottesliebe[57] und distanzierte sich von seinen pietistischen Freunden mit der Bemerkung, "er habe nun lange genug von den Pflichten geschwatzt, jetzt wolle er schweigen und sie ausüben"[58]. In seinen frühen Romanen preist Jung-Stilling immer wieder das tätige, zum Besten des Nächsten wirkende Christenleben gegenüber der abgesonderten, weltfremden, egoistischen Lebensweise der separatistischen Pietisten. Die Beschäftigung mit aufklärerischem Gedankengut hat Jung-Stilling wohl auch geholfen, die Rolle der Vernunft im Christsein neu zu bestimmen und sich von dem schwärmerischen Pietismus zu lösen, der die Vernunft stark abwertete[59]. An prägenden Einflüssen sind weiter zu nennen die Naturmystik und die Alchemie. Jung-Stilling verschlang in seiner Jugendzeit die Schriften des Paracelsus, Jakob Böhmes und alle alchemistischen Schriften, "die er nur auftreiben konnte", nicht allein aus Interesse am "Stein der Weisen", dem "großen Universal", sondern weil er die "ersten Urkräfte der Natur" erkennen wollte[60]. Als er merkte, daß er mit der Alchemie dieses Ziel nicht erreichen konnte, "verließ er sie vor die Zeit ganz"[61]. Was Jung-Stilling blieb, war sein "Hang zum Wunderbaren"[62], der sich an seinem Interesse an Swedenborg, am Mesmerismus und an Geistererscheinungen zeigt. Noch Jung-Stillings späte Schrift *Theorie der Geisterkunde* von 1808 gibt Zeugnis davon. Den "Hang zum Wunderbaren" teilte Stilling mit dem bekannten Züricher Theologen Johann Kaspar Lavater, mit dem er

57 *Lebensgeschichte,* Einleitung, S. XXIX.

58 *Lebensgeschichte,* S. 291.

59 In seinem autobiographisch eingefärbten Roman *Theobald oder die Schwärmer* (1785/85) zeichnet Jung-Stilling den Weg seines Helden nach vom schwärmerischen mystischen Pietismus mit seinen Visionen und seiner Weltabgewandtheit hin zu einem nüchternen, weltzugewandten Leben zum "allgemeinen Besten". Getreu seinem Motto "Mittelmaaß - Die beste Straß" will er "unser deutsches Vaterland . . . belehren, daß der Weg zum wahren zeitlichen und ewigen Glück zwischen Unglauben und Schwärmerei mitten durchgehe": JOHANN HEINRICH JUNG GENANNT STILLING: Sämmtliche Schriften, Band IV. Hildesheim-New York, Olms, 1979 (ND der Ausgabe Stuttgart 1837, Bd. 6). S. 40 und 8.

60 *Lebensgeschichte,* S. 99 f., 142 f.

61 Ebd., S. 143.

62 Vgl. STENNER-PAGENSTECHER, ANNE-MARIE: Das Wunderbare bei Jung-Stilling. Ein Beitrag zur Vorgeschichte der Romantik. Hildesheim-Zürich-New York, Olms, 1985. S. 1.

im Briefwechsel stand und der ihn zweimal besuchte[63]. Durch seinen Roman *Das Heimweh* (1794-1796) wurde Jung-Stilling weiten Kreisen bekannt und konnte eine ganze Reihe weiterer wichtiger Bekanntschaften mit einflußreichen Persönlichkeiten schließen, etwa mit Prinz Karl von Hessen-Kassel, einem engagierten Freimaurer, der die Freimaurerei mit dem christlichen Glauben zu verbinden suchte, und vor allem mit dem Kurfürsten und späteren Großherzog Karl Friedrich von Baden, der ihn schließlich als geistlichen Berater an seinen Hof ziehen sollte.

Wir begegnen in Johann Heinrich Jung-Stilling einem Menschen, der, in vielem ein Kind seiner Zeit - sowohl aufklärerisches Gedankengut als auch der "Hang zum Wunderbaren" hatten ihre Spuren im Denken und Glauben Jung-Stillings hinterlassen -, im ausgehenden 18. und beginnenden 19. Jahrhundert einen nicht zu unterschätzenden Einfluß ausübte. Die durch den reformierten Glauben und die niederrheinische mystische Spielart des Pietismus bestimmte religiöse Grundhaltung war sicherlich das dominierende Element der Persönlichkeit Jung-Stillings. Waren seine mittleren Jahre gekennzeichnet durch die Betonung des "tätigen Lebens zum allgemeinen Besten", so gewannen in den letzten beiden Lebensjahrzehnten unter dem Eindruck der Französischen Revolution apokalyptische Vorstellungen immer mehr an Bedeutung für das Wirken Jung-Stillings. MAX GEIGER hat das mit einem Jung-Stilling kongenialen Pathos ausgedrückt:
"Spätestens seit dem Ausbruch der französischen Revolution weiß sich Jung-Stilling mit seiner ganzen Zeit hineingerissen in einen entscheidenden Kampf zwischen Licht und Finsternis, zwischen Wahrheit und Verführung, zwischen Christ und Widerchrist, zwischen Mächten der Bewahrung und Mächten der Zerstörung. Der Verlauf der Geschichte hat stürmische Formen angenommen, er entspricht dem tosenden und rasenden Treiben eines Stromes, der einem mächtigen Wasserfall entgegenzieht. Gottes Gerichte stehen vor der Tür, letzte Entscheidungen bereiten sich vor, die Völkergeschichte bildet buchstäblich die Küste der Ewigkeit."[64]

63 Zur Freundschaft Jung-Stillings mit Lavater vgl.: BENRATH, GUSTAV ADOLF: Die Freundschaft zwischen Jung-Stilling und Lavater. In: Bleibendes im Wandel der Kirchengeschichte. Kirchenhistorische Studien. Hrsg. von BERND MOELLER und GERHARD RUHBACH, Tübingen, Mohr (Siebeck), 1973. S. 251-305.

64 GEIGER, Aufklärung und Erweckung, S. 512.

2. Jung-Stillings vorrevolutionäre Utopien

Seit dem Antritt seiner Professur an der Kameralhochschule zu Kaiserslautern nutzte Jung-Stilling die in Elberfeld begonnene schriftstellerische Tätigkeit, um seine staatswissenschaftlichen Ansichten zu vermitteln. In den Romanen tat er dies, indem er Reformprojekte bzw. Utopien in sie einbaute. Diese sind allerdings so skizzenhaft und knapp ausgefallen, daß es hier genügt, einige wesentliche Züge zu nennen.

Bergthal

Der erste Roman Jung-Stillings erschien 1779 unter dem Titel *Die Geschichte des Herrn von Morgenthau*[65]. Darin wird ein wirtschaftlich-gesellschaftliches Reformprojekt geschildert, das in unserem Zusammenhang von Interesse ist. Die Mustersiedlung, die den etwas widersprüchlichen Namen *Bergthal* trägt[66], wird angelegt von dem Herrn von Morgenthau, einem frommen Landadligen (der sich am Ende des Romans als der rechtmäßige Landesfürst entpuppt, ein für Jung-Stillings frühe Romane typischer Regieeinfall).

Der Herr von Morgenthau sucht sich die Siedler für sein *Bergthal* selbst aus, und zwar erwählt er "nur Diejenigen, welche durch Unglück oder Bedrängung getrieben, ihre Zuflucht zu ihm nahmen, Andere, die anderswo zu leben und Güter hatten, wies er ab; denn er hatte den Grundsatz: **daß Niemand aus dem Ort und Stand treten müßte, in welchen ihn die Vorsehung gesetzt hat, bis sie ihn selbst heraus triebe**"[67]. Das *Bergthal* wird vom Herrn von Morgenthau patriarchalisch regiert. Ihm zur Seite stehen ein "Polizeiverwalter" und ein "Rentmeister"[68]. Der Herr von Morgenthau ist ein "christlicher Regent": "Er sahe sich nunmehr Herr von einer blühenden Landschaft, die seiner Hände Werk war; er merkte aber auch, daß Gott besonders die Hand mit im Spiele habe und seine guten Absichten segne. Daher beschloß er auch, mit seiner Gemahlin ihr Leben ganz diesem gütigen Gott zu widmen,

65 Wir zitieren aus: JUNG GENANNT STILLING, JOHANN HEINRICH: Sämmtliche Schriften. Bd. VI. Hildesheim-New York, Olms, 1979 (ND der Ausgabe Stuttgart 1835-38, Bd. 9). S. 301-574.

66 *Geschichte des Herrn von Morgenthau,* S. 461-464 und 509-514.

67 Ebd., S. 461 (Hervorhebung in der Vorlage).

68 Ebd., S. 464.

und nun als ein christlicher Regent diesem kleinen Staate vorzustehen und ihn zur wahren zeitlichen und ewigen Glückseligkeit zu leiten"[69]. Der Religion wird in dieser knappen Skizze verhältnismäßig wenig Raum gewidmet, was daran liegt, daß die Utopie im Roman die Funktion hat, Jung-Stillings kameralistische Anschauungen zu propagieren. Im gesamten Buch dagegen spielen Fragen des Glaubens eine große Rolle[70]. Jung-Stilling bezieht darin *theologisch* einen kirchlich-pietistischen Standpunkt, ausdrücklich abgelehnt werden zwei von der Aufklärung gebotene religiöse Alternativen, Deismus und Neologie[71]. Den meisten Raum nehmen natürlich die Ausführungen zur Wirtschaft ein. Im Mittelpunkt steht zunächst die Landwirtschaft (Jung-Stilling ist zum Zeitpunkt der Abfassung des Romans Professor für "Landwirthschaft, Technologie, Handlung und Vieh-Arzneykunde"[72]). Jede Familie erhält ein "Landgut", das "den Bedürfnissen der Familie... der Größe nach genau angemessen... und nicht größer [ist], als es die Noth erforderte"[73]. Die Felder, die zu einem Bauernhof gehören, sollten "rundum beisammen liegen, und niemals zerstückt oder zerstreut werden"; jedes Gut ist von einem Graben umgeben, dessen Ränder mit Hecken bepflanzt sein sollten. "Die Hälfte des Guts wurde zum Futterbau, die andere Hälfte aber zum Getreidebau bestimmt"[74]. Um die Landwirtschaft, "das höchstwichtige Gewerbe im Staat", immer weiter zu verbessern, richtet der Herr von Morgenthau eine "Landwirthschafts-Commission" ein, die den Bauern die Möglichkeit der Mitbestimmung in diesem Bereich sichert. Die Kommission besteht aus dem Herrn von Morgenthau als dem Präsidenten, dem Rentmeister, dem Polizeiverwalter - den höchsten Beamten des Gemeinwesens -, einem "Director", einem "Proponenten", der die Aufgabe hat, "alle Rathschläge und Ein-

69 Ebd., S. 510.

70 Interpretationen der von Jung-Stilling in der *Geschichte des Herrn von Morgenthau* vertretenen theologischen Position liefern VINKE, Jung-Stilling und die Aufklärung, S. 327-336, der die kirchlich-pietistische Religiosität Morgenthaus betont, und HAHN, Jung-Stilling zwischen Pietismus und Aufklärung (s. Literaturverzeichnis), S. 173-219, der den Roman als Ausdruck der "frommen Aufklärung" qualifiziert: Jung-Stilling habe darin Elemente aus Pietismus, Orthodoxie, Naturalismus und Neologie zu einer neuen Form der Frömmigkeit verschmolzen.

71 *Geschichte des Herrn von Morgenthau,* S. 540 ff.; VINKE, Jung-Stilling und die Aufklärung, S. 334 f.

72 *Lebensgeschichte,* S. 357 ff.

73 *Geschichte des Herrn von Morgenthau,* S. 462.

74 Ebd.

fälle der Bauern aufzunehmen und der Commission vorzutragen", und zehn angesehenen Bauern, sogenannten "Landwirtschaftsmeistern"[75]. Die Kommission tagt einmal im Monat im Schloß Morgenthaus; am Sitzungstag müssen sich alle Bauern des *Bergthals* ebenfalls versammeln, um die Beschlüsse der Kommission zu diskutieren und gegebenenfalls Einwände zu formulieren[76].
Die Anstrengungen Morgenthaus beschränken sich nicht nur auf die Landwirtschaft, sondern beziehen bald auch den Handel und das Handwerk mit ein. Es wird ihm nämlich bewußt, "daß es ein Staatsgrundsatz sey, wenn man feststellt: daß die Landwirthschaft auch im blühendsten Zustande immer die Grundstücke der Glückseligkeit des Staats sey, ohne welche derselbe nimmermehr dauerhaft glücklich werden könne. Dem allem ungeachtet aber bleibt die Landwirthschaft nur blos Fundament und nichts weiter, wenn nicht Manufakturen und Handlung darauf gebaut, alle Gewerbe aber auf die beste Weise mit einander vereiniget werden, und so durch die größte Bevölkerung die größte Glückseligkeit des Staats erreicht wird."[77]
Damit das *Bergthal* ein wirtschaftlich blühendes Gemeinwesen werden kann, bedarf es - das klingt in dieser Passage an - einer genügenden Zahl von Siedlerfamilien. Um diese in sein *Bergthal* zu ziehen, übt Morgenthau Toleranz: "... auch sahe er nicht auf die Religion, wenn sie [die Siedlerfamilien, T. B.] nur brave, ehrliche und fleißige Leute waren"[78]. So kommt es, daß alle drei großen christlichen Konfessionen im *Bergthal* vertreten sind. Jede Gemeinde darf sich eine Kirche bauen und jeder Gläubige seines Glaubens leben[79].

Pilgersheim

Jung-Stillings zweiter Roman, *Die Geschichte Florentins von Fahlendorn,* der 1781 in drei Teilen erschien[80], enthält zwei Utopien, die dieses Mal in der exotischen Welt Südamerikas angesiedelt sind. Den Helden

75 Ebd., S. 510.
76 Ebd., S. 510 f.
77 Ebd., S. 512.
78 Ebd., S. 509.
79 Ebd., S. 512 f.
80 Im folgenden wird zitiert nach: JUNG GENANNT STILLING, JOHANN HEINRICH: Sämmtliche Schriften, Bd. VI. Hildesheim-New York, Olms, 1979 (ND der Ausgabe Stuttgart 1837, Bd. 9). S. 5-300.

des Romans, Florentin von Fahlendorn, verschlägt es durch böse Machenschaften eines ihm feindlich gesinnten Offiziers nach Südamerika. Dort, in der holländischen Kolonie Surinam, wird er jedoch durch eine "wunderbare Führung" Gottes von einem deutschen Kolonisten, dem Herrn Pilger, in dessen Mustersiedlung *Pilgersheim* aufgenommen[81]. Herr Pilger regiert die Kolonie wie ein patriarchalischer Monarch[82]. Er sieht in ihr kein Ausbeutungsobjekt, vielmehr besteht "seine größte Glückseligkeit... darin, daß er so viele Menschen zeitlich und ewig glücklich machen kann"[83]. In "Pilgersheim" leben Menschen unterschiedlichster Herkunft, Hautfarbe und Religion friedlich zusammen. Es herrscht Religionsfreiheit, neben Christen leben auch eingeborene "caraibische Familien" in der Kolonie, die "zum Theile auch noch Heiden sind"[84]. Herr Pilger leitet jedoch "einen Jeden zum sittlichen Leben, und hält sehr pünktlich auf eine gute Polizei, Fleiß und rechtschaffene Wirthschaft"[85]. Er "duldet keine Sklaven, wohl aber Knechte und Mägde auf die Art, wie es in Europa üblich ist"[86]. Bei der Heirat werden Standesunterschiede nicht berücksichtigt, "junge angehende unbemittelte Eheleute" erhalten "ein Gut und Etwas zur Unterstützung aus der Generalkasse"[87]. Jeder Familienvorstand besitzt ein landwirtschaftliches Gut, das groß genug ist, sich und seiner Familie den Lebensunterhalt zu sichern und darüber hinaus ein Stück Land mit Zuckerrohr und eines mit Kaffeebäumen anpflanzen zu können; "beide letzteren tragen also Handlungspflanzen, woraus der Bauer sich ein Stück Geldes sammeln kann, indem er von dem ersten seine häusliche Nahrung ziehet"[88]. Jeder Bauer liefert seine Zucker- und Kaffeeernte beim Magazin der Kolonie ab und erhält dafür einen bestimmten Preis, der jedes Jahr neu festgelegt wird, bar ausbezahlt; davon fließen zehn Prozent in die Schatulle Herrn Pilgers. Dies ist jedoch die einzige Steuer, die in *Pilgersheim*

81 *Geschichte Florentins von Fahlendorn,* S. 130. - Die Utopie wird beschrieben auf S. 133-138.
82 "Herr Pilger ist der allgemeine Vater und Freund, er schlichtet täglich die kleinen Zwistigkeiten seiner Leute durch gütliche Vergleiche" (ebd., S. 137). "Sehen Sie nun die Kolonie Pilgersheim als einen Staat an, in welchem Herr Pilger Monarch ist, ich (= Florentin von Fahlendorn, T. B.) aber sein Kabinettssekretär bin, so haben sie mein Verhältnis" (ebd., S. 138).
83 Ebd., S. 136.
84 Ebd., S. 135.
85 Ebd.
86 Ebd.
87 Ebd., S. 137.
88 Ebd., S. 135.

zu entrichten ist. Aufwendungen für das Gemeinwohl - die Besoldung des Pfarrers, des Lehrers und der Angestellten des Magazins - werden vom Gewinn bezahlt, den das Magazin mit dem Zucker- und Kaffeehandel macht[89]. *Pilgersheim* liegt abseits der bewohnten Gegenden Surinams, steht aber mit eigenen Handelsschiffen mit der holländischen Kolonie in Verbindung[90]. Die Bewohner *Pilgersheims* leben unter paradiesischen Bedingungen: "Hier sind keine Streitigkeiten mit den Nachbarn, keine widrigen Verhältnisse, die Einen oder den Andern drücken; Alles stehet in gehöriger Uebereinstimmung, das Ganze ist eine Welt für sich. Hier ist kein Druck, kein Pressen, kein Blutsaugen der Obern, das den gemeinen Mann fühllos und unbarmherzig macht; im Gegentheile, Jeder wird durch den Lehrer zum empfindsamen Gefühle gegen das Schöne und Gute in der Natur aufmerksam gemacht und zum Wonnegefühle der Wohltätigkeit angewöhnet."[91]

Solyma

Die zweite Utopie, die Jung-Stilling in die *Geschichte Florentins von Fahlendorn* einwob, trägt wesentlich exotischere Züge als die bei aller Idealisierung doch noch recht realistisch gezeichnete Kolonie *Pilgersheim*[92].

Auf einer Entdeckungsreise in die unwegsame Umgebung von *Pilgersheim* treffen Florentin von Fahlendorn und ein Begleiter in einem zerklüfteten, unzugänglichen Gebirge unvermutet auf weißgewandete Menschen, die zur noch größeren Überraschung der Ausflügler deutsch sprechen. Florentin und sein Begleiter müssen einen feierlichen Eid schwören, niemandem in Amerika etwas von der Existenz dieser Leute zu verraten, und werden dann in ein der Umwelt völlig unbekanntes, urbar gemachtes Tal geführt. Die Ansiedlung ist vom Gründer *Solyma* genannt worden[93]. Dieser Gründer, Christian Gottlieb Pracht, ein gebürtiger Sachse, hatte sich als Hofmeister an einem gräflichen Hofe in eine seiner adligen Schülerinnen verliebt und war mit ihr nach Surinam

89 Ebd., S. 136.
90 Ebd., S. 130; 133 f.
91 Ebd., S. 137.
92 Diese zweite Utopie wird beschrieben ebd., S. 159-168; 211-223.
93 Ebd., S. 165. - Jung-Stilling nennt in seinem späteren Roman *Das Heimweh* den endzeitlichen "Bergungsort" für die verfolgte Christenheit ebenfalls *Solyma*.

geflohen. Dort hatte er sich mit drei Kolonistenehepaaren in diesem abgeschiedenen Tal seßhaft gemacht. Die Kolonie hat sich inzwischen durch die Nachkommenschaft dieser vier Paare auf zwanzig Familien vergrößert und wird von dem mittlerweile greisen Pracht, der seinem "kleinen Reiche" als "Fürst und Bischoff" vorsteht[94], wie von einem biblischen Patriarchen regiert[95].
In wirtschaftlicher Hinsicht ist die kleine Kolonie nahezu autark. Im Tal ist eine große Obstpflanzung angelegt worden, auf einer saftigen Wiese weidet eine Rinderherde, neben Getreide werden verschiedene Früchte angebaut. Baumwolle und Flachs liefern den Rohstoff für die weiße Kleidung der Talbewohner. Es fehlen lediglich Handwerker, um das Eisenerz, das man im Gebirge gefunden hat, zu verarbeiten. Darüber hinaus wünscht sich Pracht die Ansiedlung eines Glasschmelzers; auch eine Papiermühle fehlt noch. Pracht hat schwarze Tinte erfunden und will eine Buchdruckerei aufbauen, um Bibeln drucken zu können.
Überraschenderweise benötigt selbst diese paradiesische Gemeinschaft ein "Verbesserungshaus"[96]. Die Vergehen der Insassen sind allerdings bezeichnend: Fluchen, das mutwillige Zerstören einer Pflanze, Schelten; der einzige Mörder - er hat im Zorn seinen Nachbarn erschlagen - büßt ebenfalls im "Verbesserungshaus". Pracht lehnt die Todesstrafe ab[97].
Insgesamt zeichnet Jung-Stilling dieses *Solyma* als paradiesische Idylle, in der die Menschen auf der Grundlage des christlichen Glaubens in friedlicher Eintracht unbeschwert zusammenleben. Der Alltag ist in *Solyma* bestimmt durch den Erwerb der täglichen Nahrung. Die Beschäftigung mit geistigen Werten bleibt auf die Bibel beschränkt [98].
Die Aufklärung wird ausdrücklich negativ beurteilt. Noch vor der Beschreibung *Solymas* hatte Jung-Stilling zwei Gestalten in die Romanhandlung eingeführt, die für ihn Aufklärung und empfindelnden Zeitgeist verkörperten: den arbeitsscheuen Lizentiaten Hallenborn und seinen Freund, den Mediziner Molkenblick:
"Molkenblick... trug ein schmächtiges seidenes buntes Röckchen, ein graues, zartes rundes Hütchen, isabellfarbene Filettmanschetten, ein

94 *Geschichte Florentins von Fahlendorn,* S. 166.

95 Vgl. ebd., S. 211: Pracht "selber setzte sich zu uns, und nach und nach fanden sich seine Söhne und Schwiegersöhne auch bei uns ein; es war uns nicht anders zu Muthe, als wenn wir bei dem Patriarchen Jakob und seinen zwölf Söhnen gesessen hätten".

96 Ebd., S. 213 f.; 216 f.

97 Ebd.; vgl. S. 217.

98 Ebd., S. 166.

Haarbeutelchen wie ein französischer Laubthaler, und schöne seidene Strümpfe; oder er hatte ganz abscheulich weite gewichste Stiefeln, und einen kastornen Frack an, und was dergleichen Affen-Geniestreiche mehr waren. Das aber muß man ihm doch nachsagen: alles, was er schrieb, war wie geleckt... Wahr ist es, wäre Molkenblick besser erzogen worden, er wäre gewiß ein brauchbarer Mann geworden; so aber war er jetzt ein wahrer Don Quixote der schönen Wissenschaften, nur etwas feiner, der sich eben so, wie sein Dutzbruder Hallenborn, keine größere Glückseligkeit erdenken konnte, als für ein großes Genie zu passieren."[99]

Diese beiden "Genies" gelangen nun auf verschlungenen Pfaden nach *Solyma,* wo sie sich des Erziehungswesens annehmen wollen. Sie kommen jedoch nicht dazu, weil sie sowohl in der theoretischen Prüfung, in der Pracht ihre Kenntnisse in der Religion, die "ja die vornehmste und nöthigste Erkenntnis" sei, erfragen will, jämmerlich versagen als auch ihrem Lebenswandel nach nicht für die Erziehung der *Bergthaler* Jugend geeignet sind: "Sie gesellten sich zu unsern Mädchen und Jünglingen, sangen ihnen schändliche Lieder vor, und fingen an, unverschämt zu werden."[100] Die von Molkenblick propagierte Sublimierung der Erotik[101] wird von dem christlich und pragmatisch denkenden Pracht barsch abgelehnt: "Lehrt den Jüngling und das Mädchen sich züchtig aufführen; lehrt sie eine nützliche Beschäftigung, womit sie sich nähren können; lehrt sie den Werth der Menschheit kennen; lehrt sie die beste Religion, die will nicht nur das andere Geschlecht, sondern alle Menschen geliebt haben; und wenn sie ausgewachsen sind: so laßt sie sich heirathen, führt sie ohne Umschweif durch eine von Gott und Menschen sanctionierte Verbindung, ohne solche Ueberspannungen zum Genusse der ehelichen Freude. Das ist Erziehung, und damit ihr erst selber erzogen werdet, so will ich euch zuvor in die Schule schicken. - Wache herein!"[102]

Schon GOTTHILF STECHER hat in seinem 1913 erschienenen Jung-Stilling-Buch die Abhängigkeit des Stillingschen *Solyma* aus der *Geschichte Florentins von Fahlendorn* von der *Insel Felsenburg* Johann Gott-

99 Ebd., S. 86.

100 Ebd., S. 21

101 "Molkenblick lächelte und sagte: der Trieb der Liebe ist allen Menschen tief eingepflanzet, er ist gleichsam der Mittelpunkt, um welchen sich seine Thätigkeit beweget, die ihn belebt. Dieser Trieb ist von Natur roh und thierisch, er muß verfeinert und geistiger gemacht werden, dadurch wird der Genuß erhabener" (ebd.).

102 Ebd., S. 216.

fried Schnabels betont. Tatsächlich sind Parallelen festzustellen; es ist jedoch überzogen, wenn STECHER die "Felsenkolonie des Herrn Pracht" eine "dreiste Neuauflage der Schnabelschen Robinsonade" nennt[103]. Jung-Stilling benutzt in seiner Schilderung von Prachts *Solyma* zwar das Robinsonadenmotiv, bewertet diese seine exotischste Idealisierung aber abweichend von Schnabel negativ[104]. Es ist WILLERT zuzustimmen, wenn er zu dem Schluß kommt, daß Jung-Stilling "das Motiv der Robinsonade [verwendet], um ihre Weltferne zu betonen. Er verweist mit seinen Vorstellungen vom tätigen Christsein auf die vorfindliche Gesellschaft, in der das Individuum sich als nützlich zu erweisen hat"[105]. Nach dieser Konzeption nur folgerichtig läßt Stilling die Kolonie *Solyma* nach dem Tod ihres Gründers Pracht scheitern[106].

Zusammenfassung

Die im Blick auf unsere Leitfragen wesentlichen Züge dieser vor der Französischen Revolution geschriebenen Utopien sind diese:
1) Charakteristisch ist zunächst die betont christliche Grundhaltung, die in diesen Skizzen zum Ausdruck kommt. Es ist ein Christentum, das in der theologischen Orientierung zwar einem kirchlichen Pietismus verbunden bleibt, das jedoch in seiner Weltzugewandtheit und Praxisorientierung aufklärerische Einflüsse nicht ganz verleugnen kann[107].
2) Es wird die Vorliebe Jung-Stillings für monarchische Verfassungen deutlich. Er vertritt einen "frommen" Absolutismus, der durch die Betonung des christlich-patriarchalischen Elements, der Fürsorgepflicht der Regenten, nur leicht abgemildert wird. Eine begrenzte Mitbestimmung ist allenfalls im Bereich der Wirtschaft denkbar[108].

103 STECHER, Jung-Stilling als Schriftsteller (s. Literaturverzeichnis), S. 164.

104 Vgl. die treffenden Beobachtungen WILLERTS in: Religiöse Existenz und literarische Produktion (s. Literaturverzeichnis), S. 277 f.

105 Ebd., S. 278.

106 Ebd., S. 232 und 278. - *Geschichte Florentius von Fahlendorn,* S. 299.

107 Diese Seite betont HAHN, Jung-Stilling zwischen Pietismus und Aufklärung, S. 488 f.

108 Wie sehr die Obrigkeit für Jung-Stilling jenseits jeglicher Kritik liegt (und zugleich wie weit er sich inzwischen über das einfache Volk, aus dem er stammt, erhoben hat), wird in einem Beitrag zu seiner eigenen Zeitschrift *Der Volkslehrer* sichtbar (*Etwas Nötiges von der Landesregierung,* in: Bd. 2, 1782, S. 226-235; wieder abgedruckt in: JUNG-STILLING, JOHANN HEINRICH: Gesellschaftliche Mißstände. Eine Blütenlese aus dem "Volkslehrer". Neu

3) Jung-Stillings starkes Interesse an der Wirtschaft hat in diesen frühen Texten deutliche Spuren hinterlassen. Hier finden sich am ehesten vergleichsweise moderne Ansichten.

4) Jung-Stilling tritt für Glaubensfreiheit ein, primär aus ökonomischen Gründen.

5) Der Aufklärung gegenüber ist Jung-Stillings überwiegend ablehnend eingestellt[109]. Zwar gesteht ihr im Bereich der Philosophie und überhaupt der Wissenschaften große Erfolge und einen gewaltigen Erkenntnisfortschritt zu; im Bereich des Glaubens ist ihr Einfluß jedoch ein verheerender. Hier überschreitet sie gleichsam ihren Zuständigkeitsbereich. Ebenso schädlich ist ihr Einfluß auf die öffentlichen Sitten und überhaupt auf die bürgerliche Ordnung[110].

Die Gefahr, die der bürgerlichen Ordnung von der Aufklärung droht, beschwört Jung-Stilling in einem Aufsatz in den *Rheinischen Beiträgen zur Gelehrsamkeit* 1781 *(Ueber Geniesucht, Freigeisterei und ihre Wirkungen auf die bürgerliche und Statsgesellschaft)*[111].

Jung-Stilling imaginiert das Schicksal eines braven, fromm erzogenen Jünglings, dem auf der Universität die Augen geöffnet werden: "Jetzt empfängt er die hohen Geheimnisse des Deismus und der natürlichen

hrsg., eingel. und mit Anmerkungen versehen von GERHARD MERK. Berlin, Duncker& Humblot, 1990. S. 66-73). Indem sich Jung-Stilling auf die prinzipielle Frage (die sich so gar nicht stellt) zurückzieht, ob ein Gemeinwesen *ohne* Obrigkeit auskommen könne, weicht er der eigentlichen Frage - Ist die schlechte Obrigkeit durch eine andere zu ersetzen? - aus: "Überlegt einmal, wenn keine Obrigkeit wäre, was ihr dann anfangen wolltet. Ihr würdet ja keinen Augenblick eures Lebens sicher sein . . . Der Stärkste würde . . . immer Recht haben. Wie würde da der Schwache leiden müssen!" (S. 68). Aus dieser oberflächlichen Opposition - entweder Obrigkeit oder Anarchie - heraus leitet er eine absolute Gehorsamspflicht der Untertanen ab: "Wenn ihr auch gottlose Fürsten habt, die euch quälen, so müßt ihr doch immer denken: es ist besser, einen bösen Fürsten zu haben als gar keinen. Und dann müßt ihr auch für den bösen Fürsten beten, daß doch der liebe Gott sein Herz ändern wolle. Ihr müßt ihm aber ja nicht ungehorsam sein, sondern alles tun, was er befiehlt, so lange es nicht gegen Gottes Wort ist" (S. 72).

109 Vgl. dazu VINKE, Jung-Stilling und die Aufklärung, Kapitel IX ("Jung-Stilling und die Aufklärung"), S. 298-363.

110 Ebd., S. 361 f.

111 Der Aufsatz ist abgedruckt in: JUNG-STILLING, JOHANN HEINRICH: Wirtschaftslehre und Landeswohlstand (s. Literaturverzeichnis), S. 165-177. - In den *Rheinischen Beiträgen* fehlt die Verfasserangabe, doch ist MERK zu folgen, der ihn aufgrund der Sprache und des Stils sowie Ähnlichkeiten zu anderen Stilling-Schriften Jung-Stilling zuschreibt (vgl. ebd., S. 174, Anm. 2).

Religion. Die Schimäre der natürlichen Verdorbenheit wird ihm entwikkelt, *Christus* zum *"kann sein"* herabgewürdigt; Gott, als lauter Liebe, das heißt: als ein lachender Zuschauer aller Greuel, die nur aus der menschlichen Natur fließen können, auf das blendendste geschildert; *Toleranz* anempfohlen. Dadurch versteht man aber nicht sanfte Duldung irriger Mitbrüder. Ei, beileibe! *Toleranz* ist bei dem großen Manne völlige Freiheit und Duldung aller auch der ausschweifendsten Freigeisterei und zugleich die *größte Intoleranz gegen alle, die der Bibelreligion treu sein wollen.* Freiheit, Menschenfreiheit, eigener Drang zur Menschengröße, Kosmopolitie, geistiger Fürstenstand des Genies, u. s. w.: das alles wird dem armen Jünglinge eingegeistert..."[112] Alle Einschränkungen seiner Freiheit sind ihm ein Greuel. "Und seine Wissenschaften, seine Bestimmung? Ach! Dafür weiß der große Mann eben so gut Rat: *Ein Quintel Genie ist besser, als all das Geschmier pedantischer Köpfe.* ... Nun ist auch *dieser* Stein des Anstoßes aus dem Wege geräumt. Jetzt studiert man nicht mehr, sondern man liest belletristische Schriften; probiert ein Gedichtchen oder Schauspielchen oder Romänchen. Will das alles nicht glücken, nun: so kann man doch noch rezensieren. Und das ist doch etwas herrliches, andern ehrlichen Männern den Kopf waschen zu dürfen. ... Daß dies Unglück in unserer gelehrten Republik allgemein herrschend geworden sei, daran ist doch wohl nicht zu zweifeln. ... Wahrlich! Die wahre Gelehrsamkeit ist weniger allgemein als ehemals. Doch das mag noch hingehen. Aber daß unsere ganze Nation weich wird, ganz ihre Manneskraft verliert, daß die Idee von der *Güte der Natur* den heimlichsten und greulichsten Lastern überall mehr als jemals Tür und Tor öffnet: davon sind viele nüchterne Männer nebst mir sichere Augenzeugen. Hier ist die Quelle des schädlichen Luxus! Die Arbeitslust sinkt, der Luxus steigt. Alle Bemühungen, Staaten glücklich zu machen, werden vereitelt, weil der zukünftige Staatsbediente die große Wissenschaft, wohl zu regieren und wohl zu richten, nicht studiert, sondern an dessen Statt seinen *Shakespeare* liest... Sein Geniedrang treibt ihn zu phantastischen Unternehmungen an - oder er tut gar nichts, als daß er ein holdes Mägdchen nimmt und damit tändelt, oder Blumen pflückt und Schmetterlinge hascht. Ist sein Geist höher gespannt, so hat sich der Gedanke bei ihm festgesetzt, der heutiges Tages so allgemein ist - allgemeiner, als man denkt! - nämlich: die Obrigkeit sei ein Skandal

112 Ebd., S. 171 f.

der Menschen - ! Du staunst, Leser? Wahrlich, ich schwöre dir: das ganze Heer der Schön- und Freigeister griesgramt in seiner Seele über Regenten und Obrigkeiten. Warum? Weil dadurch ihrer unbändigen Freiheitsliebe noch heilsame Banden angelegt sind, die sie eben so wie die Banden der Religion noch zersprengen möchten."[113]

3. Die pietistische Utopie im Angesicht der Revolution: der *Solyma*-Entwurf aus dem *Heimweh*

a) Zum Zusammenhang

Das Erlebnis der Französischen Revolution markiert den entscheidenden Wendepunkt nicht nur im Denken Jung-Stillings, sondern auch in seiner beruflichen Orientierung. Das Interesse an der Staatswissenschaft kühlt immer mehr ab, die religiöse Schriftstellerei rückt ins Zentrum seines Schaffens, was seinen augenfälligsten Ausdruck darin findet, daß Jung-Stilling 1803 seiner Marburger Professur entsagt und - vom badischen Kurfürsten und späteren Großherzog besoldet - nur noch seiner religiösen Wirksamkeit lebt, als Mahner, als Tröster, als Künder kommender Ereignisse, als "Zeuge der Wahrheit".

In seinem Denken und Schreiben gewinnt fortan die apokalyptische Dimension mehr und mehr an Bedeutung. Die vorher schon vorhandenen eschatologischen Elemente seines Denkens werden unter dem Eindruck der Französischen Revolution aktualisiert und mit neu hinzutretenden zu einer geschlossenen Konzeption zusammengeführt. Erst angedeutet ist diese Entwicklung in Jung-Stillings 1793 publizierter Schrift *Ueber den Revolutionsgeist unserer Zeit zur Belehrung der bürgerlichen Stände*[114]. Die beiden Werke Jung-Stillings, die "eigent-

113 Ebd., S. 172 f. (Hervorhebungen in der Vorlage).

114 Die Schrift wurde auch aufgenommen in: JUNG GENANNT STILLING, JOHANN HEINRICH: Sämmtliche Schriften. Bd. VIII. Hildesheim-New York, Olms, 1979 (ND der Ausgabe Stuttgart 1835-38, Bd. 13/Ergänzungsband). S. 297-336. - Vgl. dazu: VINKE, RAINER: Johann Heinrich Jung-Stillings Reaktion auf die Französische Revolution. In: Deutschland und Europa in der Neuzeit. Festschrift für Karl Otmar Freiherr von Aretin zum 65. Geburtstag. Hrsg. von RALPH MELVILLE u. a. Stuttgart, Steiner Verlag Wiesbaden, 1988. S. 469-487.

lich die Werkzeuge der Entscheidung seiner Bestimmung geworden sind"[115], sind die 1795 in erster Auflage erschienenen *Scenen aus dem Geisterreiche* und vor allem der vierbändige Roman *Das Heimweh* (1794-1796). Die *Scenen aus dem Geisterreiche* schrieb Jung-Stilling angeregt durch Wielands Lukan-Übersetzung[116]. Auch hier finden sich Elemente einer apokalyptischen Interpretation der Französischen Revolution: Es ist vom kurz bevorstehenden "Endkampf zwischen Licht und Finsterniß" die Rede und davon, daß der "Geist der Freiheit und der Gleichheit" vom Satan auf die Erde gesandt worden sei. Diese Andeutungen sind zu einem geschlossenen Interpretationsrahmen zusammengefügt im zweiten großen religiösen Werk Jung-Stillings aus dieser Zeit, dem *Heimweh*[117]. In diesen Roman hat Stilling seine letzte und bedeutendste Utopie - *Solyma* - eingebettet. Um diese jedoch richtig zu verstehen, ist es erforderlich, die Gesamtanlage des Buches kurz vorzustellen[118].

Mit dem Spruch "Selig sind, die das Heimweh haben, denn sie sollen nach Haus kommen", weckt ein armer Pfarrer in dem jungen Christian von Ostenheim das Heimweh nach dem Orient. Von seinen Eltern wird Christian auf die Reise, die ihn über Frankfurt, Augsburg, München,

115 *Lebensgeschichte,* S. 488.

116 "Haben Lucian und Wieland . . . Scenen aus dem Reich erdichteter Gottheiten geschrieben, theils um das Ungereimte der heidnischen Götterlehre auf seiner lächerlichen Seite zu zeigen, theils auch um dadurch die Lehrer zu belustigen, so will ich nun Scenen aus dem wahren christlichen Geisterreich, zum ernstlichen Nachdenken, und zur Belehrung und Erbauung der Leser schreiben, und das dafür zu erhaltende Honorarium zum besten armer Blinder verwenden"; *Lebensgeschichte,* S. 489.

117 Zur Entstehungsgeschichte vgl. *Lebensgeschichte,* S. 489 ff. - Literatur zum *Heimweh:* STENNER-PAGENSTECHER, Das Wunderbare bei Jung-Stilling (s. Literaturverzeichnis), S. 142-174; BENZ, ERNST: Jung-Stilling in Marburg. Marburg, Elwert, ^{2}1971 (zuerst 1949). S. 22-32; HÖGY, TATJANA: Jung-Stilling und Rußland. Untersuchungen über Jung-Stillings Verhältnis zu Rußland und zum "Osten" in der Regierungszeit Kaiser Alexander I. Siegen, Herder-Bibliothek Siegerland e. V., 1984. S. 46-54; GUTZEN, Johann Heinrich Jung-Stilling (s. Literaturverzeichnis), S. 457-459; STADLER, ULRICH: Die theuren Dinge. Studien zu Bunyan, Jung-Stilling und Novalis. Bern-München, Francke, 1980. S. 33-115.

118 Wir benutzten: JUNG GENANNT STILLING, JOHANN HEINRICH: Sämmtliche Schriften. Bd. III.: *Das Heimweh und der Schlüssel zu demselben.* Hildesheim-New York, Olms, 1979 (ND der Ausgabe Stuttgart 1836, Bde. 4/5). Da in diesem Reprint zwei Bände zusammengebunden worden sind, die alte Seitenzahl jedoch beibehalten wurde, zitieren wir *Heimweh I* und *Heimweh II;* in *Heimweh II* ist auch der *Schlüssel zum Heimweh* enthalten.

Wien, den Balkan, Ägypten nach Jerusalem führen soll, vorbereitet. Bevor er jedoch diese Reise in den Orient antritt, wird er von einem geheimnisvollen "Felsenmann" zum "Kreuzritter" gesalbt und damit in den Orden des großen Monarchen aus dem Orient unter dem Bundesnamen Eugenius aufgenommen. Zusammen mit seinem Diener Hans Ehrlich macht er sich dann auf die Reise, auf der er durch verschiedene Erlebnisse mit den Prinzipien des Ordens der Kreuzritter immer vertrauter wird, auch die Bekanntschaft mächtiger Feinde des großen orientalischen Monarchen macht - allen voran der Frau von Traun und des Fräulein von Nischlin - und einen inneren Reifeprozeß erfährt. Auf seinem Weg verlobt er sich mit Urania Sophia von Edang, die ihm zunächst als armes Bauernmädchen erscheint, sich jedoch als Verwandte des großen Monarchen aus dem Orient entpuppt. Eugenius erfährt, daß er zu Hohem berufen ist, aber gerade deshalb schwere Glaubensproben bestehen muß, um sich zu bewähren und sich Uraniens und seiner hohen Bestimmung würdig zu erweisen. Eugenius lernt auch den "Grauen Mann" kennen, eine mit übernatürlichen Fähigkeiten ausgestattete Person, die ihm einigemal aus schwierigen Situationen hilft. Die Reise führt ihn über verschiedene Stationen nach Ägypten, wo Eugenius seine Einweihung zum Felsenmann erfährt: Zu einer Zeit, "wo man alle Erkenntnißquellen des Christen, nämlich die göttlichen Offenbarungen und die Bibel" verwerfe und "die Vernunft mit Gewalt über jeden andern Grund der Wahrheit hinauf" setze, müsse eben "aus dieser angenommenen Erkenntnißquelle die Wahrheit entwickelt werden"[119]. Deshalb wird Eugenius in einer Pyramide mit Hilfe der kantischen Philosophie von den Grenzen der Vernunft und von der Unhaltbarkeit der Religionskritik der Aufklärung überzeugt. Im Katharinenkloster auf dem Sinai wird der philosophische Unterricht, den Eugenius in der Pyramide empfangen hatte, ergänzt durch einen Unterricht in der "alten evangelischen Glaubenslehre", zur philosophischen Überzeugung tritt die Glaubensgewißheit[120]. Nach einer erneuten Konfrontation mit Agenten der Erzfeindin, der Frau von Traun, führt ihn die Reise weiter nach Jerusalem, wo in einem unterirdischen Gewölbe im Tempelberg seine Vermählung mit Urania Sophia von Edang stattfindet. Hier erhält Eugenius mit Urania den Auftrag, den Zufluchtsort für die verfolgte Christenheit - das Friedensland Solyma - aufzusuchen und dort den Plan "zum nahen Reiche

119 *Heimweh II,* S. 344.
120 Ebd., S. 366.

Gottes auf Erden" zu entwerfen und mit der Ausführung dieses Planes zu beginnen[121]. Er wird noch in Jerusalem zum Fürsten von Solyma gekrönt. Zusammen mit Urania und der Mehrzahl derer, die ihn auf dem Weg nach Jerusalem - seiner "Einweihungsreise" - oft unerkannt als geheimnisvolle Felsenmänner begleitet haben und die nun seine Regierung bilden, macht sich Eugenius auf die Reise, die ihn nach einem Aufenthalt im Kloster Canobin im Libanon zunächst nach Samarkand führt. Dort sammeln sich die geprüften wahren Christen aus allen Nationen, um schließlich unter Eugenius' Führung nach Solyma aufzubrechen. Der letzte Teil des Romans ist der Beschreibung Solymas gewidmet[122].

Jung-Stilling hat seinen Roman mehrschichtig angelegt. Zum einen beschreibt er in der Nachfolge Bunyans allegorisch den Weg eines Christen - bei Jung-Stilling allerdings eines Christen mit besonderer Berufung - von der Bekehrung zur Vollendung. Die allegorische Bedeutung der Reise Christians von Ostenheim und der auftretenden Romanfiguren ist jedoch hinter der vordergründigen Romanhandlung oft schwer zu entziffern, so daß Jung-Stilling dem *Heimweh* einen *Schlüssel* folgen läßt, in dem er die Bedeutung der einzelnen Bilder und Namen entschlüsselt, und die von ihm gewünschte Interpretation des Romans darlegt. So hat er im Vater Christians die "vorbereitende Gnade" personifiziert: "...daß ich dieser ehrwürdigen Person den Namen Ernst Gabriel von Ostenheim beilegte, hat folgenden Grund: die vorbereitende Gnade meint es sehr ernstlich, sie ist aber auch ein Gabriel, ein Gesandter des Herrn, der im ewigen Osten, dem Ursprung alles Lichts daheim ist; im Hebräischen heißt Gabriel, meine Kraft ist Gott, damit wollte ich anzeigen, daß die vorbereitende Gnade wirklich eine göttliche Kraft sey"[123].

Hinter dem "Bedienten" Christians, Hans Ehrlich, verbirgt sich der

121 *Heimweh I,* S. 498.

122 Jung-Stilling hat im *Heimweh* ganz verschiedene Traditions- und Motivstränge verarbeitet. Elemente des Reiseromans finden sich ebenso (BENZ, Jung-Stilling in Marburg, S. 23) wie Motive aus den zur Abfassungszeit populären Geheimbundromanen (GUTZEN, Johann Heinrich Jung-Stilling, S. 458). Darüber hinaus verdankt das *Heimweh* viel der von Jung-Stilling hochgeschätzten *Pilgerreise* John Bunyans, in der der Weg eines Christen von seiner Bekehrung und Wiedergeburt über die Heiligung zur Vollendung geschildert wird (STADLER, Die theuren Dinge, S. 35).

123 *Heimweh II,* S. 274.

"physische Charakter eines Kreuzritters"[124], und so ist im *Heimweh* "kein Strich ohne Bedeutung, geschweige ein Bild"[125]. Die Namen, die Jung-Stilling seinen Romanfiguren gibt, sind meist sprechend, wenn auch teilweise als Anagramme verschlüsselt, so daß die Bedeutung in diesen Fällen erst klar wird, wenn man Buchstaben vertauscht oder die Namen rückwärts liest (Edang = Gnade, Traun = Natur, Bileniz = Leibniz, Nischlin = sinnlich, Helferich Saftey = falsche Freyheit, Richmuth Hochsteigel = geistlicher Hochmut usw.)[126].

Die Romanhandlung hat darüber hinaus noch eine andere, kirchengeschichtliche Ebene. Auf dieser stellt "Eugenius die wahre Kirche Christi" dar, deren "Einweihung durch die Felsenmänner bei der Reformation angefangen habe" und deren "Verspruch mit Uranien [der himmlischen Wahrheit, T. B.] in der ersten Hälfte" des 18. Jahrhunderts geschehen sei[127].

Wichtiger als die kirchengeschichtlichen Bezüge, die nur durch die Bemerkungen im *Schlüssel zum Heimweh* zu erkennen sind, ist für Jung-Stilling eine dritte Ebene: die Darstellung des apokalyptischen Kampfes zwischen dem Reich Christi und dem Reich des Antichristen[128]. Auf dieser Ebene erfolgt Jung-Stillings Interpretation seiner Zeit und die gleichsam prophetische Schau zukünftiger Ereignisse, die in der Verheißung eines Bergungsortes gipfelt, wohin sich die verfolgte Christenheit in den Wirren der letzten Zeit flüchten und die Wiederkunft ihres Herrn erwarten werde[129].

Die Schilderung *Solymas* hat neben ihrer allegorischen Bedeutung zwei Funktionen: Zum einen manifestiert sich darin die eschatologische Hoffnung Jung-Stillings, der an verschiedenen Stellen des *Schlüssels zum Heimweh* darauf hinweist, daß er die Verwirklichung seiner *Solyma*-Vision in naher Zukunft erwartet[130]. Zum andern ist sie sein in die Form

124 Ebd., S. 281.
125 Ebd., S. 303. - Vgl. STADLER, Die theuren Dinge, S. 35 f.
126 Vgl. STADLER, Die theuren Dinge, S. 35 f.
127 *Heimweh II,* S. 294. - Jung-Stilling erweist hier dem Pietismus seine Referenz.
128 Vgl. GUTZEN, Johann Heinrich Jung-Stilling, S. 458.
129 Jung-Stilling lokalisiert diesen Bergungsort *Solyma* "in der mongulischen Tartarei": "Warum mich wohl mein Genius während dem Schreiben des Heimweh's nach Bockhara und Samarkand leitete? ... Gott weiß es, ich konnte nicht anders! - Ich durchreiste die Welt in meinen Gedanken, nirgends fand mein Fuß Ruhe, als in der mongulischen Tartarei ... " (*Heimweh II,* S. 425).
130 Vgl. *Heimweh II,* S. 343, 433, 435.

einer Utopie gekleideter Gegenentwurf zu den in der Französischen Revolution zum Ausdruck gekommenen politischen Anschauungen[131]. Es mischen sich hier eschatologische mit staatswissenschaftlich-politischen Gedanken.

Nach Jung-Stillings Auffassung droht die Aufklärung gleichermaßen den christlichen Glauben wie die althergebrachten und bewährten Staatsverfassungen zu vernichten. Wie ein Angriff auf die geoffenbarte Religion auch vor der Staatsverfassung nicht halt mache, sei umgekehrt die Auflehnung gegen die Obrigkeit ein Angriff auf die göttliche Ordnung, der unweigerlich das Gericht Gottes zur Folge haben werde[132]

b) *Solyma:* Inhalt und Analyse

Jung-Stilling lokalisiert *Solyma* im Osten, er spricht von Mittelasien[133] und der "mongulischen Tartarei"[134]. Die Landschaft Solyma, ein "länglichtes Viereck" (15 deutsche Meilen breit und 20 lang), erstreckt sich von Norden nach Süden[135]. Von Norden, Westen und Osten ist Solyma von unüberwindlichen Gebirgen eingeschlossen, im Süden grenzt es an

131 " . . . und dann gibt es auch noch ehrenhafte Leute, die gerne wissen möchten, wie ein Land, das von lauter wahren Christen bewohnt wird, regiert und eingerichtet werden muß. Nur das bitte ich dabei zu bedenken, daß vieles in diesem Plan nicht allenthalben, vielleicht nirgends als in Solyma ausführbar ist"; *Heimweh II,* S. 30.

132 "Wir leben ruhig unter unserm Weinstock und Feigenbaum, von eigentlichem Despotismus im Allgemeinen wissen wir, Gott Lob! nichts; nur daß unsre Erde kein Himmel ist, wo es nichts zu klagen gibt; und wir können wünschen, unter der Botmäßigkeit des gemeinen Volks und seinen blut- und raubdürstigen Demagogen zu stehen? - wir können durch unser Räsoniren über Fürsten und Regenten die allgemeine Unzufriedenheit vermehren, und den schrecklichen Feuereifer der mit Recht über uns zürnenden Gottheit reizen? - und den glühenden Tag des hohen Gerichts mit seinen an der Stirne emporsträubenden Haaren über uns herbeiziehen? - Ach! er wird ohnehin früh genug kommen, er wird brennen wie ein Ofen, und dann werden alle Verächter Stroh seyn!" (*Heimweh II,* S. 183).

133 *Heimweh I,* S. 724: "Das Land Solyma, welches 100 000 Familien vor der Hand zum Aufenthalt dienen soll, braucht nicht einmal 200 Quadratmeilen groß zu seyn, und diese enthält eine nur mittelmäßige deutsche Reichsprovinz. Ein solcher Fleck aber ist in dem mittleren Asien so unbedeutend, daß ihn einer der kleinsten Khans abtreten könnte, ohne etwas zu entbehren . . . "

134 *Heimweh II,* S. 425.

135 Ebd., S. 22.

die Landschaft Yespera, "ein Kammergut" des orientalischen Monarchen, in dem sich auch "der Sitz seines Regierungs-Kollegiums" befindet[136]. Solyma wird vom Fürsten Eugenius in vier gleiche Teile eingeteilt, so daß sich die 100 000 Familien geprüfter Christen, die sich bei Samarkand gesammelt haben, in vier "Gemeinden" zu je 25 000 teilen. Durch das Los fällt der "Parsen-Gemeinde" das Ostviertel, den "Ußbecken" oder Israeliten[137] das südliche Viertel, den Japhetiten ("Russen, Samojeden, Kalmucken, Kosacken und Tartaren von vieler Art und Gattung"[138]) das Nordviertel und den Abendländern das westliche Viertel zu.

Zur politischen und sozialen Verfassung

Fürst Eugenius legt fest, "daß jede Familie, weß Standes und Berufs sie auch seyn möchte, ein Erbgut haben und ewig behalten müßte"[139]. "Dann glaubte auch Eugenius, daß alle Hausväter, so wie Kinder eines Vaters, gleiches Recht zu diesem ihnen von Gott geschenkten Erbe hätten, folglich wurds beschlossen, daß auch alle Landgüter gleich groß seyn sollten"[140]. Die Landgüter sollen in regelmäßigen Vierecken möglichst an Bachufern angelegt werden. Jeder Hausvater muß sein Haus auf seinem Landgut bauen, "weil die so nahe Zusammenwohnung in Dörfern viel Schädliches" habe[141]. "Zehn Haushaltungen machten... ein Dorf aus, zehn Dörfer eine Zunft, zehn Zünfte ein Oberamt, und 25 Oberämter ein Viertel; folglich bestand das ganze Fürstenthum aus 100 Oberämtern."[142] Jedes Dorf (bestehend aus zehn Familien) wählt aus seiner Mitte mit sechs Stimmen, also absoluter Mehrheit, einen "Vorsteher", "der über alle dörflichen Angelegenheiten die Aufsicht hatte, auch kleine Streitigkeiten entschiede; doch durfte er nichts eigenmächtig thun, sondern er hatte nur den Vortrag bei den übrigen neun Hausvätern

136 *Heimweh I,* S. 652.
137 " . . . weil sie wirklich von den zehn Stämmen Israels, wenigstens höchst wahrscheinlich, abstammen"; *Heimweh I,* S. 710.
138 Ebd., S. 686.
139 *Heimweh II,* S. 23.
140 Ebd.
141 Ebd., S. 24.
142 Ebd., S. 24 f.

und die Entscheidungsstimme"[143]. Auf dieser dörflichen Ebene erfolgt auch die Lehrerwahl durch die zehn Hausväter[144].
Auf der nächsten Stufe, der Ebene der "Zunft", bilden die Vorsteher der zehn Dörfer mit dem aus ihrer Mitte gewählten "Zunftmeister" oder "Amtmann"[145] das wichtigste "Collegium": "...es besorgte unter den hundert Familien alle Polizei-, Justiz-, Armenverpflegung und die gemeinschaftliche Kasse. Aber auch hier konnte der Zunftmeister nichts eigenmächtig entscheiden, sondern er machte die Anträge und entschied nach den mehrsten Stimmen."[146] Die zehn Zunftmeister eines Oberamtes wählen aus ihrer Mitte den Oberamtmann, der dann zusammen mit den vierundzwanzig anderen Oberamtleuten eines Viertels und dem vom Fürsten ernannten "Statthalter" das "oberste Collegium" bildet, "von welchem dann alle Appellationen an den Fürsten und sein Ministerium" gehen[147]. Auch im Erziehungswesen herrscht das Wahlprinzip: "Die Schullehrer [werden] von den Gemeinden, die Aufseher von den Schullehrern, und der Oberaufseher von den Aufsehern, nach dem Gesetz der sechs Stimmen gewählt"[148]. Ganz allgemein gilt, daß, "wer einmal gewählt" ist, "nicht anders, als durch eine gründliche Untersuchung von allen Instanzen, abgesetzt werden [kann], wenn anders der Abzusetzende sich nicht mit dem ersten Spruch beruhigen, sondern appelliren" will[149]. Analog zur allgemeinen und zur Schulverwaltung ist die Kirchenverwaltung *Solymas* organisiert: "Was die Kirchenpolizei betrifft, so [hat] jede Zunft zwei Prediger, und dann jede Gemeinde ihren Aeltesten, diese Prediger mit den Aeltesten [haben] die erste Instanz. Die Aeltesten wählt() die Gemeinde, und die Aeltesten [wählen] die Prediger. Endlich [hat] jeder Stamm [= Oberamt, T. B.] seinen Bischof, der dann mit den Predigern die höhere Stelle ausmacht()"[150]. Die Bischöfe eines Viertels wählen einen Erzbischof, der Erzbischof zu Ostenheim, der Hauptstadt *Solymas,* erhält den Titel eines "Patriarchen"[151].

143 *Heimweh I,* S. 687.
144 Ebd., S. 688.
145 *Heimweh II,* S. 24.
146 *Heimweh I,* S. 687 f.
147 Ebd., S. 688, vgl. auch *Heimweh II,* S. 24.
148 *Heimweh I,* S. 689.
149 Ebd.
150 Ebd.
151 *Heimweh II,* S. 97 f.

Vor dem Hintergrund der sonst begegnenden Obrigkeitsverehrung Jung-Stillings überrascht es, daß die Verwaltung *Solymas* als abgestuftes Repräsentativsystem aufgebaut ist, in dem bis zur Ebene des Oberamts das Wahlprinzip herrscht und in dem die kleineren Einheiten Dorf und Zunft eine beachtliche Autonomie erhalten. Es ist hier darauf hinzuweisen, daß Jung-Stilling bei der Beschreibung *Solymas* sein "Augenmerk auf das Ideal einer vollkommenen christlichen Regierungsform" richtet, so wie er sie sich "in einem isolirten Staate" denkt, "dessen Bewohner, vom Fürsten an bis auf den geringsten Unterthan herab, alle wahre Christen sind"[152]. Nach Jung-Stilling ist die "demokratische Staatsverfassung blos für sittlich-vollkommene Wesen" tauglich[153]. Obwohl jedoch diese Bedingung in *Solyma* erfüllt ist, ist nicht einmal das Friedensland bei allen demokratischen Ansätzen eine Demokratie, hat doch auf der höchsten Regierungsebene der von Gott eingesetzte Fürst Eugenius, aller persönlichen Demut und Kollegialität ungeachtet, absolute Regierungsgewalt[154.] Es handelt sich beim Fürstentum Solyma um die idealisierte Form einer patriarchalisch-absoluten Herrschaft, die durch die Gewährung von Autonomie auf den unteren Ebenen gemildert ist. Die Gestalt des Fürsten von Solyma gibt Jung-Stilling die Gelegenheit, noch einmal ausführlich sein Fürstenideal vorzustellen[155:] "Freilich ist's edel und groß, wenn der Fürst dann Held ist, wenn Feinde seine Unterthanen überfallen... Aber weit größer ist doch der Regent, in dessen Flügeln sich Jeder fühlt, indem er die Gesetze befolgt, und wo jedes Gesetz so beschaffen ist, daß sich jeder Vernünftige bewußt ist, er würde das nämliche Gesetz gegeben haben, wenn er Fürst gewesen wäre." Die Fürsorge des Fürsten hat sich insbesondere über Schule und Kirche zu erstrecken, dabei bleiben die Standesschranken gewahrt, was bei einem Aufsteiger wie Jung-Stilling etwas deplaziert wirkt: "Groß und erhaben ist der Fürst, der jedem Dorf eine Schule gibt, in welcher die Kinder des gemeinen Mannes - nicht zu Gelehrten - sondern zu guten Christen, guten Unterthanen, guten Hausvätern und Hausmüttern gebildet werden; der dafür sorgt, daß allenthalben praktische fromme Männer, einfältig

152 Ebd., S. 434.
153 Ebd., S. 242.
154 Vgl. *Heimweh I,* S. 656 (Instruktion des Eugenius): "Du mußt auch allerdings, der Grundverfassung unseres Reichs gemäß, nichts für dich allein thun, sondern jede Sache deinem geheimen Rathskollegium vortragen, allein die genaue Prüfung aller Stimmen kommt dir zu."
155 *Heimweh I,* S. 645 f.

und vernünftig Christum den Gekreuzigten und seine Lehre predigen." Der edle Fürst übt auch Toleranz, doch in Vorsicht und Besonnenheit gegenüber dem "Geist unserer Zeit": "Groß und erhaben ist der Regent, der Juden, Heiden und Griechen duldet, der auch seine Sonne über Gute und Böse aufgehen, und Segen über Gerechte und Ungerechte regnen läßt, insofern sie aber auch ihn und seine Getreuen dulden! - O Ihr Fürsten und Edle! laßt Euch nicht vom Geist unserer Zeit düpiren! - Dieser fordert freie und uneingeschränkte Duldung für sich! aber ausser sich duldet er selbst nichts! rechts und links theilt er Hiebe aus auf die Redlichen im Lande; diese müßt Ihr gegen ihn schützen, und ihn dann für sich seinen Gang gehen lassen." Die Verklärung des Fürsten erreicht im *Heimweh* einen neuen Höhepunkt: "Es ist gut, wenn Fürsten mächtig sind, wenn nur auch das Herz viel zu lieben an ihnen findet. Der Christ liebt sie mit ihren Schwächen, denn was wären wir ohne sie? - aber wenn nun der Fürst vollends ein Christ ist, dann verdient er, daß Jeder im Fall der Noth sein Leben für ihn aufopfert"[156].

Eugenius ist ein Fürst, der "keinen andern Zweck hat, als Glück und Wohlstand jedes seiner Unterthanen", dessen ganzes "Dichten und Trachten dahin geht, sie Alle vor dem Luxus zu bewahren, und sie auf den Weg ihrer wahren Bestimmung, auf den Pfad der Heiligung zu leiten"[157].

Wie viel Jung-Stilling an der patriarchalischen Herrschaft eines vorbildlichen Fürsten liegt, wird an einer Episode deutlich, in der er noch einmal mit der Aufklärung und ihren Folgen abrechnet[158]: *Solyma* wird durch die Verschwörung einer aufklärerischen Geheimgesellschaft bedroht, die von der Frau von Traun gesteuert wird. Die Gründer dieses Geheimbundes, Richmuth Hochsteigel und Helferich Saftey, lehren ihre Anhänger im ersten Grad "das innere große und erhabene Sittengesetz kennen"; im zweiten Einweihungsgrad bringen sie ihren Eleven bei, daß der Mensch die "sittlichen Kräfte" in sich selbst habe, also weder eine "höhere Mitwirkung" noch Vorschriften, etwa die Bibel, benötige, um "die Sittengesetze alle" zu halten. Christus sei lediglich "der Lehrer derjenigen, die das heilige Sittengesetz in sich noch nicht kennen, für diese [sei] er der Erlöser von der Unwissenheit". Im dritten Grade kommen nun Hochsteigel und Saftey recht eigentlich zur Sache: "Sobald

156 *Heimweh II,* S. 101.
157 Ebd., S. 52.
158 Ebd., S. 174 ff.

der Mensch das Sittengesetz in sich erkennt, und es zu seinem Führer angenommen hat, so hat er den erhabensten Gesetzgeber und Regenten in sich selbst, er ist alsdann frei, und bedarf für sich keiner äußeren Obrigkeit mehr; und da ihn der Despotismus nur an der Ausführung seiner Pflichten hindert, so muß er immer thätig seyn, ihn zu schwächen, ihm entgegen zu arbeiten und, wo er kann, ihn zu stürzen."[159] Da in *Solyma* "alle Bürger unter dem Sittengesetz" stünden, könne "der Natur der Sache gemäß hier keine Monarchie statt finden", sondern es müsse "eine reine Demokratie eingeführt werden"[160]. Die Verschwörung wird entdeckt, und um im Land "Ruhe und Ordnung wieder herzustellen", läßt Fürst Eugenius die Mitglieder der Geheimgesellschaft zusammenkommen und spricht zu ihnen. Interessant sind in diesem Zusammenhang seine Äußerungen zur Demokratie: "Wenn ihr also eine vollkommene Demokratie verlangt, so verlangt ihr nichts anders, als das Recht, Euch Eure Vorgesetzten wählen zu dürfen, und dies Recht habt ihr ja! - Wollt Ihr Euch aber auch noch über das alles Euren Fürsten wählen, so müßt Ihr bedenken, daß alsdann das ganze Volk der Bürger von Solyma gleiche Rechte habe; sobald aber der größte Theil dieses Volks diese Wahl verlangt, so bin ich entweder seiner, oder es ist meiner nicht mehr würdig - dann bin ich schuldig, die Regierung in die Hände Dessen wieder zu übergeben, der mir sie anvertraut hat; Ihr seht selbst ein, daß ich weiter nicht gehen kann - so lang Eurer so wenig sind, so lang kann Euer Wunsch nicht erfüllt werden; Ihr müßt alsdann entweder meinen Verordnungen Folge leisten, oder wenn sie Euch nicht gefallen, geziemende Vorstellungen thun, oder in ein Land wandern, wo Euer Verlangen zu regieren besser Statt finden kann, als hier..."[161]

Diese Äußerungen werfen ein bezeichnendes Licht auf Jung-Stillings Verständnis von Demokratie und Widerstandsrecht: Demokratie hört für ihn bei dem von Gott eingesetzten Fürsten auf. "Vollkommene Demokratie" besteht in der Möglichkeit der Wahl seiner "Vorgesetzten". Die Grenzen des legitimen Widerstands sind von Jung-Stilling eng gezogen: Lediglich "geziemende Vorstellungen" beim Fürsten oder die Auswanderung stehen einem unzufriedenen Untertanen offen. Der Gedanke einer vom Volk ausgehenden Herrschaft ist Jung-Stilling, das zeigen die unbeholfenen Ausführungen Eugenius', gleichsam wesensfremd. Jung-

159 *Heimweh II,* S. 181.
160 Ebd., S. 182.
161 Ebd., S. 190.

Stilling ist so sehr auf den von Gottes Gnaden patriarchalisch regierenden Fürsten fixiert, daß er sich Demokratie offensichtlich nicht einmal vorstellen kann.

Zur Wirtschaft

Der Schwerpunkt des Interesses liegt für Jung-Stilling nicht mehr wie bei seinen früheren Utopien auf der Wirtschaft, sondern hat sich - bedingt durch die Wendung in seinem Denken - auf die Felder *Religion* und *politische Verfassung* verlagert. Dennoch finden sich einige wenige Bemerkungen zu den wirtschaftlichen Verhältnissen in *Solyma.*

Solyma ist als Agrargesellschaft konzipiert. Fürst Eugenius hat einen "Hauptgrundsatz, der sich zwar vorzüglich für sein Land schickt(), der aber auch mehr oder weniger in vielen deutschen Reichsprovinzen anwendbar wäre": **Die Landwirthschaft ist die Grundlage aller Staatswohlfahrt, folglich auch das Hauptgewerbe."**[162] Jeder Hausvater darf nicht mehr als ein Gut besitzen. Dieses Gut ist für alle gleich groß; es darf nicht zerstückelt werden[163]. Es gibt nur freie Bauern, "Güter-Verpachtungen wurden durchaus verboten, und Niemand durfte Landwirth seyn, der nicht ein eigenes Gut hatte, fehlte es ihm daran, so wurde ihm eins gegeben."[164]

Die Frage der Toleranz

Bevor Eugenius die Herrschaft über Solyma antreten kann, wird er vom Ratskollegium des Monarchen zu Yespera einer Prüfung unterzogen. Bezeichnenderweise lautet die Prüfungsfrage: "In wiefern ist ein Regent zur Duldung der Denk- und Preßfreiheit verpflichtet?"[165] Damit verschafft sich Jung-Stilling die Gelegenheit, seine Meinung zu diesem seinerzeit vieldiskutierten Problem zu äußern. Schon in früheren Schriften hatte er das Problematische der Preßfreiheit betont und sie schließlich zusammen mit der "Publizität" in seiner Schrift *Ueber den Revolutionsgeist* unserer Zeit von 1793 als die "zureichende() Ursache() der allge-

162 Ebd., S. 25 (Hervorhebung in der Vorlage).
163 Ebd.
164 Ebd., S. 26.
165 *Heimweh I*, S. 659.

meinen Unzufriedenheit mit den Regenten und des allgemein herrschenden Revolutionsgeistes" bezeichnet[166]. Diese ablehnende Haltung gegenüber der Preßfreiheit wird im *Heimweh* noch einmal ausführlich begründet und präzisiert. Jung-Stilling beginnt mit Grundsätzlichem[167]:
1) "Vernunft, Erfahrung und Religion setzen einmal den Grundsatz fest: Daß die Sittenlosigkeit und der Luxus, jedes Volk, jede Staatsverfassung früher oder später gänzlich zu Grund richten."
2) Der Regent hat die Pflicht, den "Vermögens-Wohlstand seiner Unterthanen auf alle Weise zu befördern".
Verbänden sich nun Sittenlosigkeit und "Vermögens-Wohlstand", ziehe das den "verderblichsten Luxus" nach sich, wogegen "gute Sitten und strenge Tugend in Verbindung mit jenem Wohlstand Völker und Staaten auf Zeit und Ewigkeit glücklich" machten. Folglich müsse der Regent "mit der Vorsorge für das äußere Glück seiner Unterthanen, auch die allerwirksamsten Mittel unnachläßlich verbinden... wodurch sie immer gesitteter und tugendhafter werden können und müssen". Allerdings sei es außerordentlich schwierig, die "zweckgemäßesten Mittel zu dieser Absicht" zu wählen, es herrschten darüber auch so unterschiedliche Meinungen, daß die Forderung nach Denk- und Preßfreiheit aufgekommen sei. Die Erfahrung lehre jedoch, "daß bei dieser Denk- und Preßfreiheit die Sittenlosigkeit und der Luxus unaufhaltbar zunehmen". Der Regent befinde sich also in dem Dilemma, daß er einerseits die Pflicht hat, "seiner Unterthanen sittliche Verbesserung nach allen seinen Kräften zu befördern", daß ihm aber andererseits "die Mittel dazu zweifelhaft gemacht" würden[168]. Gott habe dem Menschen zwar den einzigen Weg zur sittlichen Vollkommenheit in der christlichen Religion geoffenbart, doch auch diese werde inzwischen angezweifelt[169]. Wie solle sich der Regent nun verhalten?
Ausgehend von den beiden Tatsachen, daß erstens "mündlich und schriftlich Dinge" vorgetragen würden, die unsittlich seien, "und also auch die Sittenlosigkeit" beförderten, daß es zweitens aber unmöglich sei, "daß man durch Einschränkung der Denk- und Preßfreiheit nur die geringste Ueberzeugung über die wahren Mittel der sittlichen Vervollkommnung bewirken könne"[170], stelle sich dem Regenten eine doppelte

166 *Ueber den Revolutionsgeist* (s. Literaturverzeichnis), S. 331.
167 Vgl. *Heimweh I,* S. 660.
168 Ebd., S. 661.
169 Ebd., S. 661 f.
170 Ebd., S. 662.

Aufgabe: Einerseits müsse er alles, was die Sittenlosigkeit befördere, verbieten, andererseits habe er die christliche Religion zu fördern, die allein in der Lage sei, das Volk sittlich zu bessern. Es wird ein umfangreicher Verbotskatalog entwickelt, der diese Aufgabe umsetzen soll:

"1) Alle mündliche und schriftliche Vorträge, die die sinnlichen Begierden reizen, insofern diese Begierden sündlich sind, dürfen schlechterdings nicht geduldet werden.

2) Alle Werke der Imagination, die die freie Befriedigung des Geschlechtstriebes begünstigen, oder auch nur den Kampf gegen diese Befriedigung erschweren, sind nicht zu dulden.

3) Alle Lehren, die dem Luxus auf irgend eine Art das Wort reden, sind politisch und moralisch schädlich.

4) Alles, was den ungebundenen Freiheitssinn hebt und dem Bürger Menschenrechte zusichert, die er in seinem unvollkommenen Zustand nicht regelmäßig gebrauchen kann, das ist höchst schädlich.

5) Alle Lehrsätze, die die sittliche Vervollkommnung erschweren, wie z. B. die Lehren vom Determinismus, Fatalismus und Naturalismus, dann auch alle Sätze, welche die Belohnung und Strafen nach diesem Leben zweifelhaft machen, oder gar läugnen, sind schlechterdings unzulässig: und

6) Alle mündliche und schriftliche Lehrvorträge, welche behaupten, daß der Mensch zur Entwicklung seiner sittlichen Kräfte nur sich selbst nöthig habe, sind äußerst nachtheilig: denn sie verschließen ihm den einzigen Weg, wodurch er zur Heiligkeit gelangen kann; nämlich das Gebet um Kraft zu dieser Entwicklung."[171]

Es ist eine sehr weitreichende Zensur, die Jung-Stilling hier fordert. Die Gewissensfreiheit will er immerhin gewahrt wissen[172]. Da aber auch eine funktionierende Zensur allein das Volk noch nicht zur Tugend und zu guten Sitten führe, komme es nun ergänzend auf eine gezielte Förderung der christlichen Religion durch den Regenten an[173].

171 Ebd., S. 662 f.

172 Ebd., S. 663: "Allen, die diese und dergleichen Lehrsätze mündlich oder schriftlich bekannt machen, muß dieses Lehren durchaus verboten werden; für sie [sic!] mögen sie dann glauben was sie wollen."

173 Ebd.

Glaube und kirchliche Verhältnisse in *Solyma*

In *Solyma* ist die christliche Religion Staatssache. Zum Programm der Förderung des christlichen Glaubens gehört, daß der Fürst "keine andere Volkslehrer für Kirchen und Schulen" anstellt, "als solche, die bei den nothwendigen Kenntnissen praktische wahre Christen sind: denn das Beispiel lehrt bei mäßigen Kenntnissen weit wirksamer, als der höchste Grad der Wissenschaft, ohne Beispiel"[174]. "Volkslehrer" kann nur werden, wer "gewisse Haupt-Bibelwahrheiten, die den eigentlichen Grund der christlichen Religion" ausmachten, und die in vier "Symbolen" zusammengefaßt sind, "von Herzen" glaubt. Theologisch herrscht in *Solyma* das "alt-evangelische" System; die von der aufgeklärten protestantischen Theologie abgelegte orthodoxe Versöhnungslehre steht im Zentrum: Die Pfarrer sollen "einfältig und vernünftig Christum den Gekreuzigten und seine Lehre predigen: denn es ist doch kein Heil außer ihm, und in der bangen Stunde des Todes nirgends Beruhigung zu finden, als in dem großen Gedanken der Versöhnung."[175] Die "Symbole" lehren darüber hinaus die sittliche Verdorbenheit des natürlichen Menschen[176] und legen einen starken Akzent auf die Heiligung[177]. Anläßlich eines folgenschweren Falles verblendeter Schwärmerei wird in *Solyma* eine "allgemeine Verordnung" erlassen, die die Ausübung der Religion noch

174 Ebd.

175 Ebd., S. 645 f. - Allerdings ist Jung-Stilling bemüht, den Gedanken der wohlfeilen Sündenvergebung zu verbannen; vgl. "Symbol" vier: "Daß ein *wahrhaft* bußfertiger Sünder, wenn er mit dem *gründlichen* Vorsatz zur *beständigen* Sinnesänderung, die *vollkommene* Erstattung *alles* dessen, was er durch seine vorsätzlichen und Schwachheits-Sünden verdorben hat, insofern es ihm möglich ist, verbindet, für alle seine Vergehungen und ihre Folgen in dem Leiden und Sterben Christi vollkommene Vergebung finde, so daß ihm alle Schulden und Strafen so erlassen werden, als wenn er nie gesündigt hätte" (ebd., S. 664 [Hervorhebungen von mir, T. B.]).

176 Vgl. "Symbol" eins: "Der Gang der sich selbst überlassenen menschlichen Natur führt immer weiter von der Heiligkeit und Erkenntniß der Wahrheit ab, und leitet also den Menschen zum zeitlichen und ewigen Verderben" (ebd., S. 663).

177 Vgl. das zweite "Symbol": "Der Mensch muß durch einen festen und beständigen Glauben an Jesum Christum und seine Erlösungs-Anstalten, durch unaufhörliche Wachsamkeit und Kampf gegen seine sündlichen Neigungen, und durch ein immerwährendes Gebet um Entwicklung seiner sittlichen Kräfte, die immer zunehmende Heiligung suchen" (ebd. [Hervorhebung in der Vorlage]) Jung-Stillings Akzentuierung der Heiligung erinnert an synergistische Gedanken, die sich in früheren Schriften häufiger finden (vgl. VINKE, Jung-Stilling und die Aufklärung, S. 342 f.).

weiter kanalisieren und eine Überwachung der Prediger, der Ältesten, ja der einzelnen Familien einführen sollte[178]. In *Solyma* herrscht also keine Glaubensfreiheit[179].

Besondere Aufmerksamkeit widmet Jung-Stilling als ehemaliger Dorfschullehrer dem Religionsunterricht. Er kritisiert am herkömmlichen Unterricht, daß man die Kinder "mit dem Auswendiglernen schlecht verstandener und manchmal übel gewählter Religionswahrheiten" quäle, sie ihnen gar einprügele. Dabei sei gerade hier dieser schlechte Unterricht verhängnisvoll, werde den Kindern dadurch doch "die Lehre Jesu ein Gräuel, und dieser Widerwille häng(e) ihnen hernach lebenslänglich an"[180]. Dagegen mutet die von Jung-Stilling vorgeschlagene Unterrichtsmethode vergleichsweise modern an: "Würden aber die Kinder täglich eine Stunde, nach einer, nicht in Frage und Antwort, sondern in kurzen faßlichen Sätzen abgefaßten Religionslehre, Sokratisch unterrichtet, so daß sie nach ihren Begriffen antworten müßten, so wüchse ihre Erkenntniß, und wenn der Unterricht liebreich und unterhaltend gemacht würde, so entstünde Liebe zur Religion und auch ganz gewiß eine willigere Befolgung ihrer Gebote."[181]

Die Zensur, die die Sittenlosigkeit verhindern soll, und das Programm zur Förderung der wahren christlichen Religion werden in Solyma ergänzt durch rigide Maßnahmen zur Verhinderung des Luxus, dieses

178 *Heimweh II*, S. 96 ff.

179 In dem Brief, der Eugenius über den Vorfall orientiert (durch schwärmerische Anwandlungen verleitet, heiraten sich zwei mit anderen Partnern Verlobte, worauf ein Mädchen vorübergehend wahnsinnig wird und zwei Beteiligte Selbstmord begehen), finden sich die Worte: " . . . ich hab nie so tief erkannt, wie nöthig Symbolen sind, und wie sehr man wachen müsse, daß das Volk dabei bleibt! - Wie schädlich kann eine unumschränkte Glaubensfreiheit, besonders unter wahren Christen, werden!" (ebd., S. 88).

180 Ebd., S. 99.

181 Ebd. - Jung-Stilling vergißt aber auch nicht, auf die Ursache des schlechten Unterrichts hinzuweisen: "Das ist nun zwar Alles ganz gut und bald gesagt, aber wo sind die Schullehrer, die das zu leisten im Stand sind? Lieber Gott! wie kann man bei wenigen Thalern Besoldung erwarten, daß sich zu diesem und dem ganzen Schulunterricht fähige Männer mit diesem so äußerst mühsamen Geschäfte befassen sollen?" Nach diesen von eigener Erfahrung geprägten Worten folgt ein für Jung-Stillings Obrigkeitsverständnis wie für sein naives Vertrauen in die Fürsten charakteristischer Appell an sie: "O Ihr Regenten und Volksväter! wenn Ihr nur wüßtet, welch ein überschwenglicher Segen für Euch und Eure Unterthanen aus guten und nach obigem Plan eingerichteten Volksschulen entstehen würde, - ich weiß gewiß, keiner von Euch würde länger anstehen, so viele kostspielige und manchmal sehr zweideutige Vergnügen aufzuopfern, und für das Geld Dorf- und Stadtschulen zu stiften" (ebd.).

neben der Sittenlosigkeit zweiten großen Feindes der Staatsverfassung[182]. Dazu gehört, daß der Fürst "eine zierliche, reinliche und bequeme Kleidung [bestimmt], die Jedermann, ohne Unterschied der Stände, trägt": "Alle Theile der Kleidung bis auf den geringsten Gegenstand, sowohl für das männliche, als für das weibliche Geschlecht, werden vorgeschrieben."[183] Dazu gehört weiter, daß die "gesetzgebende Gewalt jedem Stand, je nach seinen Bedürfnissen, eine zierliche, angenehme und bequeme Wohnung ..., so wie sie den verschiedenen Berufsarten angemessen ist", vorschreibt. "Die inneren Auszierungen aber müssen wieder bei allen gleich seyn."[184] Die Aversion gegen den "Luxus" ist eine der wenigen Konstanten, die sich durch alle behandelten Utopien ziehen.

Das Verhältnis zur Aufklärung

Seit seinen ersten Veröffentlichungen - den Streitschriften gegen Friedrich Nicolai 1775/76 - durchklingt Jung-Stillings Schriften als Grundton der Kampf gegen die Aufklärung, die auf das Gebiet des Glaubens übergreift und somit das Fundament, auf dem sich Jung-Stillings Existenz vollzieht, in Frage stellt[185]. Im *Heimweh* nun gewinnt diese Auseinandersetzung eine neue Qualität, wie an der aufklärerischen Verschwörung gegen die Herrschaft des Fürsten Eugenius über *Solyma* zu sehen war. Aufklärung im geistigen und Umsturz der hergebrachten Ordnung im politischen Bereich werden in einen ursächlichen Zusammenhang gebracht.

Zusammenfassung

Solyma ist ein Land, das von einem weisen und guten Fürsten regiert wird, in dem jedoch in einem bestimmten Maße auch die - als wahre Christen sittlich hochstehenden - Bürger an der Verwaltung mitwirken

182 Ebd., S. 200 ff.
183 Ebd., S. 202.
184 Ebd., S. 203.
185 Auch in den Schriften aus seinen mittleren Jahren erklingt dieser Grundton, obwohl Jung-Stillings Denken in seiner Kaiserlauterer und Heidelberger Zeit am stärksten unter dem Einfluß der Aufklärung stand.

("Wahl der Vorgesetzten"). Die "Preßfreiheit" wird in diesem staatswissenschaftlichen Entwurf sehr stark eingeschränkt. Die "Denkfreiheit" soll zwar gewahrt bleiben, wird aber durch die Verordnung zur Verhütung von Schwärmerei mit ihrer Überwachung des Glaubens des einzelnen und der straffen Ausrichtung des Glaubens nach den "Symbolen" relativiert. Zu Zensur und Einschränkung der Glaubensfreiheit treten rigide Maßnahmen zur Verhinderung des Luxus. Der einzelne Bürger hat wenig Raum zur Entfaltung. Er sieht sich in ein Gemeinwesen eingegliedert, das von der Form des Glaubens bis zur Farbe der Kleidung und der Möglichkeiten der Freizeitgestaltung alles reglementiert.

c) Zur Wirkung der Gedanken Jung-Stillings

Jung-Stillings Denken kreist im *Heimweh* vor allem um drei Themenkomplexe: 1) die Rolle der Aufklärung im apokalyptischen Geschehen, 2) die Bedeutung Frankreichs und der Französischen Revolution und 3) *Solyma,* den Bergungsort für die verfolgten Christen, das zugleich seinen utopischen Gegenentwurf zu den Ideen der Französischen Revolution darstellt.

Die Aufklärung arbeitet auf die Vernichtung der wahren christlichen Religion und den Umsturz der Staatsverfassungen hin. Jung-Stilling identifiziert sie mit dem falschen Propheten der Apokalypse[186], der dem Tier aus dem Abgrund, dem Antichristen, den Weg bereitet[187].

Frankreich, das in der Aufklärung am weitesten fortgeschritten ist, ist die Wiege des Antichristen. Das "antichristische Reich" nimmt hier seinen Anfang[188], und zwar durch die Französische Revolution. Stilling hält im *Heimweh* die Französische Revolution bzw. den hinter ihr stehenden Geist für das apokalyptische Tier aus dem Abgrund[189].

Den durch dieses Tier aus dem Abgrund bedrohten Christen verheißt Jung-Stilling einen Zufluchtsort im Osten, wohin sie ein von Gott berufener Führer - voraussichtlich ein Deutscher - führen wird. Jung-Stilling entwickelt eine regelrechte "Heilsgeographie"[190]. Wie sich die

186 Offenbarung 19, 20.
187 Ebd., S. 312.
188 Ebd., S. 369.
189 Ebd., S. 230 ff.
190 Vgl. BENZ, Jung-Stilling in Marburg, S. 27 ff.; GEIGER, Aufklärung und Erweckung, S. 290 ff.; GUTZEN, Johann Heinrich Jung-Stilling, S. 459.

Kirche am Anfang von Osten nach Westen ausgebreitet habe, werde sie am Ende wieder in den Osten zurückkehren[191]. Wie der Osten heilsträchtig ist, so kommt das Verderben aus dem Westen[192]. Hier im Westen, vor allem in Frankreich, aber schließlich auch in Deutschland, baut der Antichrist sein Reich, vor dem die Gemeinde in den Osten fliehen wird, wo sie den in Macht und Herrlichkeit wiederkommenden Herrn erwarten wird.

Diese Gedanken lösten, ohne daß Jung-Stilling dies gewollt oder gar dazu aufgerufen hätte, eine Auswanderungsbewegung nach Rußland aus[193].

Der Publikumserfolg des *Heimweh* scheint groß gewesen zu sein. Nach Stillings eigener Aussage erhielt der Roman "beyspiellose(n) Beifall": "...eine Menge Exemplare wanderten nach Amerika, wo es häufig gelesen wird. In Asien, wo es christlich gesinnte Deutsche giebt, wurde das Heimweh bekannt und gelesen. Aus Dännemark, Schweden und Rußland bis nach Astrakan, bekam Stilling Zeugnisse dieses Beyfalls. Aus allen Provinzen Deutschlands erhielt Stilling aus allen Ständen vom Thron bis zum Pflug eine Menge Briefe, die ihm den lautesten Beyfall bezeigte; nicht wenige gelehrte Zweifler wurden dadurch überzeugt, und für das wahre Christenthum gewonnen; mit einem Wort es giebt wenig Bücher, die eine solche starke und weit um sich greifende Sensation gemacht haben, als Stillings Heimweh."[194]

Jung-Stillings *Heimweh* ist mit einiger Berechtigung die "Programmschrift der Erweckung in Deutschland" genannt worden[195]. Wenn Jung-

190 Vgl. BENZ, Jung-Stilling in Marburg, S. 27 ff.; GEIGER, Aufklärung und Erweckung, S. 290 ff.; GUTZEN, Johann Heinrich Jung-Stilling, S. 459.

191 BENZ, Jung-Stilling in Marburg, S. 27 f.

192 In dieser "Heilsgeographie" nimmt Rußland als bedeutendste politische Macht im Osten einen wichtigen Platz ein; vgl. dazu HÖGY, Jung-Stilling und Rußland, S. 26-59 und GEIGER, Aufklärung und Erweckung, S. 253-433.

193 BENZ, Jung-Stilling in Marburg, S. 32; GEIGER, Aufklärung und Erweckung, S. 294; GUTZEN, Johann Heinrich Jung-Stilling, S. 459. - Jung-Stilling vertritt den Gedanken eines "Bergungsortes" nicht nur im *Heimweh,* sondern auch in der von ihm 1795-1816 herausgegebenen Zeitschrift *Der Graue Mann;* zum *Grauen Mann* vgl. BENZ, Jung-Stilling in Marburg, S. 38 ff. - Die Zeitschrift ist leicht zugänglich in: JUNG GENANNT STILLING, JOHANN HEINRICH: Sämmtliche Schriften, Bd. V.: *Der Graue Mann.* Hildesheim-New York, Olms, 1979 (ND der Ausgabe Stuttgart 1835-38, Bände 7 und 8). 596 und 532 S.

194 *Lebensgeschichte,* S. 492.

195 HAHN, Jung-Stilling zwischen Pietismus und Aufklärung, S. 503.

Stilling aber vor allem mit diesem Buch der "Patriarch der Erweckung" geworden ist, dann ist er auch ein "Vater" der politisch konservativen Prägung der Erweckungsbewegung. Denn dadurch, daß er die Französische Revolution in einen apokalyptischen Zusammenhang stellt, diskreditiert er ihre Ideale bei denjenigen seiner Leser, die ihm folgen, auf das nachdrücklichste. Eine sachliche Auseinandersetzung über Ziele und Ideale der Revolution ist somit unmöglich geworden. Allerdings - das hat der Blick auf die frühen Utopien gezeigt - krankt Jung-Stillings politisches Denken schon vor dem Erlebnis der Französischen Revolution daran, daß er sich Obrigkeit nur in Gestalt der patriarchalischen Herrschaft eines Fürsten vorstellen kann; diese Form der Herrschaft ist für ihn sankrosankt. Sein Vertrauen in die Fürsten ist gleichermaßen gekennzeichnet von Naivität wie von einer Oberfächlichkeit, die an Ignoranz grenzt, bedenkt man, wie er sich weigert, Kritik an Mißständen und schlechter Regierung ernsthaft zu diskutieren und den "Untertanen" statt dessen empfiehlt, vor der eigenen Tür zu kehren, sich selbst erst zu bessern.

VI. Der Wandel der Pietistischen Utopie: Zusammenfassung

Eine Entwicklungslinie?

Johann Valentin Andreae übersetzt das Arndtsche Frömmigkeitsideal vom Individuellen ins Gesellschaftliche und liefert damit die erste Realisierung einer pietistischen Utopie, insofern er die Wiedergeburt des einzelnen Gläubigen als Ausgangspunkt einer die Welt verändernden Bewegung betrachtet. Wenn hinter seiner *Christianopolis* der Gedanke steht, daß eine Gemeinschaft wahrhaft frommer Menschen die Keimzelle einer Reform der ganzen Welt bildet, hat er damit gleichsam ein Modell entwickelt, das dann im Pietismus hallescher Prägung weiterwirkt und etwa in den Franckeschen Anstalten konkret Gestalt gewinnt.

Dieser im halleschen Pietismus besonders ausgeprägte Wille, in die Welt hineinzuwirken, sich auch für Staat und Gesellschaft verantwortlich zu fühlen, hat einige Pietisten motiviert, Utopien zu verfassen. Während Andreae in seiner *Christianopolis* die Möglichkeit nutzt, in spielerischer Weise die zeitgenössische Wirklichkeit zu transzendieren, indem er etwa neue Formen des Zusammenlebens oder der Kindererziehung entwirft, bleiben die Utopien aus dem Geist des halleschen Pietismus sehr den zeitgenössischen Gegebenheiten verhaftet, mit Ausnahme der *Stadt Gottes*, in der in Anlehnung an die *Christianopolis* kühner ausgegriffen wird. Dem Geist ihrer Zeit - der Blütezeit des Absolutismus - zollen die pietistischen Utopien hallescher Provenienz reichlich Tribut: In allen drei Gemeinwesen wird darauf geachtet, daß es "ordentlich zugehet"; alle Einrichtungen sind streng nach Nützlichkeitserwägungen aufgebaut. In der bedeutendsten Utopie aus dem Umkreis des halleschen Pietismus, Sinolds *Glückseeligster Insul,* kündigt sich allerdings der Kampf gegen einen andern Zeitgeist - den der Aufklärung - an. Sinold vertritt ein betont biblisch-christliches Weltbild und wehrt sich gegen eine Vorrangstellung der Vernunft gegenüber der Offenbarung.

Diesem Geist der Aufklärung verpflichtet ist dagegen Johann Friedrich Bachstrom. Mit seinem *Land der Inquiraner* setzt er nicht die Linie *Christianopolis* - Utopien aus dem Geist des halleschen Pietismus - fort, sondern schlägt einen andern Weg ein. Geht es ihm im ersten Teil des *Landes der Inquiraner* vorrangig darum zu demonstrieren, "daß einem Menschen alles möglich wäre, wenn er nur seinen Verstand und Nachdencken brauchen oder anspannen wolte" (I, S. 29), so legt er im zweiten Teil den Schwerpunkt auf die Frage der Toleranz. Sowohl mit seinem unbegrenzten Vertrauen in die Vernunft als auch mit seinem Plädoyer für nahezu uneingeschränkte Glaubens-, Gewissens- und Meinungsfreiheit zeigt er sich im Banne der Aufklärung. Pietistische Substanz findet sich bei Bachstrom nur noch in homöopathischer Verdünnung: in der Betonung der Früchte des Glaubens und in der Verachtung des Luxus sowie in der Frage der Toleranz, wo der Pietismus der Aufklärung vorgearbeitet hat. Bachstrom ist unter den behandelten Utopisten sicherlich der mit dem weitesten Horizont.

Mit Jung-Stilling tritt ein Streiter auf den Plan, der es sich in seinem letzten Lebensdrittel zur Aufgabe macht, die Aufklärung und ihre vermeintlich zwingende Folge, den Umsturz aller gesellschaftlichen Ordnung, zu bekämpfen und das "alt-evangelische System" wieder zu Ehren zu bringen. Selbst nicht unbeeinflußt von der Aufklärung vertritt er nach dem Erlebnis der Französischen Revolution ein kirchlich-pietistisches Christentum, das in seiner Verschmelzung orthodoxer (Versöhnungslehre) und pietistischer (Betonung der Heiligung) Elemente sowie seinem Bekenntnis zur Kirchlichkeit auf die Erweckungsbewegung des 19. Jahrhunderts vorausweist. Jung-Stillings Einfluß auf die Erweckungsbewegung erstreckt sich jedoch noch weiter: Indem er das Schicksal des Christentums mit dem der alten gesellschaftlichen Ordnung verknüpft und das Überleben des einen vom Fortbestand des andern abhängig macht, treibt er die von ihm beeinflußten Teile der Erweckungsbewegung in die Arme der Restauration.

Bruchstellen und Konstanten

Es hat sich gezeigt, daß von einem Wandel der pietistischen Utopie im Sinne einer kontinuierlichen Entwicklung nicht gesprochen werden kann. Der Brüche, Neueinsätze und Wiederanknüpfungen sind zu viele, der Quellenbestand ist zu disparat. Dennoch lassen sich einige Konstanten finden, die sich durch alle behandelten Texte ziehen.

Dazu gehört die Ächtung des Müßiggangs und die Hochschätzung der Arbeit (besonders der manuellen) ebenso wie der Kampf gegen den

Luxus und die Forderung von Schlichtheit und Nützlichkeit. Alle Utopien durchweht ein Geist des Pragmatismus. Bis auf die Texte Jung-Stillings ist in allen Schriften auch das Verhältnis zur Natur ein ausgesprochen pragmatisches: Sie ist Gegenstand der Erforschung (Andreae); sie liefert Rohstoffe und Anschauungsmaterial (Bachstrom).
Ein Element, das lediglich im *Land der Inquiraner* fehlt, in allen anderen Utopien aber sehr ausgeprägt zu finden ist, ist die Überwachung der Bürger. Sei es, daß eine eigene Institution dafür geschaffen wird oder daß der Nachbar zur Denunziation angehalten wird: Der Kontrolle des Bürgers wird in allen behandelten utopischen Gemeinwesen große Aufmerksamkeit geschenkt.

Der Impuls der Hoffnung

In der Einleitung wurde die pietistische Utopie als Dokument der pietistischen Hoffnung und Ausdruck des im Pietismus vorhandenen kritischen und innovatorischen Potentials bezeichnet. Der Impuls der Hoffnung ist in der Tat eine Konstante, die sich von Andreaes *Christianopolis* bis hin zu Jung-Stillings *Solyma* durchzieht. Allerdings hat sich im Lauf der Zeit der Inhalt dieser Hoffnung grundlegend gewandelt: Die *Christianopolis* und die Utopien aus dem Geist des halleschen Pietismus leben von der Hoffnung auf eine Weltverwandlung durch verwandelte Menschen, auf die Vorbereitung des Reiches Gottes durch von Gott veränderte Menschen. In Bachstroms *Land der Inquiraner* gründet sich die Hoffnung auf den Vernunftoptimismus und das positive Menschenbild der Aufklärung. Im *Solyma* Jung-Stillings dagegen wird die Hoffnung auf eine Gestaltung der Gesellschaft durch den frommen Fürsten und seine Staatsdiener überlagert von der eschatologischen Hoffnung auf die baldige Wiederkunft Christi.
Auch die Motivation der Verfasser hat sich gewandelt: Sah Johann Valentin Andreae in seiner *Christianopolis* noch ein Spielchen (*ludicrum*), ist es Jung-Stilling mit seiner spätpietistischen Utopie *Solyma* bitterer Ernst.

Literaturverzeichnis

1. Quellen

2. Ungedruckte Quellen

Es wurde ungedrucktes Quellenmaterial aus der Forschungsbibliothek Gotha benutzt (die Signaturen finden sich am Benutzungsort).

2. Gedruckte Quellen

ANDREAE, JOHANN VALENTIN: Christianopolis. 1619. Originaltext und Übertragung nach D. S. GEORGI 1741. Eingel. und hrsg. von RICHARD VAN DÜLMEN. 2. Auflage. Stuttgart, Calwer Verlag, 1982 [[1]1972]). 233 S. = Quellen und Forschungen zur württembergischen Kirchengeschichte 4.

DERS.: Christianopolis. Aus dem Lateinischen übersetzt, kommentiert und mit einem Nachwort hrsg. von WOLFGANG BIESTERFELD. Stuttgart, Reclam, 1975. 168 S. = RUB Nr. 9786.

JOHANN VALENTIN ANDREAE - ein schwäbischer Pfarrer im Dreißigjährigen Krieg ... bearbeitet von PAUL ANTONY. Heidenheim a. d. Brenz, Heidenheimer Verlagsanstalt, 1970. 150 S. = Schwäbische Lebensläufe, hrsg. von HELMUT CHRISTMANN, Bd. 5. [Bearbeitete Autobiographie Andreaes]

[ANONYMUS:] Beschreibung | eines verbesserten | Fürsten=Staats | Durch | Drey Getreue | MINISTROS. (ohne Ort) 1699. [Exemplar aus der "Hauptbibliothek der Franckeschen Stiftungen", Halle/Saale, Sammelband 64 C 2 Nr. 17]

[BACHSTROM, JOHANN FRIEDRICH:] Das | Bey zwey hundert Jahr lang unbe= | kannte, nunmehro aber entdeckte | vortreffliche | Land | Der | INQUIRANER, | Aus der Erzehlung | Eines nach langwieriger Kranckheit in unsern Ge= | genden verstorbenen Aeltesten dieses glückse= | ligen Landes, | Nach allen seinen Sitten, Ge-

bräuchen, | Ordnungen, Gottesdienst, Wissenschaften, | Künsten, Vortheilen und Einrichtung | umständlich beschrieben, | und dem gemeinen Wesen zum Besten | mitgetheilet, | Von | A B C. Franckfurt und Leipzig. (2 Teile) 1736. 1737.
[UB Tübingen, Sign.: R, Dk XI/1722]

[DERS.]: *Christianus Democriti Redivivi* Umständliche Erzehlung, Wie es mit seinem vermeinten Tode zugegangen sey, Und Wie er nebst seiner neuen Gesellschafft jetzt in seiner Einsamkeit Den Fall Adams Und Ursprung der Sünde Und Alles Bösen Gantz anders und besser als vormahl eingesehen. Gedruckt auf dem Johannis= Berge in der Wüsten 1736.
[Staatsbibliothek Preußischer Kulturbesitz Berlin, S.: Ct 4557]

DERS.: Die Kunst zu Schwimmen, Oder Erfindung, vermittelst welcher man sich allemal aus einem Schiffbruch retten, auch bedürfenden Falls ganze *Arméen* über die breitesten Flüsse bringen, kan. In Französischer Sprache beschrieben von Joh. Friedrich Bachstrom, *D. Medicinae und General-Directore* der *Fabriquen* Ihrer Hochfürstl. Gnaden, der Herzogin von R A D Z I V I L, Gros= Canzlerin von Lithauen, und aus derselben ins Deutsche übersetzt von D.J.v.d.F. Berlin, zu finden bey Johann Andreas Rüdiger, 1742. 61 S. [Französ. Ausgabe: Amsterdam 1741]

BACON, FRANCIS: Neu-Atlantis. Übersetzt von GÜNTHER BUGGE, durchgesehen und neu hrsg. von JÜRGEN KLEIN. Stuttgart, Reclam, 1982. 80 S. = RUB Nr. 6645.

Die Bekenntnisschriften der evangelisch-lutherischen Kirche. Herausgegeben im Gedenkjahr der Augsburgischen Konfession 1930. 2., verbesserte Auflage. Göttingen, Vandenhoeck & Ruprecht, 1952. 1225 S.

[DIPPEL, JOHANN KONRAD]: A. . Christen=Statt auff Erden ohne gewöhnlichen Lehr= Wehr= und Nehr=Stand oder kurtze / doch Eigendliche Abbildung derer auß dem Reich der Natur entstandtenen / und im Zorn GOttes bestättigten Ordnungen / unter den Menschenkindern zu Babel / die Christi Nahmen führen, sambt Einer unpartheyischen Untersuchung des / auff diese Ordnunge gegründeten / befleckten und unvernunfftigen Gottesdiensts / im Gebät Fürbitt / und Dancksagung ausgefärtigt auff GOttes befehl und Handreichung / und auß desen heylsamen Wort und Zeugnuß

erwiesen durch CHRISTIANUM DEMOCRITUM. Gedruckt im Jahr 1700. 117 S.
[Stadtarchiv und wissenschaftliche Stadtbibliothek Soest, Sign.: 5 Ee 7.4]

FARAMUND, LUDWIG ERNST VON [= PHILIPP BALTHASAR SINOLD VON SCHÜTZ]: Die glückseeligste Insul auf der gantzen Welt, oder Das Land der Zufriedenheit, Dessen Regierungs-Art / Beschaffenheit / Fruchtbarkeit / Sitten derer Einwohner, Religion, Kirchen-Verfassung und dergleichen, Samt der Gelegenheit, wie solches Land entdecket worden, ausführlich erzehlet wird.... Franckfurt und Leipzig, bey Peter Conrad Monath, 1728 [Photomechanischer ND Frankfurt, Minerva, 1970]. Vorrede [unpaginiert] + 250 S. + Inhaltsverz. [unpaginiert].

AUGUST HERMANN FRANCKES Schrift über eine Reform des Erziehungs- und Bildungswesens als Ausgangspunkt einer geistlichen und sozialen Neuordnung der Evangelischen Kirche des 18. Jahrhunderts: *Der Große Aufsatz*. Mit einer quellenkundlichen Einführung herausgegeben von OTTO PODCZECK. Berlin (Ost), Akademie-Verlag, 1962. 163 S. = Abhandlungen der Sächsischen Akademie der Wissenschaften zu Leipzig. Philologisch-historische Klasse, Bd. 53, Heft 3.

JUNG-STILLING, JOHANN HEINRICH: Lebensgeschichte. Vollständige Ausgabe, mit Anmerkungen hrsg. von GUSTAV ADOLF BENRATH. Darmstadt, WB, 1976 [Unveränd. ND 1984]. XXXI + 784 S.

DERS.: Wirtschaftslehre und Landeswohlstand. Sechs akademische Festreden. Hrsg., eingel. und mit Anmerkungen versehen von GERHARD MERK. Berlin, Duncker & Humblot, 1988. 192 S.

DERS.: Gesellschaftliche Mißstände. Eine Blütenlese aus dem "Volkslehrer". Neu hrsg., eingel. und mit Anmerkungen versehen von GERHARD MERK. Berlin, Duncker & Humblot, 1990. 199 S.

DERS.: Sämmtliche Schriften. Bd. III: *Das Heimweh und der Schlüssel zu demselben*. Hildesheim-New York, Olms, 1979 [ND der Ausgabe Stuttgart 1836, Bd. 4/5]. 736 + 440 S.

DERS.: Sämmtliche Schriften. Bd. IV: *Theobald oder die Schwärmer* (S. 5-358). Hildesheim-New York, Olms, 1979 [ND der Ausgabe Stuttgart 1837, Bd. 6].

DERS.: Sämmtliche Schriften. Bd. VI: *Geschichte Florentins von* Fahlendorn (S. 5-300). Hildesheim-New York, Olms, 1979 [ND der Ausgabe Stuttgart 1837, Bd. 9].

DERS.: Sämmtliche Schriften. Bd. VIII: *Ueber den Revolutionsgeist unserer Zeit zur Belehrung der bürgerlichen Stände* (S. 297-336). Hildesheim-New York, Olms, 1979 [ND der Ausgabe Stuttgart 1835-38, Bd. 13/Ergänzungsband].

KARLSTADT, ANDREAS: Von abtuhung der Bylder / Vnd das keyn Betdler vnther den Christen seyn soll. In: Deutsche Flugschriften zur Reformation (1520-1525). Hrsg. von KARL SIMON. Stuttgart, Reclam, 1980. S. 231-279. = RUB Nr. 9995.

MÜNTZER, THOMAS: Die Fürstenpredigt. Theologisch-politische Schriften. Hrsg. von GÜNTHER FRANZ. Bibliographisch ergänzte Ausgabe. Stuttgart, Reclam, 1983 [zuerst 1967]. 160 S. = RUB Nr. 8772.

SCHNABEL, JOHANN GOTTFRIED: Insel Felsenburg [Wunderliche FATA einiger See-Fahrer. 1731]. Hrsg. von VOLKER MEID und INGEBORG SPRINGER-STRAND. Stuttgart, Reclam, 1979. 607 S. = RUB 8419.

SECKENDORFF, VEIT LUDWIG VON: Teutscher Fürsten=Staat. Samt des sel. Herrn *Autoris* Zugabe Sonderbarer und wichtiger Materien, Vor itzo aber Mit Fleiß verbessert, und mit dienlichen Anmerckungen samt dazu gehörigen Kupffern, Summarien und Register versehen, durch Hn. ANDRES SIMSON VON BIECHLING, Hochfürstl. Sachsen=Meiningischen Geheimden Rathe. JENA, In der Meyerschen Buchhandlung, 1737. [16] + 864 + 272 + [28] S. [UB Freiburg, Sign.: R 1067, ig]

SPENER, PHILIPP JACOB: Pia Desideria. Hrsg. von KURT ALAND. 3., durchgesehene Auflage. Berlin, de Gruyter, 1964 [2. Nachdruck 1982]. 91 S. = Kleine Texte für Vorlesungen und Übungen, begründet von HANS LIETZMANN, hrsg. von KURT ALAND 170.

DERS.: Erste Geistliche Schriften. Frankfurt/M. 1699. S. 1135-1240: Abtruck eines christlichen Bedenckens ...

II. Darstellungen

ANER, KARL: Die Theologie der Lessingzeit. Halle, Niemeyer, 1929. 376 S.

ANZ, W.: [Art.] Aufklärung. I. Geistesgeschichtlich. In: RGG, Bd. 1, ^{3}1957. Sp. 703-716.

BABINGER, FRANZ: Stambuler Buchwesen im 18. Jahrhundert. Leipzig, Deutscher Verein für Buchwesen und Schrifttum, 1919. 32 S.

BECKER-CANTARINO, BARBARA: Der lange Weg zur Mündigkeit. Frauen und Literatur in Deutschland von 1500 bis 1800. München, dtv, 1989 [zuerst Stuttgart, Metzler, 1987]. 401 S.

BENDER, WILHELM: Johann Konrad Dippel. Der Freigeist aus dem Pietismus. Ein Beitrag zur Entstehungsgeschichte der Aufklärung. Bonn, Eduard Weber's Verlag, 1882. 221 S.

BENRATH, GUSTAV ADOLF: Die Freundschaft zwischen Jung-Stilling und Lavater. In: Bleibendes im Wandel der Kirchengeschichte. Kirchenhistorische Studien. Hrsg. von BERND MOELLER und GERHARD RUHBACH, Tübingen, Mohr (Siebeck), 1973. S. 251-305.

BENZ, ERNST: Jung-Stilling in Marburg. Marburg, Elwert, ^{2}1971 [zuerst 1949]. 58 S.

BLAUFUß, DIETRICH: [Art.] Breckling, Friedrich (1629-1711). In: TRE, Bd. 7, 1981, S. 150-153.

BRAUNGART, WOLFGANG: Die Kunst der Utopie. Vom Späthumanismus zur frühen Aufklärung. Stuttgart, Metzler, 1989. 341 S.

BRECHT, MARTIN: Johann Valentin Andreae. Weg und Programm eines Reformers zwischen Reformation und Moderne. In: Theologen und Theologie an der Universität Tübingen. Beiträge zur Geschichte der Evangelisch-Theologischen Fakultät, hrsg. von MARTIN BRECHT. Tübingen, Mohr (Siebeck), 1977. S. 270-343.

DERS.: Kritik und Reform der Wissenschaften bei Johann Valentin Andreae. In: SECK, FRIEDRICH (Hg.): Wissenschaftsgeschichte um Wilhelm Schickard. Vorträge bei dem Symposion der Universität Tübingen im 500. Jahr ihres Bestehens am 24. und 25. Juni 1977.

Tübingen, Mohr (Siebeck), 1981. S. 129-151. = Contubernium. Beiträge zur Geschichte der Eberhard-Karls-Universität Tübingen 26.

DERS.: Johann Valentin Andreae. In: Orthodoxie und Pietismus, hrsg. von MARTIN GRESCHAT. Stuttgart u.a., Kohlhammer, 1982. S. 121-135. = Gestalten der Kirchengeschichte, hrsg. von MARTIN GRESCHAT, Bd. 7.

BRUCKNER, JOHN: [Art.] Breckling, Friedrich, in: Biographisches Lexikon für Schleswig-Holstein und Lübeck. Herausgegeben im Auftrag der Gesellschaft für Schleswig-Holsteinische Geschichte und des Vereins für Lübeckische Geschichte und Altertumskunde. Bd. 7. Neumünster, Wachholtz, 1985. S. 33-38.

BRÜMMER, FRANZ: [Art.] Sinold: Philipp Balthasar S. gen. v. Schütz. In: ADB, Bd. 34, 1892, S. 400 f.

BÜCHSEL, JÜRGEN: [Art.] Dippel, Johann Konrad (1673-1734). In: TRE, Bd. 7, 1982, S. 9 f.

CZOK, KARL: August der Starke und Kursachsen. München, Beck, 1988. 295 S.

DEPPERMANN, KLAUS: Der hallesche Pietismus und der preußische Staat unter Friedrich III.(I.). Göttingen, Vandenhoeck & Ruprecht, 1961. 188 S.

DERS.: Pennsylvanien als Asyl des frühen deutschen Pietismus. PuN 10, 1984, 190-212.

DERS.: Vorwort. In: PuN 14, 1988 (*Chiliasmus in Deutschland und England im 17. Jahrhundert*), S. 6.

DIEHL, WILHELM: Neue Beiträge zur Geschichte Johann Konrad Dippels in der theologischen Periode seines Lebens. BHKG 3, 1908, 135-184.

DUCHHARDT, HEINZ: Das Zeitalter des Absolutismus. München, Oldenbourg, 1989. 284 S. = Oldenbourg Grundriß der Geschichte 11.

DÜLMEN, RICHARD VAN: Johann Amos Comenius und Johann Valentin Andreae. Ihre persönliche Verbindung und ihr Reformanliegen. Bohemia. Jahrbuch des Collegium Carolinum 9, 1968, 73-87.

DERS.: Die Utopie einer christlichen Gesellschaft. Johann Valentin Andreae (1586-1654). Teil 1. Stuttgart-Bad Cannstatt, frommann-holzboog, 1978. 295 S. = Kultur und Gesellschaft, 2.1.

DERS.: Reformationsutopie und Sozietätsprojekte bei Johann Valentin Andreae. Francia 6, 1978 [ersch. 1979], 299-318.

EDIGHOFFER, ROLAND: Andreana. Études Germaniques 34, 1979, 284-291.

DERS.: Johann Valentin Andreae. Vom Rosenkreuz zur Pantopie. Daphnis 10, 1981, 211-239.

DERS.: Rose-Croix et Société idéale selon Johann Valentin Andreae. Préface de ANTOINE FAIVRE. Bd. 1. Neuilly, Arma Artis, 1982. 461 S. Bd. 2. 1987. [Zugl. Habilitationsschrift 1977]

FERTIG, LUDWIG: Obrigkeit und Schule. Die Schulreform unter Herzog Ernst dem Frommen (1601-1675) und die Erziehung zur Brauchbarkeit im Zeitalter des Absolutismus. Neuburgweier/Karlsruhe, G. Schindele, 1971. 297 S.

GALL, LOTHAR: Bürgertum in Deutschland. Berlin, Siedler, 1989. 639 S.

GEIGER, MAX: [Art.] Jung-Stilling. In: RGG, Bd. 3, ^{3}1959, S. 1070 f.

DERS.: Aufklärung und Erweckung. Beiträge zur Erforschung Johann Heinrich Jung-Stillings und der Erweckungstheologie. Zürich, EVZ-Verlag, 1963. 619 S. = Basler Studien zur historischen und systematischen Theologie 1.

GRESCHAT, MARTIN: Die "Hoffnung besserer Zeiten" für die Kirche. In: DERS. (Hg.): Zur neueren Pietismusforschung. Darmstadt, WB, 1977. S. 224-239 = WdF 440 [zuerst ersch. in: GRESCHAT, MARTIN: Zwischen Tradition und neuem Anfang. V.E. Löscher und der Ausgang der lutherischen Orthodoxie. Witten, Luther-Verlag, 1971. S. 208-219 = Untersuchungen zur Kirchengeschichte 5].

GUTZEN, DIETER: Johann Heinrich Jung-Stilling. In: Deutsche Dichter des 18. Jahrhunderts. Hrsg. von BENNO VON WIESE. Berlin, Schmidt, 1977. S. 446-461.

HAHN, OTTO W.: Jung-Stilling zwischen Pietismus und Aufklärung.

Sein Leben und sein literarisches Werk 1778 bis 1787. Frankfurt/Main-Bern-New York-Paris, Lang, 1988. XVI + 817 S. = Europäische Hochschulschriften Reihe 23 (Theologie), Bd. 344. [Zugl. Diss. ev. theol. Mainz 1988].

HECKEL, MARTIN: Konfessionsprobleme und Verfassungsfragen. In: Zwischen Gegenreformation und Frühaufklärung: Späthumanismus und Barock (1572-1740). Hrsg. von HARALD STEINHAGEN. Reinbek, Rowohlt, 1985. S. 32-43. = Deutsche Literatur. Eine Sozialgeschichte. Hrsg. von HORST ALBERT GLASER. Bd.3.

HINRICHS, CARL: Der hallische Pietismus als politisch-soziale Reformbewegung des 18. Jahrhunderts (1953). In: GRESCHAT, MARTIN (Hg.): Zur neueren Pietismusforschung. Darmstadt, WB, 1977. S. 243-258. = WdF 440.

HIRSCH, EMANUEL: Geschichte der neuern evangelischen Theologie im Zusammenhang mit den allgemeinen Bewegungen des europäischen Denkens. Bd. 2. Münster, Antiquariat Th. Stenderhoff, 1984 [photomechanischer ND der 3. Aufl. Gütersloh, Mohn, 1964]. 476 S.

HÖGY, TATJANA: Jung-Stilling und Rußland. Untersuchungen über Jung-Stillings Verhältnis zu Rußland und zum "Osten" in der Regierungszeit Kaiser Alexander I. Siegen, Herder-Bibliothek Siegerland e. V., 1984. 160 S. = Schriften der J. G. Herder-Bibliothek Siegerland 12.

JANSSEN, ROMAN: Die Familie Andreae. In: Johann Valentin Andreä (1586-1654). Leben, Werk und Wirkung eines universalen Geistes. Ausstellung zum 400. Geburtstag in Zusammenarbeit der Evangelischen Kirchengemeinde Calw, des Landeskirchlichen Archivs Stuttgart und der Großen Kreisstädte Calw, Herrenberg und Vaihingen an der Enz. Katalog. [Inhaltl. Konzeption: EBERHARD GUTEKUNST]. Bad Liebenzell, Kommissionsverlag Bernhard Gengenbach, 1986. S. 22-29.

JOACHIMSEN, PAUL: Johann Valentin Andreae und die evangelische Utopie. In: Gesammelte Aufsätze. Beiträge zu Renaissance, Humanismus und Reformation; zur Historiographie und zum Deutschen Staatsgedanken. Ausgewählt und eingel. von NOTKER HAMMERSTEIN. Aalen, Scientia, 1970. S. 443-479. [Zuerst in: Zeitwende 2, 1926, 485-642]

KRUSE, MARTIN: Speners Kritik am landesherrlichen Kirchenregiment und ihre Vorgeschichte. Witten, Luther-Verlag, 1971. 205 S. = AGP 10.

KUNISCH, JOHANNES: Absolutismus. Europäische Geschichte vom Westfälischen Frieden bis zur Krise des Ancien Régime. Göttingen, Vandenhoeck & Ruprecht, 1986. 268 S. = UTB 1426.

KUON, PETER: Utopischer Entwurf und fiktionale Vermittlung. Studien zum Gattungswandel der literarischen Utopie zwischen Humanismus und Frühaufklärung. Heidelberg, Winter, 1986. 536 S. = Studia Romanica 66.

MARON, GOTTFRIED: [Art.] Schwenckfeld. In: RGG, Bd. 5, ^{3}1961, Sp. 1620 f.

MARTENS, WOLFGANG: Hallescher Pietismus und schöne Literatur. In: DERS.: Literatur und Frömmigkeit in der Zeit der frühen Aufklärung. Tübingen, Niemeyer, 1989. S. 76-181 = Studien und Texte zur Sozialgeschichte der Literatur 25.

MAURER, W[ILHELM]: [Art.] Aufklärung. III. Theologisch-kirchlich. In: RGG, Bd. 1, ^{3}1957, Sp. 723-729.

MICHLER, MARKWART und HANS-GEORG WINTER: Johann Heinrich Jung gen. Stilling. In: NDB, Bd. 10, 1974, S. 665-667.

MONTGOMERY, JOHN WARWICK: Cross and Crucible. Johann Valentin Andreae (1586-1654). Phoenix of the Theologians. Bd. 1: Andreae's life, world-view, and relations with rosicrucianism and alchemy. Den Haag, Martinus Nijhoff, 1973. 255 S. = International Archives of the History of Ideas 55.

NEUSÜSS, ARNHELM (Hg.): Utopie. Begriff und Phänomen des Utopischen. 3., überarb. und erw. Aufl. Frankfurt-New York, Campus, 1986 [1. Aufl. 1968]. 545 S.

NEWALD, RICHARD: Die deutsche Literatur vom Späthumanismus zur Empfindsamkeit 1570-1750. ND der 6., verb. und mit einem bibliographischen Anhang von GEORG BANGEN und EBERHARD MANNACK versehenen Aufl. München, Beck, 1975. 592 S. = Geschichte der deutschen Literatur von den Anfängen bis zur Gegenwart 5.

NIPPERDEY, THOMAS: Die Funktion der Utopie im politischen Denken der Neuzeit. AKuG 44, 1962, 357-378.

PARKER, GEOFFREY: Der Dreißigjährige Krieg. Aus dem Englischen von UDO RENNERT. Frankfurt/M., Campus, 1987. 401 S.

PIEPER, MONICA: Daniel Sudermann (1550 - ca. 1631) als Vertreter des mystischen Spiritualismus. Stuttgart, Steiner Verlag Wiesbaden, 1985. 224 S. = Veröffentlichungen des Instituts für Europäische Geschichte Mainz, Bd. 121; Abt. für Abendländische Religionsgeschichte.

PROPACH, GERD: Johann Henrich Jung-Stilling (1740-1817) als Arzt. Feuchtwangen, Buchhandlung Kohlhauer und Köln, Institut für Geschichte der Medizin, 1983. XVII + 410 S. = Kölner medizinhistorische Beiträge 27. [Zugl. Diss. med. Köln 1983]

SAINE, THOMAS P.: Von der Kopernikanischen bis zur Französischen Revolution. Die Auseinandersetzung der deutschen Frühaufklärung mit der neuen Zeit. Berlin, Schmidt, 1987. 306 S.

SCHILLING, HEINZ: Aufbruch und Krise. Deutschland 1517-1648. Berlin, Siedler, 1988. 508 S. = Siedler Deutsche Geschichte. Das Reich und die Deutschen.

DERS.: Höfe und Allianzen. Deutschland 1648-1763. Berlin, Siedler, 1989. 543 S. = Siedler Deutsche Geschichte. Das Reich und die Deutschen.

SCHMIDT, MARTIN: Pietismus. Stuttgart-Berlin-Köln-Mainz, Kohlhammer, ³1983. 174 S. = Urban-Taschenbücher 145.

DERS.: [Art.] Aufklärung. II. Theologisch. In: TRE, Bd. 4, 1979. S. 594-608.

SCHNEIDER, HANS: Der radikale Pietismus in der neueren Forschung. PuN 8, 1982, 15-42 (I) und PuN 9, 1983, 117-151 (II).

SCHÖNEBAUM, HERBERT: [Art.] Bachstrom (Bachstrohm), Johann Friedrich. In: NDB, Bd. 1, 1953, S. 503.

SCHOLTZ, HARALD: Evangelischer Utopismus bei Johann Valentin Andreae. Ein geistiges Vorspiel zum Pietismus. Stuttgart, Kohlhammer, 1957. VIII + 103 S. = Darstellungen aus der württember-

gischen Geschichte, hrsg. von der Kommission für geschichtliche Landeskunde in Baden-Württemberg 42.
[Zugl. Diss. phil. Göttingen 1954]

SCHRAMM, GOTTFRIED: Der polnische Adel und die Reformation, 1548-1607. Wiesbaden, Franz Steiner Verlag, 1965. 380 S. = Veröffentlichungen des Instituts für Europäische Geschichte Mainz, Abteilung Universalgeschichte, Bd. 36.

SEEWALD, SIXT ALEXANDER: Das Verfassungsbild in der Christianopolis des Johann Valentin Andreae. Frankfurt/M., Peter Lang, 1986. 162 S. = Europäische Hochschulschriften, Reihe II (Rechtswissenschaft), Bd. 529. [Zugl. Diss. iur. Mainz 1985]

SHAW, STANFORD J.: Das Osmanische Reich und die moderne Türkei. In: Der Islam II. Die islamischen Reiche nach dem Fall von Konstantinopel. Hrsg. von G.E. VON GRUNEBAUM. Frankfurt, Fischer, 1971. S. 24-159. = Fischer Weltgeschichte 15.

STADLER, ULRICH: Die theuren Dinge. Studien zu Bunyan, Jung-Stilling und Novalis. Bern-München, Francke, 1980. 372 S.

STECHER, GOTTHILF: Jung-Stilling als Schriftsteller. Berlin, Mayer & Müller, 1913. 280 S. = Palaestra 120.

STENNER-PAGENSTECHER, ANNE MARIE: Das Wunderbare bei Jung-Stilling. Ein Beitrag zur Vorgeschichte der Romantik. Hildesheim-Zürich-New York, Olms, 1985. VI + 208 S. = Germanistische Texte und Studien 24. [Zugl. Diss. phil. München 1931 (!)].

STOCKINGER, LUDWIG: Ficta Respublica. Gattungsgeschichtliche Untersuchungen zur utopischen Erzählung in der deutschen Literatur des frühen 18. Jahrhunderts. Tübingen, Niemeyer, 1981. 461 S. = Hermaea, N.F. 45.

STOLLEIS, MICHAEL: Veit Ludwig von Seckendorff. In: DERS. (Hg.): Staatsdenker im 17. und 18. Jahrhundert. Reichspublizistik, Politik, Naturrecht. 2., erweiterte Auflage. Frankfurt, Metzner, 1987. S. 148-171.

TROELTSCH, ERNST: [Art.] Aufklärung. In: Realencyclopädie für protestantische Theologie und Kirche, Bd. 2, ^{3}1897. S. 225-241.

ULLRICH, HERMANN: Robinson und Robinsonaden. Bibliographie,

Geschichte, Kritik. Ein Beitrag zur vergleichenden Literaturgeschichte, im besonderen zur Geschichte des Romans und zur Geschichte der Jugendlitteratur. Teil I. Bibliographie. Weimar, Emil Felber, 1898. 248 S.

DERS.: Johann Friedrich Bachstrom. Ein Gelehrtenleben aus der ersten Hälfte des 18. Jahrhunderts. Euphorion 16, 1909, 28-58; 320-349.

DERS.: [Art.] Bachstrom. In: ADB, Bd.55, 1910, S. 664-667.

VINKE, RAINER: Jung-Stilling-Forschung seit 1963. ThR 48, 1983, 156-186 und 254-272.

DERS.: Jung-Stilling bei Flender (1763-1770). Ein Abschnitt auf dem Weg zu seiner "Bestimmung". ThZ 41, 1985, 359-390.

DERS.: Jung-Stilling und die Aufklärung. Die polemischen Schriften Johann Heinrich Jung-Stillings gegen Friedrich Nicolai (1775/76). Stuttgart, Steiner Verlag Wiesbaden, 1987. 382 S. [Zugl. Diss. ev. Theol. Mainz 1986/87]

DERS.: Johann Heinrich Jung-Stillings Reaktion auf die Französische Revolution. In: Deutschland und Europa in der Neuzeit. Festschrift für Karl Otmar Freiherr von Aretin zum 65. Geburtstag. Hrsg. von RALPH MELVILLE, CLAUS SCHARF, MARTIN VOGT und ULRICH WENGENROTH. Stuttgart, Steiner Verlag Wiesbaden, 1988. S. 469-487.

WAGENER, HANS: Faramonds *Glükseligste Insel*. Eine pietistische Sozialutopie. Symposium 26, 1972, 78-89.

WALLMANN, JOHANNES: Pietismus und Orthodoxie. Überlegungen und Fragen zur Pietismusforschung. In: GRESCHAT, MARTIN: Zur neueren Pietismusforschung. Darmstadt, WB, 1977. S. 53-81 = WdF 440 [zuerst ersch. in: Geist und Geschichte der Reformation. Festgabe Hanns Rückert zum 65. Geburtstag. Berlin, de Gruyter, 1966. S. 418-442 = Arbeiten zur Kirchengeschichte 38].

DERS.: Die Anfänge des Pietismus. PuN 4, 1977/78, 11-53.

DERS.: Philipp Jakob Spener und die Anfänge des Pietismus. Tübingen, Mohr (Siebeck), [2]1986. XII + 384 S. = Beiträge zur Historischen Theologie 42.

WENZ, GUNTHER: Geschichte der Versöhnungslehre in der evangelischen Theologie der Neuzeit. Bd.1. München, Kaiser, 1984. 476 S. = Münchener Universitäts-Schriften, Fachbereich Evangelische Theologie. Münchener Monographien zur historischen und systematischen Theologie 9.

WILLERT, ALBRECHT: Religiöse Existenz und literarische Produktion: Jung-Stillings Autobiographie und seine frühen Romane. Frankfurt/M.-Bern, Lang, 1982. 377 S.

WINTER, MICHAEL: Compendium Utopiarum. Typologie und Bibliographie literarischer Utopien. Teilband 1: Von der Antike bis zur deutschen Frühaufklärung. Stuttgart, Metzler, 1978. LIX + 287 S. = Repertorien zur deutschen Literaturgeschichte 8.

YATES, FRANCES A.: Aufklärung im Zeichen des Rosenkreuzes. Stuttgart, Klett, 1975. 299 S. = Edition Alpha.

ZELLER, WINFRIED: Art. Weigel, Valentin, in: RGG, Bd. 6, ^{3}1962, Sp. 1560 f.